PARBATI
REINE DES ÉLÉPHANTS

DU MÊME AUTEUR

Voyages sur mon éléphant, Albin Michel, 1993

MARK SHAND

PARBATI
REINE DES ÉLÉPHANTS

PHOTOGRAPHIES
DE ADITYA PATANKAR

Traduit de l'anglais
par Hubert Tezenas

belfond
12, avenue d'Italie
75013 Paris

Titre original :
QUEEN OF THE ELEPHANTS
publié par Jonathan Cape, Londres

Si vous souhaitez recevoir notre catalogue
et être tenu au courant de nos publications,
envoyez vos nom et adresse, en citant ce livre,
aux Éditions Belfond,
12, avenue d'Italie, 75013 Paris.
Et, pour le Canada, à
Édipresse Inc., 945, avenue Beaumont
Montréal, Québec, H3N 1W3.

ISBN 2.7144.3426.6

Pour ma mère
Rosalind Shand
et mon ami
Andrew Fraser

Un mystère se cache derrière ce masque
gris, une force de vie ancestrale, délicate
et puissante, majestueuse et enchantée,
qui impose le silence ordinairement
réservé aux pics montagneux,
aux grands brasiers et à la mer.

PETER MATTHIESSEN

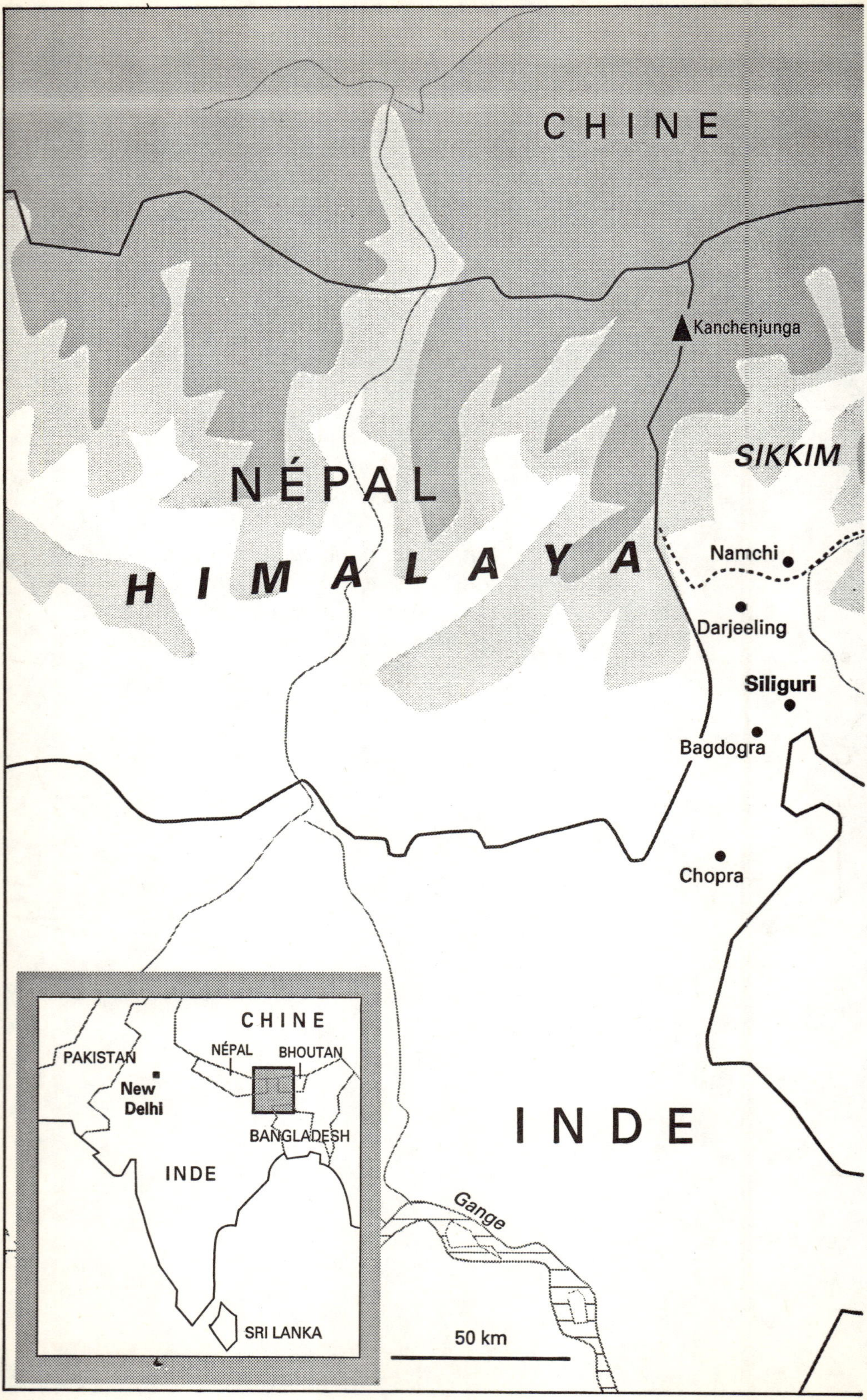
CHINE
Kanchenjunga
SIKKIM
NÉPAL
HIMALAYA
Namchi
Darjeeling
Siliguri
Bagdogra
Chopra
CHINE
PAKISTAN
NÉPAL
BHOUTAN
New Delhi
BANGLADESH
INDE
SRI LANKA
INDE
Gange
50 km

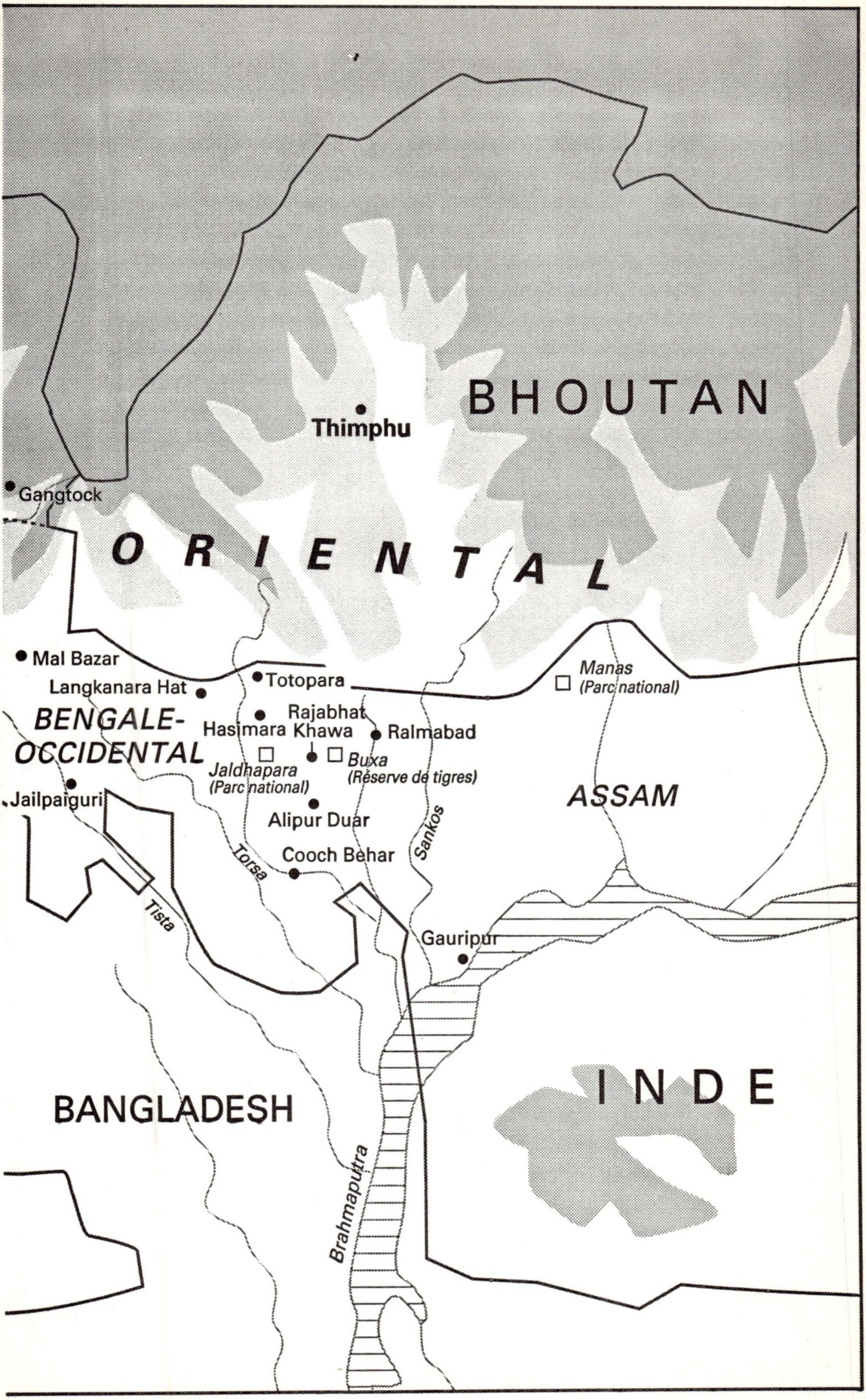

BHOUTAN
Thimphu
Gangtock
ORIENTAL
Mal Bazar
Langkanara Hat
Totopara
BENGALE-
OCCIDENTAL
Rajabhat
Hasimara Khawa
Ralmabad
Manas
(Parc national)
Jaldhapara
(Parc national)
Buxa
(Réserve de tigres)
Jailpaiguri
ASSAM
Alipur Duar
Cooch Behar
Torsa
Sankos
Tista
Gauripur
INDE
BANGLADESH
Brahmaputra

PROLOGUE

– Vous croyez vraiment qu'elle me reconnaîtra ? demandai-je à Aditya pour la énième fois, toujours aussi anxieux.

J'étais de retour en Inde, où je venais de retrouver mon vieil ami Aditya Patankar, photographe et membre de la noblesse marathe.

Quelques années plus tôt, sur un coup de tête, j'avais décidé d'acheter un éléphant et de traverser l'Inde sur son dos. Après des semaines de recherches dans l'État d'Orissa, à l'est du pays, Aditya et moi avions fini par découvrir une femelle aussi famélique que maltraitée, dont se servaient pour mendier des gens sans scrupules qui se faisaient passer pour de saints hommes. Ce fut le coup de foudre. Au terme d'une série de négociations fort compliquées, je réussis à en devenir propriétaire et je la rebaptisai Tara.

Nous fûmes rejoints par quatre excentriques, dont un cornac ivrogne du nom de Bhim et un ex-chauffeur de taxi, lesquels ne tardèrent pas à succomber eux aussi au charme de Tara ; et c'est ainsi que notre petite horde de va-nu-pieds se mit lentement en branle vers le nord et la grande foire aux éléphants de Sonepur, dans l'État de Bihar. Je comptais y revendre ma monture, quoique à contrecœur. Fort heureusement, au dernier moment, une autre solution se présenta, et Tara vit aujourd'hui encore chez des amis qui ont accepté de l'adopter.

Depuis, la vie n'avait pas été tendre pour Aditya. Sa démarche souple n'était plus qu'un souvenir. Un an après notre périple, il y avait été percuté à moto par un de ces bus assassins de Delhi et traîné sur l'asphalte au long d'une bonne centaine de mètres. Son fémur gauche était en miettes. Ensuite, il avait dû se soumettre pendant plusieurs mois à un traitement particulièrement pénible, au cours duquel on lui avait implanté une prothèse inadéquate et imposé une rééducation semble-t-il peu efficace. A sa sortie de l'hôpital, Aditya était cabossé, couturé de partout – et virtuellement estropié.

Mais les Marathes sont des durs à cuire. Refusant de céder à la douleur qui le torturait continuellement et de laisser ce qu'il appelait avec humour le « déhanchement marathe » altérer en quoi que ce soit son mode de vie, Aditya était parvenu à s'arracher peu à peu à l'immobilité. Avec son ingéniosité caractéristique, il venait même de me procurer un billet de train à demi-tarif – en tant qu'accompagnateur de personne handicapée. Partis de Delhi, nous roulions vers Jabalpur, au centre de l'Inde, où nous devions rendre visite à Tara.

– Vous croyez vraiment, sincèrement qu'elle me reconnaîtra ? demandai-je de nouveau.

– O puissant Shiva, Seigneur de l'Univers, accorde-moi la patience ! soupira Aditya, joignant les mains et fermant les yeux. Combien de fois devrai-je vous le répéter : les éléphants n'oublient rien. Vous l'avez arrachée à une vie de misère, vous l'avez promenée dans la moitié de l'Inde, vous lui avez trouvé un foyer où elle vit dans le luxe. Comment pourrait-elle vous avoir oublié ? En outre, ce n'est pas la première fois que vous revenez la voir en quatre ans. Vous m'avez dit vous-même qu'elle était toujours ravie de vous revoir...

– Je sais, je sais, interrompis-je, mais je ne suis jamais resté si longtemps sans lui rendre visite. Plus d'un an et demi ! Rappelez-vous les paroles de Bhim : « Revenez voir maman tous les six mois. Les *haathis*[1] oublient eux aussi. »

1. Éléphants *(N.d.T.)*.

– Ce devait être l'émotion, grommela Aditya. Ou plus vraisemblablement le rhum. Après quelques verres, Bhim – bénie soit cette vieille fripouille – serait prêt à dire ou à faire n'importe quoi. Mais j'ai très nettement le sentiment, mon ami (son regard se mit soudain à luire comme celui d'un chat venant de piéger une souris), que là n'est pas la véritable raison de votre angoisse.

Je sursautai,

– Je ne vois pas ce que vous voulez dire.

– Oh que si ! Vous avez peur de lui annoncer la nouvelle, n'est-ce pas ?

Le chat maintenait fermement la souris entre ses pattes.

Aditya avait raison. Pour être honnête, chaque fois que j'avais rendu visite à Tara, j'avais redouté d'être accueilli comme un étranger, mais elle m'avait toujours témoigné la plus grande affection. Cette fois, cependant, la situation était différente. Je m'apprêtais à effectuer un nouveau voyage à dos d'éléphant – et sans elle. Je me sentais dans la peau du parfait salaud, et j'étais certain qu'elle prendrait extrêmement mal ma trahison. J'imagine que, dans l'esprit de la plupart des gens, parcourir plusieurs centaines de kilomètres dans un tortillard indien uniquement pour annoncer à une éléphante que vous vous préparez à lui faire une petite infidélité relève à tout le moins de l'excentricité, si ce n'est de la folie pure et simple. Mais peu m'importait. Elle avait le droit de savoir. Après tout, Tara n'était pas une éléphante ordinaire. C'était une vraie dame, et j'aimais à me considérer moi-même comme un gentleman. Il me semblait que je n'avais pas le choix.

– A votre place, je ne me ferais pas trop de souci pour Tara, déclara Aditya. Elle a le cœur magnanime : elle vous pardonnera. En revanche, je me préoccuperais davantage de la nouvelle femme de votre vie.

Mon ami faisait allusion à Parbati Barua, figure énigmatique dont le nom n'avait cessé de croiser notre chemin lors de notre expédition avec Tara. combien de fois l'avions-nous entendu dans la bouche des vieux cornacs, toujours proféré à mi-voix et sur un ton révérencieux, que ce soit le soir autour d'un feu de camp ou à la foire de Sonepur ? Son défunt père, le prince Prakitish Chandra Barua de Gauripur, dans l'Assam, plus connu de son vivant sous le nom de Laljee, était une véritable légende au sein de la confrérie très fermée des dresseurs d'éléphants : considéré comme le plus grand spécialiste de toute l'Asie, il s'était vu attribuer des affinités quasi mystiques avec les pachydermes.

Le plus extraordinaire était qu'il eût choisi, parmi une nombreuse descendance, une de ses filles cadettes – Parbati – pour prendre sa succession. Tournant le dos aux conventions ancestrales, elle avait emboîté le pas de son père et voué son existence aux éléphants dans les lointaines jungles du Bengale et de l'Assam, au nord-est de l'Inde.

Parbati Barua se trouvait à la *mela*[1] de Sonepur l'année où je m'y étais rendu avec Tara. Désireux de trouver le meilleur maître possible pour mon éléphante, je l'y avais cherchée, mais elle semblait s'être subitement volatilisée. Par la suite, chaque fois qu'Aditya et moi étions revenus en pèlerinage à Sonepur, avec le secret espoir de la rencontrer, on nous avait servi le même refrain : elle avait été vue tout récemment, mais n'était apparemment plus là. Nous avions l'impression d'être à la poursuite d'un mythe.

Par bonheur, la roue du destin tournait lentement, mais sûrement. Cette fois, c'était certain, j'allais rencontrer Parbati. Elle avait accepté de devenir mon professeur ; ensemble, nous allions effectuer un voyage à dos d'éléphant.

– Et pourquoi diable devrais-je m'en préoccuper ? protestai-je. Je suis sûr qu'il s'agit d'une personne charmante. Après tout, elle porte le nom de la Déesse Mère. Qui plus est, ajoutai-je, désireux d'impressionner mon ami marathe par ma connaissance des divinités hindoues, Parbati est aussi la mère de Ganesh, le dieu de la protection à tête d'éléphant. Bref, on ne pouvait rêver mieux. Tout marchera comme sur des roulettes !

– Pour ce qui est de sa forme bienveillante, vous avez raison, mon ami : elle est connue sous le nom de Parbati. Mais nos dieux, à la différence du vôtre, lequel soit dit en passant est passablement ennuyeux, ont la faculté de se transformer. La divinité à laquelle vous faites allusion peut aussi apparaître sous les traits de Kali ou même de Chandi, souvent décrite comme une horrible sorcière affublée de longs crocs, d'une interminable lan-

1. Foire *(N.d.T.)*.

gue pendante et d'une guirlande de crânes humains. Tout dépend de son humeur.

Je déglutis bruyamment.

– Bah... Je suis sûr que nous nous entendrons à merveille.

1

Une princesse pouponnée

Dans la plupart des grands voyages, c'est seulement après le retour que l'expérience vécue prend son plein impact. Les éléphants, comme l'Inde elle-même, procèdent avec lenteur et subtilité pour éduquer les hommes – et Tara avait su être un professeur intelligent et plein de charme. Ce qui avait commencé chez moi comme un simple caprice s'était bientôt transformé en vraie passion pour l'éléphant d'Asie et tournait maintenant à l'obsession. Grâce à Tara, en effet, j'avais appris que ces animaux majestueux et splendides étaient au bord de l'extinction – sans que les organismes occidentaux de protection de la nature parussent se soucier de la tragédie imminente.

Il fut un temps où les éléphants d'Asie évoluaient par millions de la Syrie à la Chine. Aujourd'hui, ils sont réduits à de pathétiques petits troupeaux confinés à des lambeaux de forêts pareillement rétrécies. Sans doute ne reste-t-il pas plus de cinquante mille éléphants sauvages dans toute l'Asie, nombre dérisoire si on le rapporte à la population d'éléphants d'Afrique, qui dépasse le demi-million et ne cesse de croître.

A la différence de son cousin africain, plus grand et armé de puissantes défenses, l'éléphant d'Asie a peu souffert du braconnage, car seuls certains mâles portent de l'ivoire. C'est la destruction à grande échelle de son habitant naturel, due à l'accroissement massif de la population humaine, qui en Asie menace de conduire l'éléphant à l'extinction.

Ironiquement, l'éléphant d'Afrique a bénéficié d'une forte vague d'indignation de l'opinion publique, émue par la cruauté des trafiquants d'ivoire. Les collectes de fonds destinés à sa sauvegarde se sont avérées si efficaces et si lucratives que l'éléphant d'Asie, dans le rôle du parent pauvre, s'est trouvé confiné à l'arrière-plan, attendant patiemment qu'on daigne lui jeter quelques miettes de cette manne. Le monde, me semblait-il, avait oublié qu'il existait une seconde espèce d'éléphant.

De retour en Angleterre après mon expédition avec Tara, je me transformai donc en défenseur d'une cause, activité fort à la mode de nos jours dans les grandes capitales occidentales. Mais – pour emprunter une expression indienne – que faire au juste ? Les possibilités étaient apparemment réduites. J'entrai en contact avec d'innombrables associations de sauvegarde des éléphants. Comment pouvais-je les aider ? Des jeunes gens aussi efficaces qu'enthousiastes s'empressaient de me vanter avec une éloquence brillante les résultats stupéfiants obtenus par leur organisation. Tous les dons étaient les bienvenus – que ce soit par carte de crédit, chèque, virement postal ou même en espèces.

– Chaque centime compte, m'expliquait-on solennellement. Votre participation fera une authentique différence. Si vous souhaitez vous engager plus profondément, nous venons de créer une nouvelle formule : il vous est possible d'adopter à distance un éléphanteau orphelin. Vous devez savoir que le braconnage a chuté de quatre-vingt-dix pour cent depuis la prohibition du commerce de l'ivoire. Oui, l'éléphant d'Afrique est vraiment en train de...

– Je vous prie de m'excuser, interrompais-je poliment. Mais à vrai dire, je souhaiterais aider l'autre sorte d'éléphant – vous savez, cet éléphant à la fois plus petit et plus beau qui vit, ou du moins essaie de vivre, en Asie.

– Vraiment ? me répondait-on chaque fois. Et quel est le problème de ces animaux ?

Partout, je me heurtais à un mur d'incompréhension. J'allai même jusqu'à participer à un gala de charité censé permettre de collecter des fonds pour tous les pachydermes. Inutile de dire qu'à cinquante livres la consommation, il n'y avait là que du beau linge. L'argent coula à flots toute la soirée, et le point culminant fut atteint avec une grande tombola.

Le lendemain matin, je fus réveillé par le coup de téléphone de l'une des organisatrices de la soirée.

– Merci mille fois ! s'écria-t-elle au bout du fil, sans tenir compte de ma gueule de bois. Vous avez fait preuve d'un enthousiasme absolument formidable !

Sur ce, elle me donna la liste des lots que j'avais acquis lors de la tombola : une entrée gratuite dans une discothèque le soir de mon choix et une chemise de marque Zandra Rhodes.

Pendant plusieurs mois, je cédai à la mélancolie. En Inde, j'avais acheté un éléphant de bois aussi énorme que magnifique, monté sur roulettes, qui avait dû être le jouet du fils favori de quelque maharadjah. Seul dans mon appartement aux murs couverts de photos de Tara, je sillonnais le salon sur le dos de cet ersatz de pachyderme – au grand désespoir de ma femme – tel un cornac rattrapé par la ville et la folie : prêt de pied en cap, mais sans nulle part où aller.

Un beau jour, le téléphone sonna, et je me retrouvai à parler avec un producteur de télévision indépendant qui voulait me faire faire un second voyage à travers l'Inde avec Tara pour les besoins d'un film documentaire. Pendant un moment, je fus le plus heureux des hommes, mais mon enthousiasme retomba presque aussitôt. J'avais bien du mal à m'imaginer les téléspectateurs rivés à leurs écrans pendant deux heures uniquement pour le plaisir de voir un compatriote s'efforcer de traverser l'Inde à dos d'éléphant. Sans compter que dans la mesure où j'avais déjà accompli ce voyage, la magie risquait d'être cruellement absente de sa seconde édition. Et puis, comment rattacher une telle initiative à mon combat pour les éléphants sauvages d'Asie ? Le trajet suggéré par mon producteur ne passait pratiquement par aucun de leurs territoires.

Plus important encore, j'étais inquiet pour Tara. Sur le moment, il n'y avait rien au monde que j'eusse apprécié davantage que de reprendre la route avec elle. J'étais certain qu'elle me rendrait ma confiance, mais il faudrait qu'elle soit transportée en camion jusqu'au point de départ proposé par le producteur, et je savais d'expérience à quel point elle haïssait les camions. Le bon choix, je le sentais, consistait donc à rejeter cette offre. Tara menait désormais une vie heureuse.

Ce fut alors que je me souvins de Parbati Barua, et la solution m'apparut tout à coup. Je parlai au producteur de ce personnage hors du commun. Propriétaire d'éléphants, elle était célèbre pour sa science et son extraordinaire talent de dresseur ; elle vivait dans une région de l'Inde, le Nord-Est, où l'éléphant d'Asie était peut-être en train de mener son plus âpre combat pour la survie. Et pour couronner le tout, c'était une femme. La combinaison me paraissait idéale. Le producteur en convint.

Une nouvelle fois, je fis appel à la sollicitude de mes amis indiens. Miraculeusement, ils réussirent à localiser Parbati. Plus miraculeusement encore, elle accepta notre proposition. Ensuite j'entrai en contact avec Aditya. Lui aussi décida de relever le défi sans la moindre hésitation. Officiellement, il devait exercer les fonctions de photographe du tournage, mais pour dire la vérité, je n'aurais pas entrepris sans lui un périple à travers le sous-continent. Son amitié, son sens de la diplomatie et sa connaissance inépuisable des choses de l'Inde avaient été pour moi d'une valeur inestimable lors de notre voyage avec Tara. Dans le même temps, nous obtînmes le soutien de l'une des plus grosses chaînes de télévision par satellite américaines. On me donnait la chance de réaliser un rêve. J'allais voyager à dos d'éléphant en compagnie d'une légende vivante. A ce moment-là, je ne savais pas grand-chose de ce qui m'attendait.

Le train entra dans Jabalpur, ville militaire quelque peu assoupie et quasiment située au centre de l'Inde. En 1911, quand les Anglais avaient décidé de retirer à Calcutta le titre de capitale, le choix de Delhi plutôt que de Jabalpur s'était joué à pile ou face. En tout cas, c'était au mess des officiers de Jabalpur qu'avait été inventé le snooker[1]. Pendant que nous entamions le trajet de cinq heures en voiture qui devait nous mener vers le logis de Tara, à Kipling Camp, je remarquai que certains quartiers de la ville avaient conservé un fort caractère colonial. Derrière des haies de troènes impeccablement taillées, en général au bout d'une vaste pelouse, se dressaient d'imposantes villas à

1. Billard à six trous se jouant sur une table de très grandes dimensions *(N.d.T.)*.

véranda, souvent un peu tristes car presque étouffées par une prolifération de bougainvillées.

Nous nous arrêtâmes près d'un marché local où j'achetai mon arme secrète : une solide quantité de *gur*, c'est-à-dire de sucre non raffiné, bien croquant, tout frais et un peu piquant. Si ce cadeau ne suffisait pas à consoler Tara, rien n'y réussirait.

– Je vois que vous avez décidé de ne pas prendre de risque, remarqua Aditya en s'étirant langoureusement sur la banquette arrière de la voiture pendant que je m'échinais à charger dans le coffre un nouveau sac de vingt kilos de sucre.

– C'est juste un petit cadeau. Tara adore le *gur*. Je lui en apporte toujours.

– Un petit cadeau ? grommela Aditya tandis que les amortisseurs de notre véhicule grinçaient sous le poids de ce nouveau fardeau. Je serais plus enclin à parler de pot-de-vin !

Aditya avait raison – le plus sûr moyen de se frayer un chemin jusqu'au cœur de Tara passait par son estomac. Mon anxiété était telle qu'en effet je ne voulais pas prendre le moindre risque. Ce fut alors qu'une nouvelle pensée me vint. Non seulement je lui faisais faux bond, mais je la privais d'une chance unique de devenir vedette – et la vanité de Tara n'était pas un sentiment à prendre à la légère. N'avais-je pas complètement perdu la tête ? Fort heureusement, à peine fus-je remonté en voiture que je sombrai dans le sommeil.

Quand je me réveillai quelques heures plus tard, une pleine lune énorme teintait d'argent le paysage entier, si lumineuse que les phares étaient inutiles. Je secouai Aditya.

– C'est la pleine lune ! m'exclamai-je.

– Je ne suis pas aveugle.

– Auriez-vous déjà oublié cette vieille croyance indienne que vous aviez coutume de me répéter à tout bout de champ, comme quoi les événements survenus en période de pleine lune sont toujours favorables et de bon augure ? Rappelez-vous seulement où nous nous trouvions il y a exactement quatre ans : à la Mela de Sonepur. C'est justement le jour de Kartik Purnima (la célébration de la pleine lune) que nous avons trouvé un foyer pour Tara. Et nous voici, quatre ans plus tard, de nouveau par une nuit de pleine lune, sur le point de la retrouver. Je suis sûr que tout se passera bien, pour Tara comme pour nous. C'est le destin qui vient de parler. Nous sommes bénis des dieux.

– Si j'étais vous, mon ami, répliqua Aditya, je tiendrais aussi compte de certaines croyances anglaises.

– Que voulez-vous dire ?

– Hmm ? Oh, je faisais simplement allusion à cette vieille superstition de chez vous, déclara-t-il d'un ton candide. Vous savez bien : « Les éléphants, comme les femmes, n'oublient jamais une blessure. »

Il était tard quand nous atteignîmes Kipling Camp. Je demandai au chauffeur de couper le moteur et les phares, et nous continuâmes en roue libre sur la piste sablonneuse qui menait à la résidence de Tara. Éclairée par un rayon de lune, confortablement vautrée sur une montagne de fourrage, ramenée à des dimensions presque humaines par la hauteur du plafond de son immense logis, elle reposait, telle une princesse en son palais, en laissant échapper çà et là un ronflement de stentor. Je tentai de sauter à bas de la voiture, mais Aditya m'en empêcha.

– Laissons-la dormir, murmura-t-il. Vous savez à quel point elle déteste qu'on la réveille. Elle aura probablement une crise cardiaque si elle nous voit maintenant. Nous lui rendrons visite demain matin.

Comme en signe d'approbation, Tara déplaça son vaste arrière-train jusqu'à trouver une position plus confortable, étira les jambes, lâcha un pet sonore et poursuivit son rêve.

Cette nuit-là, je ne cessais de me tourner et de me retourner dans mon lit, incapable de dormir, bouillant d'anxiété et d'impatience. A cinq heures du matin, je forçai mon ami marathe à s'extraire de son lit. Nous nous rendîmes à pied jusqu'aux confins du camp. La brume encore basse nous enveloppait d'un voile translucide. Elle se leva progressivement, et ce fut alors que je la vis. Une boule se forma dans ma gorge.

Elle se tenait debout au milieu d'un tas de fourrage, appliquée à faire disparaître dans son énorme orifice buccal un tronc d'arbre avec la décontraction d'une ménagère introduisant une carotte dans son robot ménager. Je l'appelai par son nom. La surprise lui fit dresser les oreilles, elle étira la trompe pour humer l'air. Puis elle laissa échapper ce bruit familier – mélange d'éternuement et de couinement d'un gros ballon qui se dégonfle. Tout excitée, elle balança sa trompe de haut en bas, comme pour me faire signe. Je ne me fis pas prier. Je me jetai sur elle, nouai mes bras autour de sa trompe et plantai un baiser tonitruant à hauteur de son œil. Sa trompe s'enroula autour de mon corps et elle m'attira contre elle avec un grondement venu des profondeurs de sa gorge. Je me vidai instantanément de mon angoisse. Eussé-je été absent dix-huit ans plutôt que dix-huit mois, je m'en rendais compte à présent, elle m'aurait reconnu de la même façon. Je sentis la froide extrémité de sa trompe explorer mon corps. J'avais caché des morceaux de *gur* dans toutes mes poches. Ils furent rapidement découverts et avalés plus vite encore.

Respectueux de mes émotions, Aditya était resté à distance. Mais il finit par n'y plus tenir et s'avança à son tour vers Tara en boitant. Lui ne l'avait pas vue depuis quatre ans. Avant qu'il n'ait eu le temps de la saluer, elle eut un geste tellement étrange que j'eus peine à en croire mes yeux. Elle étira sa trompe afin d'explorer délicatement le côté de son bras à l'endroit précis où, quatre ans plus tôt à la mela de Sonepur, Aditya avait été sévèrement brûlé lors d'un autre accident.

– Je vous l'avais dit, déclara-t-il, visiblement aussi ébranlé que moi par l'extraordinaire attitude de Tara. Les éléphants n'oublient jamais une blessure.

Sur ce, il l'examina avec soin.

– Cela dit, ajouta-t-il, je suis bien obligé de constater qu'elle a perdu sa ligne.

C'était malheureusement vrai. Tara était énorme. Son ventre touchait presque le sol. Bien sûr, Singhal, son nouveau cornac, un Rajput du Rajasthan mince et musculeux, était censé remédier le plus tôt possible à cet état de fait ; mais pour le moment, il se contentait d'assister au spectacle de nos effusions avec une sorte d'amusement détaché. Singhal avait reçu ses instructions de mon vieil ami Bob Wright, qui avait pris Tara sous son aile : il devait lui imposer un strict régime et corriger ses manières. Mujeem, son précédent cornac, avait failli la tuer à force de gentillesse. Un éléphant trop gâté et capricieux peut devenir dangereux. Ces animaux étant dotés d'une grande intelligence, il faut absolument leur imposer une forme de discipline, sans quoi ils n'hésitent pas à vous exploiter sans merci, ce qui risque d'entraîner des conséquences fatales.

Un incident avait fini par convaincre Bob de la nécessité de remplacer Mujeem. L'éléphant domestique devient complètement dépendant de son cornac. A vrai dire, le cornac se substitue à toute sa famille ; mais un éléphant a besoin d'une famille heureuse, et aucun animal n'est aussi prompt que lui à détecter les tensions.

Le « palais » de Tara avait été construit de telle manière que son cornac et son *chaarkatiya*, ou pourvoyeur de fourrage, puissent s'installer dans de petites chambres donnant sur la cour où elle évoluait. Le plan avait été ainsi conçu parce que les pachydermes détestent la solitude. Ce système fonctionne à merveille aussi longtemps que les membres de la famille en question font bon ménage. Par malheur, ce n'était pas le cas de Mujeem et de son chaarkatiya. Ils se querellaient régulièrement, surtout quand ils avaient bu.

Un matin, suite à une prise de bec particulièrement dure avec Mujeem, le chaarkatiya s'en fut avec Tara ramasser du fourrage. Toujours d'exécrable humeur et sans doute sous l'empire d'une sévère gueule de bois, il eut la mauvaise idée de passer sa colère sur l'éléphante et de lui entailler la trompe d'un coup de hache. Le lendemain, tandis qu'il se tenait debout sur son dos pour couper une branche d'arbre, elle fit un écart. Il tomba et se cassa la jambe.

Cet incident acheva de convaincre Bob : Mujeem et le chaarkatiya devaient partir, tous les deux. Je dois avouer que je regrettais Mujeem. En dépit de tous ses défauts, le vieux cornac adorait Tara ; et bien qu'ayant droit à trois semaines de vacances par an, il revenait toujours au bout de cinq ou six jours à peine, tant elle lui manquait. En inspectant Tara, je remarquai que Mujeem avait prélevé sur elle le même type de souvenir que moi : les longs poils souples qui ornaient sa queue se faisaient décidément de plus en plus rares.

La plupart des éléphants vivent dans des *pilkhanas* – écuries – rudimentaires et strictement fonctionnels, mais ce n'était pas le cas de Tara. Au fil des ans, Bob et moi nous étions transformés en architectes toujours débordés face aux exigences d'une cliente particulièrement difficile. Chaque fois que nous lui construisions ce que nous pensions être un logis adéquat et confortable, Tara manifestait son déplaisir en jetant à terre l'ensemble de l'édifice. Au bout du compte, écœurés par ses crises de colère, nous avions conçu pour elle un bâtiment dont les dimensions n'étaient pas loin de rappeler celles de la cathédrale Saint-Paul. Même en se dressant sur ses pattes arrière – ce que son ventre surdimensionné lui interdisait désormais de faire –, elle n'aurait pu que fouetter l'air de sa trompe, incapable d'atteindre les poutres pourtant bien tentantes de la charpente.

Tout dans le pilkhana avait été étudié pour son bien-être. Les épais murs de briques qui l'encerclaient sur trois côtés étaient perforés de petites ouvertures permettant à l'air de circuler durant les mois chauds de la mousson. Nous n'avions reculé devant aucune dépense dans la conception de sa salle de bains. L'inclinaison du sol de pierre polie avait été calculée de telle façon que quand elle se soulageait – ce qui arrivait souvent – son urine s'écoulait directement vers la discrète rigole qui longeait tout un côté du bâtiment. Quant à ses énormes étrons, à peine avaient-ils touché le sol qu'ils étaient nettoyés. Pour finir, son garde-manger était sans cesse réapprovisionné en fourrage.

La décoration intérieure n'avait pas été négligée. Un immense portrait d'elle-même regardait Tara du matin au soir, agrandissement d'une photo prise par Aditya où elle apparaissait dans une pose à la fois naturelle et avantageuse. Par ailleurs, son équipement au grand complet était accroché aux murs – *gudda*[1], *howdah*[2], cordes et chaînes, le tout en ordre parfait.

Bref, sa demeure était le rêve d'un agent immobilier. Je pouvais m'imaginer sans peine le libellé de l'annonce – « grande écurie reconvertie, hauteur sous plafond exceptionnelle, décoration rustique, excellentes installations sanitaires, vaste cuisine (personnel à demeure), avec en prime un jardinet bien entretenu surplombant un panorama magnifique »... A vrai dire, je me serais volontiers installé moi-même dans un tel endroit.

Anna Leonowens, résidente à la cour du royaume de Siam dans la seconde moitié du XIXe siècle, avait ainsi décrit le strict protocole selon lequel on menait au bain l'éléphant blanc sacré :

Quand Sa Seigneurie veut rafraîchir son imposante personne en prenant un bain, un officier du haut rang abrite sa noble tête sous une ombrelle pourpre et or, tandis que d'autres agitent des éventails dorés devant lui. Dans ces occasions, le

1. Selle *(N.d.T.)*.
2. Palanquin *(N.d.T.)*.

cortège est invariablement précédé par des musiciens qui annoncent son approche par des chants joyeux.

Avec moins de pompe sans doute, mais en ce qui me concernait avec autant d'égards, l'imposante personne de Tara fut préparée afin que je puisse la mener à la rivière où elle prenait son bain. Imposante était le mot juste. Quand je m'installai sur son dos, mes jambes durent s'écarter comme celles d'un vieux compas rouillé. Non seulement elle avait pris du volume en largeur, mais elle semblait aussi avoir grandi – le sol me paraissait très, très loin. Cependant, dès que je lui eus lancé « *Agit* » d'un ton sec, elle se mit lentement en branle ; tout de suite après, quand j'eus bien calé mes orteils derrière ses oreilles, elle pressa le pas et retrouva son bon vieux rythme d'antan, qui m'avait toujours rappelé le rock'n'roll.

Du point de vue de la conduite, Singhal l'avait certes remise dans le droit chemin. Autrefois, elle avait tendance à louvoyer et à s'arrêter fréquemment pour se remplir l'estomac. Désormais, cornaquer Tara était comme conduire une Bentley – enfin, disons une Bentley des années vingt. D'un rapide coup de trompe, elle arrivait même à s'offrir des petits en-cas au gré de branches basses sans interrompre son mouvement.

Tout en promenant affectueusement mes doigts dans le tapis de poils verticaux qui se dressaient sur son crâne et lui donnaient un aspect vaguement punk, je lançai à Aditya, qui avec sa patte folle avait du mal à nous suivre à pied :

– Comment me trouvez-vous ?

– Vous voulez une réponse honnête ? demanda-t-il haletant et en nage.

– Évidemment.

– Plus gras et plus vieux.

Nous atteignîmes la rivière gonflée par les pluies de la mousson. L'anse où se baignait Tara était profonde et tentante. Sous moi, je sentis tout son corps se mettre à vibrer violemment, signe de malaise évident chez les pachydermes en général. Cependant, je n'étais pas né de la dernière pluie. Dans le cas de Tara, ce tremblement manifestait son enthousiasme. Tous les éléphants aiment l'eau. Mais chez Tara, l'eau était une véritable obsession. Une fois qu'elle était dedans, on ne pouvait plus l'en tirer. Singhal avait fait l'expérience de cette bizarrerie de caractère quelques jours plus tôt. Il lui avait fallu onze heures pour la sortir de l'eau, et la chose n'avait été possible que parce qu'elle commençait à s'ennuyer et à sentir le froid. J'aimais secrètement ce côté facétieux. Lors de ma dernière visite, je l'avais accompagnée avec enthousiasme en eau profonde pour apprécier pleinement ses acrobaties aquatiques. Cela dit, je respectais la position de Singhal. La vie d'un cornac était déjà suffisamment dure pour qu'il n'ait pas à perdre en plus des journées entières à attendre que son éléphant cesse de se prendre pour un dauphin. Je mis rapidement pied à terre et, sans lui laisser le temps de ciller, j'empoignai ses chaînes pour attacher ensemble ses deux pattes antérieures. Pendant un moment, je n'osai plus la regarder dans les yeux, bien conscient de ce que j'étais en train de gâcher son plaisir en la conduisant au bain comme une prisonnière. Pendant deux heures, Singhal et moi nous employâmes à frotter chaque centimètre de son énorme corps, jusqu'à ce que sa peau brille comme l'obsidienne.

Après le bain, pour retrouver ses faveurs, je lui glissai subrepticement un paquet de biscuits. C'était une erreur, qui ne fit qu'aiguillonner son insatiable appétit. Le regard rivé sur mon tee-shirt, que j'avais ôté, elle fit jaillir sa trompe et le fourra dans sa bouche. Ensuite, avec une expression de pure béatitude, elle lâcha un pet tonitruant et se mit en quête d'autres douceurs.

Singhal la réprimanda en lui administrant sur la trompe une volée de coups de bambou. Il m'expliqua qu'elle avait été attirée par le sel de mon tee-shirt mouillé de sueur. Il s'agissait néanmoins d'une faute impardonnable, dit-il, et qui ne se reproduirait plus. Quant à moi, je soupçonnais que l'attitude de Tara avait davantage à voir avec la gourmandise qu'avec son besoin de sel. Après tout, les éléphants sont connus pour leur capacité à ingurgiter les objets les plus insolites. J'avais lu récemment que Judy, éléphante d'Asie pensionnaire d'un zoo anglais, avait avalé par deux fois la radio de son gardien ; dans les deux cas, l'appareil était ressorti le lendemain par l'autre extrémité de son appareil digestif, un peu plus propre et en parfait état de marche. Cela dit, je ne nourrissais guère d'espoirs en ce qui concernait mon tee-shirt.

Nous revînmes lentement au bercail. Aditya s'installa avec moi sur le howdah.

– Eh bien, s'enquit-il, quand allez-vous lui annoncer la vérité ? A votre place, je n'attendrais pas trop longtemps. Nous partons dans quelques jours, et il faut bien qu'elle s'habitue à cette idée.

– Je ne vais rien lui dire.

– Quoi ! Après tout ce que vous m'avez fait subir ? s'exclama-t-il, soudain vidé de sa bonne humeur. Décidément, vous êtes un Anglais typique : vous n'avez pas de cœur ! Je préviens toujours mon chien quand je m'apprête à partir.

– Vraiment ?

Je ne connaissais pas cette facette cachée de la personnalité du Marathe.

– Enfin, je ne suis peut-être pas aussi radical que vous, marmonna-t-il, embarrassé, mais les animaux ont des sentiments. Vous savez comme moi que...

– Je suis parfaitement conscient de tout cela. Ce que je veux dire, c'est qu'à mon avis, c'est elle qui s'exprimera la première.

Il me jeta un coup d'œil compatissant.

– Cette fois, vous avez vraiment perdu les pédales.

C'était peut-être vrai. Mais Tara n'était pas un éléphant ordinaire, et elle m'avait tout appris lors de notre grand voyage. Elle réussissait toujours à me communiquer ce qu'elle sentait par des gestes simples. Plusieurs fois, comme je la pressais d'aller trop vite sur un sentier rocheux, elle avait ramassé des cailloux par terre et les avait déposés au sommet de son crâne pour me faire comprendre qu'elle avait mal aux pieds. Si je lui ouvrais mon âme, j'en étais convaincu, elle trouverait le moyen de m'adresser un signe.

Pendant les quelques jours suivants, je l'emmenai pour de longues promenades dans l'épaisse forêt où nous collections son fourrage. En début de soirée, nous prenions notre bain ensemble. Nous inventâmes de nouveaux jeux, comme celui qui consistait à tirer chacun sur un bout de mon sarong, et aussi une sorte de bras de fer : il s'agissait pour moi de pousser sur sa trompe de toutes mes forces. Au début, elle me laissait gagner et reculait de quelques pas. Et soudain, d'une simple pichenette, elle m'envoyait valser sur la berge. Ensuite, elle s'approchait au petit trot, me jetait du sable à la figure comme un enfant espiègle et réclamait une seconde manche.

Tara avait toujours été très exigeante. Après le bain, elle avait l'habitude de prendre un bâton dans sa trompe et de s'en servir pour se gratter entre les orteils. Un jour, elle me fit l'honneur de m'attribuer cette noble tâche. Elle choisit son bout de bois, me le tendit et souleva l'une après l'autre ses énormes pattes avant pour les déposer en douceur dans la paume de ma main. Et pendant que je m'exerçais à mes nouvelles fonctions de manucure, elle restait immobile, l'air béat.

Chaque jour, les liens qui nous unissaient se resserraient un peu plus. Tout se passait comme si nous n'avions jamais été séparés. Cependant, mon bonheur était entaché d'un sentiment de malaise, dû à notre départ imminent. Je me mis à observer Tara attentivement, à l'affût du moindre changement d'attitude.

Si ses démonstrations d'affection à mon endroit devaient être interprétées, on aurait pu croire qu'elle ne me laisserait jamais m'en aller. Faisant usage de ses deux canines saillantes et de sa lèvre longue et étroite comme d'une sorte d'étau, elle me comprimait joyeusement la tête. J'avais tendance à oublier que Tara n'était pas un animal domestique ordinaire. C'était un éléphant adulte et, comme toutes les créatures dotées d'une grande puissance, quelle que soit leur bienveillance, elle oubliait parfois sa force. Immanquablement, ma douleur finissait par atteindre de tels sommets que j'étais obligé de la frapper violemment sur la trompe pour obtenir qu'elle me relâche. Dans ces cas-là, elle me dévisageait d'un air perplexe, comme si elle se demandait ce qu'elle avait bien pu faire de mal. A ce jour, je porte encore les traces – deux petites entailles juste au-dessus des oreilles – de la manière un peu particulière qu'avait Tara de me souhaiter bonne nuit.

– Je pourrais prendre ma retraite ici, soupirai-je à l'intention d'Aditya, tandis que nous étions réunis autour d'un feu allumé dans la cour du logis de Tara.

Nous regardions Singhal préparer son amuse-gueule favori : des rouleaux de feuilles de bananier, épais et pâteux. Derrière lui, Tara attendait, ramassée et attentive comme un chasseur à l'affût. A intervalles réguliers, Singhal prenait un rouleau sur la pile grandissante et le jetait par-dessus son épaule comme un disque de frisbee. Tara l'attrapait au vol, l'agitait au bout de sa trompe pour le laisser refroidir, puis l'enfournait. Ensuite, elle reprenait sa pose antérieure en attendant la livraison suivante.

– Je m'imagine, continuai-je, une sorte de famille Robinson à l'indienne. Mes enfants joueraient avec ceux de Tara, et...

– Vous n'avez pas d'enfants, coupa Aditya avant de pointer le menton sur Tara. Quant à cette vieille fille, elle a passé l'âge.

Aditya lui-même n'avait pas le droit d'insulter mon éléphante.

– Balivernes ! Tara a la trentaine, pas davantage. L'autre jour, en Angleterre, une éléphante de soixante-deux ans a accouché d'un...

– Soit, soit. Mais nous devons partir. Il y a déjà trop longtemps que nous sommes ici. Vous avez rendez-vous avec une autre dame, et si vous voulez mon avis, elle n'est pas de celles qu'on fait attendre.

– Vous avez raison. Je parlerai à Tara ce soir.

Ce ne fut pas nécessaire. Tara, comme je n'avais pas douté un instant qu'elle le ferait, parla la première.

Pour fêter notre dernière soirée ensemble, Aditya, Singhal et moi décidâmes de boire quelques verres. Tandis que j'ouvrais les bouteilles de rhum, je remarquai que Tara regardait fixement mes mains. Comment avais-je pu la laisser à l'écart ? Elle avait toujours apprécié de boire une gorgée ou deux. Je me levai, pris une lampe-torche et me rendis dans la réserve située à l'arrière de son étable pour y prendre son verre personnel : un énorme seau.

Il faisait sombre dans la petite pièce. Pendant que je cherchais le seau, le timide faisceau de ma lampe illumina un plan d'étoffe rouge sombre qui dépassait sous une pile de vieux sacs de toile. Cette couleur me rappela quelque chose. Je soulevai les sacs et découvris le vieux coussin rouge qui avait protégé mon arrière-train de la surface dure du palanquin pendant les mille trois cents kilomètres que j'avais parcourus sur le dos de Tara. Et sous le coussin, je retrouvai un autre vieil ami – son ancien guddah. Un flot de souvenirs m'envahit ; je revis ces soirées passées autour du feu de camp, je revis Bhim, une cigarette calée entre ses dents jaunies, s'efforçant de réparer cette selle, élément fondamental du harnachement d'un éléphant, avec une grosse aiguille rouillée. Et voilà que cette selle gisait, à l'abandon, avec ses coutures qui craquaient de partout comme celles d'un vieil ours en peluche mal-aimé.

Saisi de nostalgie, je la traînai jusqu'à l'étable pour la montrer à Aditya. A peine en avais-je franchi la porte qu'une grosse branche s'écrasa sur le mur près de moi. Je me mis à couvert – juste à temps. Comme un officier d'artillerie, elle était en train de régler son tir. Avec un barrissement strident, elle expédia un second missile par-dessus son épaule. Celui-ci s'écrasa juste devant la selle.

Pendant un bref instant, j'interprétai cette crise de rage comme un signe d'enthousiasme. Puis Singhal courut vers moi, zigzaguant entre les projectiles, attrapa la selle et la rejeta promptement dans la remise. Tara était devenue une odalisque pouponnée. Il n'était plus question de lui faire reprendre la route avec un sac à dos.

Une fois la salle cachée, la paix revint sur le pilkhana, et nous pûmes remplir nos verres. En regardant Tara aspirer bruyamment le contenu de son seau, je compris avec une absolue certitude qu'aucun autre éléphant n'occuperait jamais la même place qu'elle dans mon cœur. Mais je n'en éprouvai pas de tristesse pour autant – plutôt une sorte d'exaltation. Elle et moi étions intimement liés pour la vie ; je savais qu'elle serait là, énorme, heureuse et compréhensive, chaque fois que j'aurais besoin d'être rassuré.

Le lendemain matin, je lui lançai un cri d'adieu quand nous passâmes en voiture devant son palais. Elle se contenta de lever la trompe avant de continuer son petit déjeuner. Au moment où notre véhicule disparaissait derrière le premier virage, il me sembla bien entendre un soupir de soulagement.

2

Le grand bain

Deux jours plus tard, Aditya, le réalisateur du documentaire et moi-même mîmes le cap sur Bagdogra, importante base aérienne stratégiquement placée dans cette étrange petite région du nord de l'Inde coincée entre le Népal à l'ouest, le Sikkim et le Bouthan au nord, et le Bangladesh au sud, tandis que sur l'autre versant de la grandiose chaîne himalayenne se profilait la menace chinoise. Bagdogra était autrefois un petit village renommé pour l'abondance de sa population de tigres. En bengali, ce nom signifie le « gîte des tigres grondants ». De nos jours, le grondement qu'on entend à Bagdogra est d'une autre nature : il provient des milliers de litres de kérosène qui d'heure en heure propulsent dans le ciel les Mig de l'aviation indienne chargés de surveiller les environs d'une base avancée aussi sensible qu'isolée.

De Bagdogra, nous mîmes le cap en jeep sur la ville de Siliguri, où nous étions censés opérer notre jonction avec la légendaire Parbati Barua. En cours de route, le sublime panorama de l'Himalaya apparut devant nous. Au-dessus de la brume de pollution jaunâtre qui recouvrait Siliguri comme un tapis crasseux, les contreforts escarpés s'élevaient au coude à coude, formant par endroits de longues crêtes appelées à devenir un peu plus loin l'épine dorsale de la plus haute et de la plus noble de toutes les chaînes de montagnes. Certains pics étaient déjà enneigés. Plus au nord se dressait le mont Kanchenjunga, citadelle magique et blanche, taillé comme un diamant dans l'air raréfié.

Nous descendîmes vers le chaos de Siliguri – une ville industrielle en plein essor, et aussi le point de départ de milliers de camions à destination du Népal, du Bouthan et de l'Assam à l'est. Siliguri, ainsi que je l'avais découvert, signifiait « site rocheux » dans le dialecte local, parce que c'était le dernier endroit où les gros blocs de roche himalayenne affleuraient à la surface limoneuse du delta du Bengale. Malheureusement, la plupart de ces blocs avaient été concassés depuis longtemps pour être utilisés dans l'industrie du bâtiment, en un exemple typique du fatras architectural dénué de personnalité et d'inspiration qui caractérise si souvent les métropoles grandissantes du sous-continent. Sur ce plan, l'endroit où nous nous rendions était tout à fait représentatif. Long, étroit et entièrement cimenté, l'hôtel Sinclair rassemblait à s'y méprendre à une prison sur trois étages. En revanche, à en croire son directeur, il possédait un « aqua-club » des plus rafraîchissants. Je risquai un orteil dans le bassin et ne fus pas tenté d'aller plus avant. Son eau était glacée et d'un vert opaque ; d'ailleurs, l'endroit était désert, à l'exception des quelques grenouilles qui y faisaient des longueurs.

Je commençais à me sentir nerveux. Je devais bientôt rencontrer une personne qui avait hanté mon imaginaire tout au long des quatre dernières années – une personne capable, si elle le voulait, de m'apprendre davantage que je n'aurais jamais osé l'espérer sur ces magnifiques animaux. Je n'étais pas seulement ici pour tourner un film. A mes yeux, Parbati Barua représentait l'ultime gourou, et je savais d'expérience que les premières impressions sont toujours déterminantes.

Le réalisateur et moi avions discuté sans fin des modalités de cette rencontre initiale. J'avais insisté pour disposer de quelques jours afin d'apprendre à connaître Parbati. Que se passerait-il si je lui déplaisais ? Après tout, j'étais un inconnu complet, un étranger et, qui plus est, un homme. L'étiquette indienne est très stricte en ce qui concerne les femmes. Cela aussi, je le savais.

Le réalisateur se montra intraitable. Ce qu'il voulait, m'expliqua-t-il dans son jargon hollywoodien, c'était de la spontanéité,

« de l'osmose et de l'interaction » ; il alla même jusqu'à comparer mon cas avec celui de Tom Cruise dans *Top Gun*, le jour où il se lance « dans le grand bain ». J'avoue que je fus tenté de le précipiter dans le bain douteux de l'aqua-club.

Mais qui étais-je pour m'opposer aux exigences du monde du celluloïd ? Je n'entendais rien à la réalisation des films. Je n'étais qu'un apprenti venu approfondir sa connaissance des éléphants auprès d'une des plus grandes spécialistes d'Asie. Bref, en pénétrant dans la salle à manger tendue de velours délavé de l'hôtel Sinclair pour rencontrer Parbati Barua, j'avais l'impression de m'aventurer sur un champ de mines.

N'eût été la présence du réalisateur, d'Aditya et du responsable des eaux et forêts du district, j'aurais cru que je m'étais trompé d'endroit. Les trois hommes encadraient une minuscule jeune femme, vêtue d'un simple sari de coton beige et pourpre ; un cardigan couleur prune à boutons de perle était jeté sans façon sur ses frêles épaules. Elle tenait un grand sac à main de cuir bleu marine. Cette petite personne ne correspondait en rien à l'image que je me faisais de la plus grande dresseuse d'éléphants de l'Inde.

Je me surpris à la fixer d'un air stupéfait. Était-ce une plaisanterie ? Se pouvait-il que ce petit bout de femme aux hanches plus fines que ma cuisse et aux poignets délicats, cerclés de bracelets d'or, soit le personnage de légende dont j'avais entendu parler avec le plus profond respect par les cornacs de Sonepur ? Avais-je bien sous les yeux celle qui, adolescente, avait capturé au lasso son propre éléphant ?

Reprenant mes esprits, je joignis les mains pour la saluer à l'indienne. Ce ne fut que lorsqu'elle eut répondu à mon salut en levant la tête que mon opinion commença de changer. Ces yeux ! Je n'en avais jamais vu de semblables. Noirs et plus pénétrants que deux rayons laser, ils exigeaient l'obéissance. Je me demandai l'effet qu'ils pouvaient avoir sur un éléphant et ne tardai pas à me retrouver dans l'inconfortable position du lièvre face à un cobra.

Je ne me rappelle pas m'être assis, mais ce qui est sûr, c'est que je me retrouvai bientôt engoncé dans un fauteuil trop étroit à côté d'elle ; je me sentais énorme et pataud ; je revois encore mes jambes roses jaillissant de manière parfaitement incongrue de mon bermuda ; jamais je n'avais été aussi horriblement conscient de la laideur de mes cuisses, qui semblaient vouloir épouser comme une masse de gelée les bords du fauteuil. J'aurais dû mettre un pantalon.

Pour une fois, je me trouvais à court de paroles. Le réalisateur discutait de notre parcours et du tournage avec le directeur des eaux et forêts, dont l'aide et la profonde connaissance de la région devaient s'avérer plus que précieuses. Aditya, déployant le charme et la courtoisie propres aux membres de la noblesse indienne, devisait sans la moindre gêne avec Parbati. Du moins ce répit me donna-t-il l'occasion de mieux étudier celle-ci.

Elle arborait une masse d'épais cheveux noirs, nettement séparés par une raie et réunis à l'arrière de sa nuque en une longue queue de cheval qui touchait presque le sol. La fière harmonie de ses traits était accentuée par de hautes pommettes et d'épais sourcils qui semblaient animés d'une vie propre, tant ils dansaient sur son front. A un moment donné, Aditya dit quelque chose qui la fit sourire. Sa lèvre supérieure découvrit soudain une rangée de dents parfaitement blanches, mais dont les canines pointues lui donnaient l'aspect d'un adorable petit animal sauvage. Et comme tous les animaux sauvages, elle possédait la faculté de garder une immobilité absolue. Quand elle se mouvait, en revanche, on eût dit le battement des ailes d'un colibri – rapide, contrôlé, efficace. Tout en elle suggérait une grande force intérieure.

Aditya avait remarqué mon inconfort. Il me suggéra de montrer mon livre à Parbati. C'était la meilleure solution pour m'arracher à ma paralysie. Elle le feuilleta rapidement et s'arrêta sur une photographie de Tara. Je la sentis s'adoucir imperceptiblement.

– Très bel animal, murmura-t-elle. Une quarantaine d'années, peut-être plus.

– Comment le savez-vous ?

Je regrettai instantanément ma question. Elle leva la tête et braqua sur moi ses rayons laser.

– Je le sais, lâcha-t-elle.

Je me tassai un peu plus dans mon fauteuil. Elle continua de tourner les pages du livre. L'une des dernières photos me montrait à Kipling Camp, adossé contre le ventre de Tara pour écrire une lettre. Les rayons laser s'en prirent de nouveau à moi, cette fois avec une intensité accrue.

– Que faites-vous sur cette photo ? interrogea-t-elle.

– Eh bien, je... C'était la fin du voyage, et Tara et moi étions devenus très proches. En fait, voyez-vous, je...

– Il ne suffit pas d'aimer les éléphants, interrompit-elle. Vous n'avez pas idée de la vitesse à laquelle ils sont capables de se retourner. On ne tourne jamais le dos à un éléphant.

Je baissai la tête, penaud. Percevant mon embarras, elle me tapota le bras.

– Je comprends ce que vous ressentez, dit-elle. Moi aussi, j'ai commis beaucoup d'erreurs quand j'étais jeune. Mon papa me grondait. Pas d'inquiétude. Vous apprendrez.

Sur ce, elle se tourna vers Aditya.

Je me sentais dans la peau d'un écolier. Encore une fois, je maudis le réalisateur pour son manque de psychologie. L'affaire était mal engagée. Le tournage commençait le lendemain. L'équipe technique arrivait ce soir, et nous devions retrouver Parbati et ses éléphants au camp qu'elle avait établi en un lieu du nom de Murti, à une soixantaine de kilomètres au nord-est de Siliguri. Tandis que nous prenions congé, Parbati nous recommanda de ne pas être en retard.

– Six heures du matin, heure de Greenwich, dit-elle. Je ne tiens pas compte de l'heure standard indienne. Les éléphants n'attendent pas.

Et elle s'en fut d'un pas impérieux.

– Bon, déclara le réalisateur, je crois que tout s'est bien passé, n'est-ce pas ?

Je marmonnai quelques mots dans ma barbe et partis à la recherche d'Aditya. Je le retrouvai au bord du bassin, en train d'étudier les grenouilles qui s'y ébattaient.

– Un vrai désastre, murmurai-je en arrivant près de lui.

– Ne vous faites pas de souci, mon ami. J'ai la situation bien en main. Nous allons revoir Parbati. Ce soir même, et seule. Avant le début des grandes manœuvres de demain matin.

– Comment diable avez-vous pu obtenir une chose pareille ? lui demandai-je, envahi par une vague de soulagement.

– Je n'ai rien à voir là-dedans. C'est elle. Elle souhaite faire votre connaissance. En vérité, elle était aussi mal à l'aise que vous.

– Une chose est sûre, dis-je d'un ton sobre. Ce voyage ne sera pas aussi insouciant ni aussi joyeux que celui que nous avons fait avec Tara. Je sens que je suis en train de reprendre le chemin de l'école. Dans quoi me suis-je encore laissé embringuer ?

– Bienvenue dans mon pays, mister Shand, déclara Aditya en forçant son accent indien. Je vous montrerai mille merveilles. Mais en attendant, il s'agit de trouver à boire. Le grand départ est fixé à quatre heures du matin.

Conduits par un des nombreux chauffeurs engagés au cours de cette aventure, un timide bouddhiste du nom de Soni, nous quittâmes Siliguri suffisamment fortifiés pour notre seconde rencontre avec Parbati. Nous traversâmes un très haut pont qui enjambait gracieusement les eaux froides et agitées de la rivière Teesta, laquelle dévale des hauteurs du lac Chalamo, au Tibet, et dont le nom, curieusement, signifie « calme ». Un nom on ne pouvait moins approprié, songeai-je, pour le torrent glacé qui grondait très loin au-dessous de nous.

– Ce pont est magnifique, glissai-je à Aditya. Construit par les Britanniques, bien sûr !

– Il a reçu le nom de pont du Couronnement, répondit-il d'un ton détaché. Longueur totale de 169 mètres, portée de 78 mètres, hauteur maximale de 40 mètres. Les piles et les arches sont creuses. C'était la première fois qu'une telle méthode de construction était employée en Inde. Cet édifice conçu par M. John Chambers a été inauguré par Son Excellence sir John A. Herbert, gouverneur du Bengale, le 12 mars 1941.

Je dévisageai mon ami avec stupeur.

– D'où sortez-vous toutes ces informations ?

– J'ai étudié l'architecture britannique à l'université, répliqua-t-il. Entre autres matières, bien sûr – entomologie, ornithologie, économie, lettres classiques et histoire. Il est bien dommage que vous ayez été cancre à l'école. J'estime qu'il est essentiel de disposer d'une bonne culture pour ce genre de travail.

Je lui jetai un regard suspicieux.

– Et je suppose que la légende de la rivière Teesta n'a également aucun secret pour vous ?

– Vous voulez parler de cette vieille histoire des deux rivières qui se rejoignent, et de la colère que pique la rivière mâle parce que le cours de la femelle est plus rectiligne ? Tous les enfants la connaissent.

– Eh bien, racontez-la-moi.

– Si vous insistez... Cela donne à peu près ceci. Au commencement du monde...

– Montrez-moi plutôt le livre, Aditya.

– Quel livre ?

– Celui dans lequel vous venez de lire tout cela.

Avec un grand sourire, il me tendit un épais volume.

– Je me suis dit qu'il est toujours bon d'être préparé. En outre, j'aurai de la lecture pour nos longues soirées au camp. Vous devez savoir ce que disait ce bon vieux duc de Marlborough. « Le temps employé... »

– Je sais, je sais. « Le temps employé pour reconnaître le terrain est rarement perdu. » Pour votre gouverne, sachez cependant qu'il s'agissait du duc de Wellington.

Comme nous poursuivions notre route vers l'est, je commençai à me demander comment les éléphants pouvaient survivre dans un tel milieu. Hormis l'étroit ruban vert qui courait parallèlement au pied des contreforts de l'Himalaya, la forêt était inexistante. Elle avait été évincée par une succession ininterrompue de plantations de thé et de villages à l'expansion anarchique.

Dans l'un d'eux, nous fîmes halte dans un hôtel pour avaler un remontant. Couché à l'extérieur, un fou parlait à ses orteils. Au-dessus de lui, un écriteau annonçait « ICI, BIÈRE FRAÎCHE ». Ce n'était pas peu dire. La bière y était effectivement glacée.

A Gau-Dhuli, à l'heure où l'on rassemble les troupeaux et où le soleil couchant répand son or sur toutes choses, nous nous engageâmes dans la plantation de thé où Parbati avait installé son camp. Depuis quelques années, ses cornacs, ses éléphants et elle étaient chargés par le patron de cette plantation d'éloigner les éléphants sauvages en maraude qui, la nuit, venaient saccager les cultures. Elle avait également pour mission de patrouiller le long des canaux d'irrigation pour en chasser les léopards. Les femelles avaient en effet coutume de mettre bas dans ce genre d'endroits, en raison de leur fraîcheur et de l'ombre qu'ils offraient. Quelques jours plus tôt, l'une d'elles avait attaqué et tué un paysan.

Nous rejoignîmes en voiture sa petite maison de bois. Elle nous attendait sur la véranda, vêtue d'un simple *lungi*[1] et d'un

1. Pagne *(N.d.T.)*.

tee-shirt frappé du nom d'un hôtel de Hawaii. Elle tapait impatiemment du pied.

– Venez, nous dit-elle. Otez vos chaussures.

La pièce dans laquelle elle nous introduisit était nue, à l'exception d'une table et de trois chaises de bois. Seule décoration visible, une petite plaque était accrochée à la cloison. On y lisait ceci :

Là où est la vérité se trouve la religion.
Là où est la religion se trouve la prospérité.
Là où est le devoir se trouve la noblesse.
Là où sont les éléphants se trouve la victoire.

Ces phrases avaient été écrites par Palakapya, sage ayant vécu dans l'Assam au Vᵉ ou au VIᵉ siècle avant J.-C. et considéré comme le fondateur du *gaja-shastra* – la science des éléphants. Selon la légende, il était né d'une éléphante et avait passé le plus clair de sa vie à errer dans les troupeaux sauvages, mangeant uniquement ce qu'ils mangeaient. Ayant tout appris sur leur façon de se nourrir, il avait fini, disait-on, par écrire un traité sur la médecine des éléphants.

– Asseyez-vous, ordonna-t-elle d'un ton impérieux, comme si elle s'adressait à un éléphant.

Nous nous assîmes. Seule une chandelle à la flamme vacillante éclairait la pièce.

– Lequel d'entre vous a bu ? demanda-t-elle brusquement.

Aditya et moi-même échangeâmes un regard perplexe.

– A vrai dire..., commença mon ami avant de s'éclaircir la gorge, nous avons fait une petite pause en cours de route. Il faisait chaud, nous avions très soif, et...

– Avez-vous apporté de l'alcool ? interrogea Parbati.

– Euh, oui, dans la voiture.

– Allez le chercher. Je ne bois pas, mais l'occasion est spéciale. Nous allons boire à notre projet.

Je retournai prendre quelques bouteilles de bière dans la voiture. Parbati prépara trois verres, et nous trinquâmes.

– *Jai Mata*, à la victoire de la Déesse, déclara-t-elle avant de vider son verre d'un trait.

Aditya et moi-même échangeâmes un nouveau coup d'œil à la dérobée. La situation s'améliorait. Parbati surprit notre regard et esquissa pour la seconde fois son étrange sourire de fauve.

Tout à coup, elle éclata de rire – un rire merveilleux, on ne pouvait plus humain, et si contagieux que nous ne pûmes nous empêcher de nous y joindre. Bientôt, nous fûmes tous trois réduits à nous balancer sur nos chaises, saisis d'un fou rire inextinguible qui nous fit monter les larmes aux yeux. La glace était rompue. Quel soulagement !

Ce soulagement fut de courte durée. Soudain, Parbati reprit sa mine sérieuse et autoritaire. Le changement fut si brutal que je crus un instant avoir affaire à deux personnes différentes. Je me demandai quel était son signe zodiacal et fis le pari qu'elle était gémeaux.

– A présent, Mark, écoutez-moi.

J'étais tout ouïe. Comment aurait-il pu en être autrement ?

– Beaucoup de gens viennent me trouver pour que je leur apprenne ce que je sais des éléphants. J'ai toujours refusé. Ils n'ont pas de cœur. Je pense que vous avez du cœur. A l'époque, j'ai entendu parler de votre voyage avec Tara et je me suis dit : pourquoi cet idiot veut-il traverser l'Inde à dos d'éléphant ? Un simple jeu, ai-je pensé. Mais par la suite, j'ai entendu dire que vous teniez vraiment à elle. Et je peux le voir dans vos yeux. Vous aimez les éléphants, mais vous les aimez trop. Vous avez besoin d'apprendre. Nous allons faire ce film ensemble. Ce sera difficile. Trop de monde. Mais il faut que ce film soit fait. Le public du monde entier doit savoir que les éléphants sont en train de mourir, et que des gens meurent eux aussi pour avoir dépossédé les éléphants de leurs territoires. Mais il y a le film, et il y a nous. Ce sont deux choses différentes. Nous, nous vivrons avec mes cornacs et mes petites chéries. L'équipe de tournage aura un camp séparé. Il faudra s'efforcer de ne pas penser au film. Si nous pensons aux éléphants, nous ferons du bon travail. C'est important, toujours, de faire du bon travail. Sans cela, nous perdrons notre temps tous les deux.

Je l'interrompis pour lui demander en quoi consisteraient mes devoirs de cornac.

– De cornac ? s'écria-t-elle. Vous n'êtes pas cornac. Vous n'avez pas fait vos preuves. Vous commencerez au bas de l'échelle, en tant que chaarkatiya, comme moi avec mon père. Je suis née au camp où il avait ses éléphants. La première chose que j'ai vue en ouvrant les yeux, c'est un éléphant. Avant de connaître l'alphabet, j'en savais déjà très long sur les éléphants, la jungle et le tir au fusil. Un jour, alors que j'avais six ans, je me suis mise debout sur le dos de l'éléphant de papa. Je suis tombée dans un buisson d'épineux. Les cornacs ont prévenu mon père. « Laissez-la, leur a-t-il répondu, il faut bien qu'elle apprenne. Si elle n'est pas capable de tenir debout sur le dos d'un éléphant, à quoi pourra-t-elle me servir ? » Pour vous, ce sera la même chose. Vous devez écouter et apprendre. Vous allez souffrir de partout. Vous vous mettrez en colère. Moi aussi, je me mettrai en colère. Je vous ordonnerai de vous taire. Cet comme cela que les choses se passeront.

Nerveux, j'allumai une cigarette.

– Et pas question de fumer sur le dos d'un éléphant. Comment feriez-vous pour humer les odeurs de la jungle ? Comment pourrez-vous pressentir le danger si l'air qui vous entoure est chargé de fumée ?

Je jetai un regard en coin à Aditya, qui semblait grandement apprécier la situation.

– Nous commencerons l'entraînement au camp, décréta Parbati. Quand je jugerai que vous êtes prêt, nous entamerons notre voyage. Et maintenant, rentrez chez vous et prenez un peu de sommeil. Vous en aurez besoin. Demain, je vous présenterai à mes éléphantes. Vous les aimerez. Comme vous aimez Tara.

« Mon Dieu, songeai-je en me dirigeant d'un pas traînant vers la voiture, comment ai-je pu accepter une chose pareille ? »

Cela dit, les choses avaient au moins le mérite d'être claires. Pendant plusieurs mois, je serais l'élève et elle le maître. Je ne pouvais pas me plaindre. N'était-ce pas ce dont j'avais toujours rêvé ?

J'avais rarement vu Aditya d'aussi bonne humeur que lorsque nous repartîmes dans la nuit en voiture.

– Mon ami, vous avez tiré le gros lot, me dit-il. Je crois que je vais beaucoup apprécier cette aventure. Pour une fois, je vais pouvoir rester les doigts de pied en éventail. A l'occasion de notre dernier voyage, j'ai supporté vos ordres pendant quatre mois. A présent, changement de rôle. Vous êtes cuit !

Avec un éclat de rire, il fit sauter la capsule d'une nouvelle bouteille de bière.

– N'oubliez pas, Aditya, que je compte tirer un nouveau livre de ce voyage. Imaginez ce que je pourrais écrire à votre sujet. Vous feriez mieux de bien vous tenir. Je vous aurai à l'œil.

– Vous n'oseriez tout de même pas écrire des méchancetés me concernant, si ?

– Vous pouvez me faire confiance.

– On croirait entendre le serpent du *Livre de la jungle*.

Les phares de la jeep illuminèrent furtivement la robe de velours d'une panthère noire qui traversait la piste.

– Arrêtez-vous ! glapit Aditya en cherchant d'une main fébrile le flash de son appareil.

Loin de lui obéir, Soni appuya sur l'accélérateur en poussant des cris. Outré, Aditya tenta d'agripper le volant. Avec la force que confère la pure panique, Soni réussit à lui faire lâcher prise pendant que notre voiture zigzaguait sur la route.

– La capote ! cria Soni.

Aditya éclata soudain de rire.

– Ça y est, j'ai compris. Ce pauvre bougre était terrifié à l'idée que la panthère puisse sauter sur le toit de la jeep et déchirer la toile de la capote pour nous dévorer. Raisonnement typiquement bouddhiste...

Cet épisode valut à Soni d'être surnommé « le Tigre » en hommage à sa bravoure.

– L'heure du dernier verre a sonné, décréta Aditya quand nous fûmes arrivés devant l'hôtel.

Le bar était désert, à l'exception d'un vieil homme manchot vêtu d'une tenue kaki qui serrait un verre de whisky.

– Un planteur, me glissa Aditya à l'oreille. Je parie qu'il a une foule d'histoires à raconter. Son bras aura probablement été arraché par un tigre. Allez vous asseoir et mettez-vous à l'aise. Je vais essayer de le faire parler.

A peine m'étais-je assis qu'Aditya revint vers moi.

– Alors, ces histoires ? demandai-je.

– Laissez tomber. Ce type n'est qu'un touriste allemand.

3

Mystérieuse et magique

Le lendemain matin de bonne heure, dans une clairière proche de la berge de la rivière Murti et sous l'œil omniprésent de la caméra qui devait faire partie de notre vie pour les mois à venir, Parbati me présenta à ses deux éléphantes ainsi qu'à ses cornacs, Phandika et Dino.

Les quatre intéressés me considérèrent d'abord avec la plus grande méfiance, en particulier le doyen des cornacs, Phandika. En dépit de mon inexpérience, je vis tout de suite que ces deux hommes à la peau brune, au corps noueux et aux jambes arquées, vêtus de lungis mal coupés et de chemises déchirées, étaient de vrais professionnels. Je fus soudain assailli par la vision de mon ancien cornac, Bhim, tel que je l'avais rencontré pour la première fois au zoo de Bhubaneshwar : ivre et hors de forme, victime de la vie relativement facile des fonctionnaires du gouvernement. Rien à voir avec l'indépendance et la fierté dont je voyais luire la flamme farouche dans les prunelles des hommes qui me faisaient face. J'allais devoir jouer serré. Il me faudrait non seulement tenter de briser la barrière culturelle qui nous séparait, mais aussi faire mes preuves à leurs yeux comme à ceux de Parbati.

Je serrai la main de Phandika. Il grommela quelque chose à sa maîtresse, d'une voix brisée par cinquante ans d'ordres criés à ses éléphants.

– Que dit-il ? m'enquis-je, nerveux.

Elle s'efforça de rester impassible.

– Il demande comment il se fait que vos mains soient si douces pour un meneur d'éléphants.

Elle fit un signe aux huit tonnes de muscles qui attendaient derrière elle. Obéissants, les animaux s'approchèrent.

– Et maintenant, Mark, venez faire la connaissance de mes petites chéries. La grande, c'est Lakhi Mala – « guirlande de Lakhi », la déesse de la Fortune. Nous l'appelons Lakhi. La plus petite est Kanchen Mala, ce qui veut dire « guirlande d'or ». Nous l'appelons Kanchen.

Les deux éléphantes levèrent simultanément la trompe à mon adresse.

– Vous voyez, dit fièrement Parbati, mes petites chéries vous souhaitent la bienvenue. Elles sont belles, non ?

Sans doute, songeai-je, mais elles n'arrivaient pas à la cheville de Tara. En fait, j'étais assez déçu. Je m'attendais qu'une des plus grandes spécialistes des éléphants d'Asie dispose des plus beaux éléphants. Or, à mes yeux, ses petites chéries étaient plutôt maigrichonnes et – comparativement à Tara dont la peau luisait comme un galet – assez crasseuses. Lakhi avait indubitablement de la classe avec ses longues jambes et sa tête au port majestueux, mais Kanchen, la pauvre ! semblait sur le point de s'affaisser de partout. Pire encore, elle avait les yeux pâles, ce qui était la marque des mauvais éléphants selon les textes sanskrits classiques.

Je les saluai l'une après l'autre et tendis un bras hésitant pour leur flatter la trompe. Parbati, apparemment dotée d'un sixième sens, devina sur-le-champ mes sentiments.

– Vous n'aimez pas mes éléphantes ? demanda-t-elle.

– Si, bien sûr, Parbati. J'aime tous les éléphants. Simplement, je viens de remarquer que Kanchen a les yeux pâles. N'est-ce pas mauvais signe ?

A peine eus-je terminé que je regrettai mes paroles.

– Bah ! s'écria-t-elle en crachant sur le sol. Maudits soient tous ces vieux livres, écrits par des charlatans ! Ce n'est pas dans les livres qu'on apprend à connaître les éléphants. C'est là (elle se frappa le front, puis mit une main sur son cœur) et là !

– Oh, non, je voulais simplement...

– Je sais ce que vous pensez. Je peux le voir dans vos yeux. Vous pensez à Tara. Je comprends. Tara est votre éléphante, et vous l'aimez. Mais Tara ne travaille pas. Mes éléphantes travaillent dur. Mes éléphantes sont fortes. Mes éléphantes sont en bonne forme et toujours actives. Un éléphant oisif devient dangereux. Ils sont plus intelligents que nous. Vous devez le comprendre. J'ai déjà vu sur vos photos que Tara est trop grasse. Je pense qu'elle créera bientôt des ennuis. Et les ennuis causent parfois la mort. J'ai vu beaucoup de cornacs tués par des éléphants.

Je l'écoutai avec stupeur en me remémorant les récents problèmes de Tara avec Mujeem et son chaarkatiya.

– La prochaine fois que vous irez voir Tara, poursuivit Parbati, observez son cornac. On peut voir l'état d'un éléphant d'après son cornac. Un cornac trop gras est un cornac paresseux. Alors, l'éléphant devient dangereux. Rappelez-vous mes paroles, elles ne contiennent que des vérités. Regardez mes cornacs. Ils sont vigoureux. Je leur fais confiance. Je suis dure avec eux, mais ils me respectent.

Ce fut alors que je me rendis compte à quel point les choses avaient dû être difficiles pour Parbati. Femme, elle avait grandi dans un milieu totalement dominé par les mâles ; il lui avait donc fallu faire preuve d'une habileté et d'une force de caractère hors du commun pour briser cette barrière. Elle exigeait et obtenait le respect de tous ceux qui l'entouraient. Je tentai de rentrer dans ses bonnes grâces en lui disant à quel point je trouvais Lakhi magnifique.

– Elle est beaucoup plus grande que Tara, ajoutai-je. Il y a très longtemps que je n'ai plus conduit d'éléphant. Je risque de me sentir un peu nerveux sur son dos.

– Sur son dos ! lâcha Parbati d'un ton sarcastique, fronçant les sourcils. Lakhi est mon éléphante. Je l'ai capturée moi-même. Je l'ai dressée. Elle n'est pas faite pour vous. Vous, vous monterez Kanchen. Elle est docile. Vous aurez besoin d'un éléphant docile.

L'image romantique que je m'étais construite de moi-même sur le dos d'un animal énorme et magnifique (image destinée à être diffusée dans des millions de foyers) se désintégra d'un seul coup. Au lieu de cela, je risquais fort d'avoir l'air d'une sorte de valet, jambes pendantes sur les flancs de son baudet, engagé dans un combat de tous les instants pour ne pas être distancé par le destrier de sa reine.

Mais après tout, me dis-je en songeant aux réprimandes et humiliations que cette tigresse allait inévitablement m'infliger au cours des mois à venir, je n'étais pas un cas isolé. Le sexe masculin était sur le déclin et les femmes étaient sur le point de s'emparer du monde. Autant s'y préparer dès maintenant.

Je trouvai malgré tout un motif de satisfaction : j'avais bien choisi ma tenue. Et pourtant, même cela n'avait pas été facile. J'avais passé la moitié de la nuit debout à me demander ce que j'allais mettre pour les présentations officielles, comme Ivana Trump avant un bal – et ce en dépit du fait que je ne disposais pas d'un très grand choix, surtout en matière de couleurs. Quoi qu'il en soit, j'avais fini par me décider pour une tenue verte – un vieux pantalon de treillis militaire et un tee-shirt assorti, comme si je cherchais à me fondre dans le décor.

– Tenue impeccable, lâcha Parbati après m'avoir inspecté de la tête aux pieds.

Je lui rendis le compliment, bien que nous ne luttions pas dans la même catégorie. Le Mahatma Gandhi, dit-on, aurait vanté la beauté des femmes de l'Assam. Je ne pouvais qu'être d'accord. Drapée d'une robe traditionnelle réservée aux Assamites de haute naissance – une *mekla* beige, de pure soie, ornée de bandes cramoisies sur lesquelles étaient délicatement brodés de minuscules éléphants au galop –, Parbati évoquait un bijou dans son écrin.

Cependant, je sentis qu'elle avait pris plaisir à mon hommage. L'espace d'une fraction de seconde, le masque se fissura pour laisser entrevoir une autre Parbati – une jeune femme comme les autres, un peu fragile, un peu vulnérable, et sincèrement flattée.

Cette impression ne dura pas. D'un mouvement souple, elle se baissa pour ramasser un caillou qu'elle lança en direction d'un chien qui rôdait autour des casseroles du camp des cornacs. La pierre atteignit durement l'animal à l'arrière-train, et il détala en glapissant. Ensuite, elle cria quelque chose d'inintelligible, mais que j'interprétai comme une réprimande, à l'adresse de deux adolescents qui s'affairaient autour du feu.

– Ce sont mes chaarkatiyas. Des novices, comme vous... Et maintenant, occupez-vous de monter vos tentes. Je reviendrai plus tard.

Et elle disparut dans un tourbillon de soie.

– Eh bien, mon ami, remarqua Aditya tandis que nous regardions Phandika et Dino emmener Lakhi et Kanchen dans la forêt pour y ramasser du fourrage, comment vous sentez-vous dans votre nouvelle peau de vedette de l'écran ? Personnellement, après avoir attentivement observé votre première prestation, je doute que l'on puisse vous classer dans la catégorie des grands acteurs classiques comme Laurence Olivier ou Richard Burton. Voyons, comment pourrais-je vous situer ? (Il se tut un instant, faisant mine de réfléchir intensément.) Ça y est, j'ai trouvé ! Vous me rappelez Hardy, vous savez, le gros de *Laurel et Hardy*, celui qui tombe toujours à côté de la plaque !

Pour couper court à une discussion cinématographique qui me paraissait inutile, je l'entraînai vers les vieilles tentes qui avaient servi pour notre voyage avec Tara quatre ans plus tôt.

– Aidez-moi plutôt à monter nos tentes. Elle ne va pas tarder à revenir.

– *Nos* tentes ? Vous voulez dire la vôtre et celle de Parbati, je suppose. Quant à moi, je suis très confortablement logé là-bas, déclara Aditya en montrant du doigt le camp de l'équipe de tournage.

Installé dans un pré sur l'autre berge de la rivière, le camp en question évoquait plutôt une colonie de vacances avec ses tentes multicolores.

– Vous devriez venir le visiter, reprit Aditya. Chaque tente dispose d'un confortable matelas de mousse. Il y a même une tente-réfectoire avec de la porcelaine, des couteaux et des fourchettes, des chaises et des tables, sans parler des dizaines de personnes qui s'occupent de nous. Voyez-vous ceci ? ajouta-t-il en désignant un édifice de toile plus haut que les autres, d'un vert éclatant, qui n'était pas sans rappeler le pavillon de chasse de quelque empereur mongol. C'est la tente du réalisateur. Il y a fait installer deux vrais lits. Pour être honnête, j'ai l'intention de jouir pleinement de ce voyage, c'est-à-dire dans le confort et loin de vous.

– Vous n'avez pas le droit de me laisser à la merci de Parbati, plaidai-je.

– Les vedettes sont toujours logées séparément du commun des mortels lors des tournages en extérieur. C'est une règle absolue. Mais si vous voulez, je vais vous aider à monter votre tente.

– D'accord. Vous n'avez qu'à commencer par les déplier.

Laissant Aditya s'attaquer au labyrinthe de nœuds qui

maintenait nos tentes pliées, je m'éloignai pour observer le minuscule abri des cornacs, où dormaient quatre hommes. C'était un chef-d'œuvre de simplicité. Une pièce de toile unique avait été jetée sur une armature composée de trois piquets de bambou, puis tendue au maximum et fixée au sol sur les côtés grâce à de grossières chevilles de bois. L'abri était ouvert aux deux extrémités – l'arrière donnant sur le pilkhana, clairière rectangulaire et impeccablement défrichée qui bénéficiait de l'ombre d'un grand manguier. Une simple paillasse aplatie servait de couchage, et les quelques possessions des cornacs, réunies dans de vieux sarongs, faisaient office d'oreillers. Je haussai les sourcils en pensant à mes draps neufs et immaculés, à mon duvet moelleux, et au confortable oreiller de la British Airways que j'avais subtilisé en cours de vol.

Empilés sous le bord de la toile de l'abri, je remarquai des seaux, des pots à eau et une sélection d'ustensiles de cuisine cabossés – des louches, deux ou trois couteaux à découper et quelques poêles et casseroles. Le tout était d'une propreté immaculée. De l'autre côté de l'abri, soigneusement rangés, je vis ces accessoires indispensables aux cornacs que sont les épaisses cordes de chanvre et les lourdes chaînes forgées à la main.

A l'arrière, les deux jeunes chaarkatiyas, Poni et Babul, étaient accroupis autour d'un four ingénieux bâti à partir de trois pierres oblongues et lisses posées verticalement sur le sol en forme de cercle. Ils étaient en train de faire chauffer le contenu d'une casserole. En m'apercevant, ils levèrent les yeux, esquissèrent un sourire timide avant de poursuivre leurs préparatifs culinaires. Pourvu qu'ils ne s'attendent pas que je les aide, me dis-je en les regardant ajouter des pincées de sel et de piment à leur mixture. J'avais horreur de faire la cuisine.

Il y avait même là une petite basse-cour. A l'ombre des deux énormes selles d'éléphant adossées l'une contre l'autre, un certain nombre de poulets, attachés à des piquets par la cheville, picoraient joyeusement les grains de riz qui leur avaient été jetés. Tandis que je repartais aider Aditya, mon orteil heurta légèrement un objet rigide qui dépassait du bas de la tente des cornacs. C'était une bouteille de rhum à moitié pleine. Les choses s'amélioraient.

La présence d'étrangers avait attiré une foule inévitable. Je fus soulagé de constater que la plupart des badauds étaient fascinés par les merveilles du camp de l'équipe de tournage. Les quelques curieux qui s'étaient aventurés de notre côté commencèrent bientôt à pouffer timidement en nous voyant, Aditya et moi, nous débattre avec nos monstres de toile.

Saisissant notre vieille tente par les quatre coins, nous l'agitâmes dans l'air chaud avant de la reposer. Un nuage de poussière s'éleva. Instantanément, nous fûmes transportés quatre ans en arrière, quand, après tant de journées brûlantes passées avec Tara, nous étions arrivés à la mela, où l'air était chargé de l'odeur du crottin mis à brûler et du tintement des chaînes des quelque six cents tonnes d'éléphants qui nous entouraient. Aditya et moi nous contentâmes d'échanger un sourire. Les mots étaient inutiles.

Des souvenirs d'un autre ordre nous envahirent quand nous déployâmes la plus petite tente – celle de Bhim. Un relent de renfermé, d'alcool fermenté, de tabac et d'urine nous saisit aussitôt à la gorge. Pendant que nous la secouions, un paquet froissé de *bidis*[1] et une boîte d'allumettes en tombèrent, ainsi qu'un petit flacon d'aspect médicinal, à moitié rempli d'un liquide clair. Je le ramassai et ôtai le bouchon.

– Berk ! lâchai-je après avoir humé son contenu. Sentez-moi ça.

Je le passai à Aditya.

– Je reconnais là le tord-boyaux de la mela, fit mon ami en frémissant des narines comme un œnologue. Cuvée 1988, une bonne année. Bouquet légèrement fruité...

Il en but une gorgée.

– Délicieux, déclara-t-il, les larmes aux yeux.

– Je ne peux pas laisser Parbati dormir là-dedans, dis-je. Cette tente est immonde. Il faut que je la lave.

Aditya prit un air outré.

– Vous êtes censé être un gentleman anglais ! Donnez-lui la vôtre. C'est une dame, que diable ! Auriez-vous perdu tout sens des manières ?

– Peut-être, mais la tente de Bhim est toute petite, argumentai-je sans grande conviction. Et comme je suis nettement plus grand qu'elle, je...

– C'est elle qui commande, mon ami. Et les chefs ont toujours droit à ce qu'il y a de meilleur. Étant donné que vous ne l'avez

1. Sorte de cigarettes indiennes *(N.d.T.)*.

guère impressionnée jusqu'ici, vous avez là une occasion intéressante de vous rattraper.

Deux heures plus tard, suant et soufflant, nous nous assîmes afin d'admirer notre œuvre. Nous avions fait du bon travail. La tente de Parbati se dressait près de celle des cornacs, et la mienne, à quelque distance, lui tournait le dos et s'ouvrait face aux montagnes, ce qui nous permettrait à elle comme à moi de conserver un semblant d'intimité. En effet, je me sentais quelque peu gêné à l'idée de devoir passer mes nuits si près d'une inconnue complète – et qui plus est féminine jusqu'au bout des ongles.

Notre satisfaction fut gâchée par l'arrivée d'un fonctionnaire des eaux et forêts imbu de son importance. Il nous apprit que nous avions planté ma tente au beau milieu du sentier que les éléphants sauvages empruntaient la nuit pour aller se goinfrer dans les rizières. Nous prîmes le parti d'en rire et de l'ignorer, mais l'homme se montra insistant ; il nous désigna une clôture plutôt rachitique, consistant en une double épaisseur de fil tendu à bonne hauteur qui serpentait d'un poteau à l'autre en direction des collines.

– Clôture électrique, annonça-t-il fièrement. Elle éloigne les haathis.

Nous examinâmes l'installation avec intérêt.

– Très efficace, monsieur. Si haathi touche le fil, haathi explose.

Aditya lui fit remarquer que la tente était du bon côté de la clôture. L'espace d'un moment, l'officiel parut perplexe, puis son visage s'illumina.

– Il y a des coupures de courant, monsieur. Beaucoup de coupures. La semaine dernière, les haathis sont passés. Deux maisons détruites, et une personne détruite aussi.

Ayant repéré mon paquet de cigarettes, il se servit généreusement dedans et s'en fut. A contrecœur, nous démontâmes ma tente et nous rapprochâmes du camp.

– Maudits Bengalis, de vrais moulins à paroles ! grommela Aditya en massant sa jambe infirme.

Grimaçant de douleur, il s'étendit tout doucement sur le sol et ferma les yeux.

– Croyez-vous vraiment que des éléphants sauvages risquent de passer par ici ? demandai-je, nerveux.

– Aucune chance, murmura Aditya. Tout ce qu'il voulait, c'était vous taper quelques clopes.

Quelques minutes plus tard, il dormait à poings fermés. Je ne tardai pas à le rejoindre.

Je fus réveillé par une pression insistante à la base de ma nuque. Pris de panique, je me levai d'un bond. Parbati, debout derrière moi, portait deux immenses valises grises qu'elle balançait d'avant en arrière aussi facilement que si elles avaient été vides.

– Votre tente est mal placée, annonça-t-elle. La mienne aussi. Suivez-moi.

Autant pour mon sens de la chevalerie et mes bonnes manières. Je jetai un coup d'œil furibond à Aditya et entrepris de démonter ma tente pour la seconde fois ; ensuite, je la transportai jusqu'à l'endroit où s'affairait Parbati. Avec la précision d'un architecte, elle était en train de délimiter une petite surface rectangulaire dont elle marquait méticuleusement les coins à l'aide de bâtonnets de bois. Puis elle cria quelque chose à Poni et à Babul, qui arrivèrent au pas de course et se mirent à aplanir et à nettoyer la surface en question.

– Les tentes doivent être tournées vers l'intérieur du camp. Le feu sera ici, indiqua-t-elle en marquant un emplacement au centre du rectangle. Votre tente doit être montée là, face à la mienne.

Je suivis ses instructions à contrecœur. D'après mes calculs, trois mètres à peine nous sépareraient ; pire encore, j'aurais une vue imprenable sur l'ouverture de sa tente, et vice versa. Seul le feu protégerait mon intimité. Je me promis intérieurement d'allumer chaque soir un feu de joie digne de la Saint-Jean.

– Quant à la tente d'Aditya, il faudra la mettre...

Elle s'interrompit.

– Où est la tente d'Aditya ?

L'intense plaisir qui se lisait sur les traits de mon ami s'évapora d'un seul coup.

– Eh bien... En fait, Parbati, j'ai décidé de m'installer sur l'autre berge, avec l'équipe de tournage. Rappelez-vous que je n'apparais pas dans le film.

– Il n'est pas question que vous campiez là-bas. Vous restez avec nous. Vous faites partie du camp des éléphants. Point final.

Je sentis les rouages de la cervelle d'Aditya tourner à toute vapeur.

– C'est que... je n'ai pas de tente, protesta-t-il faiblement, et celles de l'équipe sont bien trop voyantes. En outre, il me faudrait la démonter et la remonter très souvent pendant le tournage, et je souffre trop de la jambe pour m'adonner à ce genre de sport. Je me fatigue très vite.

– J'ai une tente de réserve, déclarai-je d'un air innocent, sans prêter attention au regard noir d'Aditya. Vous savez, une de ces tentes de montagne ultra-modernes en forme d'igloo. Une fois qu'elle est en place, on n'a plus besoin de la démonter. Il suffit de retirer les sardines et de la déplacer. Elle est aussi légère qu'une plume.

J'assemblai promptement mon étrange bulle violette et la traînai cérémonieusement jusqu'à la place qui lui avait été impartie, à égale distance de la tente de Parbati et de la mienne.

– On dirait une grenouille, lâcha Aditya avec dédain.

Mais tous les Indiens aiment les objets neufs et colorés, et Aditya, une fois entré dans sa tente, ne tarda pas à être séduit par ses charmes, et notamment par sa multitude de poches en tous genres, qu'il s'empressa de remplir de rouleaux de film, d'appareils photographiques, de livres et d'alcool.

Après plusieurs heures de labeur supplémentaire, le camp fut enfin dressé à la satisfaction de Parbati.

– Vous voyez, lança-t-elle en frappant joyeusement dans ses mains, ce camp ressemble maintenant à ceux de mon papa. Tout est en place.

Saisissant une petite poignée de bâtonnets d'encens, elle proféra une courte prière devant l'entrée de chaque tente pour bénir notre nouveau logis.

Un peu plus tard, Aditya et moi prîmes un bain dans les eaux cristallines et glacées de la rivière Murti. Au-dessus de nous, des macaques bondissaient et bavardaient bruyamment dans les branches de la berge. Sur les rochers lisses qui bordaient le torrent, des groupes de gobe-mouches bariolés se tenaient immobiles comme les pièces d'un échiquier – seul le mouvement constant de leurs queues trahissait leur camouflage. Et à notre gauche, perché sur la branche d'un arbre pétrifié, un aigle serpentaire à crête nous regardait fixement d'un œil jaune et furieux, comme si nous avions troublé son guet.

Quand Aditya et moi rentrâmes au camp, Phandika et Dino venaient d'arriver avec les éléphants et s'affairaient à détacher les cordes qui maintenaient le fourrage sur leur dos. Parbati surgit de nulle part et s'assit en silence près de moi sur la berge. Elle eut un signe de tête approbateur quand les éléphants, sur ordre de Phandika, plièrent simultanément leur patte arrière gauche pour déverser bruyamment une demi-tonne de déforestation sur le sol.

J'observai Kanchen. Je m'aperçus que j'avais été injuste dans mes premières impressions, aveuglé que j'étais par mon amour absolu pour Tara. Je sentis tout d'abord – non sans soulagement – qu'elle possédait une douceur innée. Bien cornaquer un éléphant n'était pas une question de vanité, mais de sécurité. Tout à coup, j'étais impatient d'apprendre à la connaître. Comme si Kanchen avait lu dans mes pensées, elle me fixa intensément, et il me sembla voir s'adoucir ses étranges et beaux yeux pâles. « Ne t'inquiète pas, je prendrai soin de toi », semblaient-ils me dire. Au bout d'un moment, j'élevai le regard d'une cinquantaine de centimètres pour pouvoir contempler la physionomie de Lakhi, toute en puissance et en majesté. Comme une mère, Kanchen étendit la trompe pour retirer plusieurs branches coincées entre les oreilles de sa cadette. Une fois de plus, je me dis qu'on ne se lassait pas d'observer les éléphants.

Apparemment, Parbati elle aussi avait lu dans mon esprit.

– Vous voyez, dit-elle, Kanchen vous aime bien. Vous avez réussi l'épreuve la plus importante. Il faudra que vous l'aimiez aussi. Elle doit apprendre à connaître votre voix, votre odeur. Tous les jours, entre treize et seize heures, vous resterez avec elle – pour lui parler, la nourrir, la toucher. Ce sera le moment le plus important de la journée. Et bientôt, ajouta-t-elle, vous aurez oublié Tara.

J'éclatai de rire et me tournai pour répondre que c'était bien peu probable, mais encore une fois, elle avait disparu aussi promptement qu'elle était venue, sans un son, tel un esprit de la jungle.

Resté seul, je repris mon observation des cornacs. A leur manière de traiter les éléphants, on pouvait aisément déceler certaines différences de caractère. Phandika, l'aîné, était plus bourru, plus rude. Il crachait et jurait tout en houspillant ces énormes créatures comme s'il se fût agi d'enfants dans une cour d'école. Dino était moins extraverti ; il guidait Lakhi et Kanchen plus doucement, mais d'une main ferme et tout aussi assurée.

Physiquement, les deux hommes n'auraient pas pu être plus différents. Dino était minuscule. La tignasse de cheveux noirs qui couronnait son visage large et plat rappelait davantage un Indien du Guatemala qu'un natif du sous-continent. Si l'on exceptait ses larges épaules, tout dans sa constitution semblait démentir la force que j'allais pourtant avoir l'occasion de lui voir exercer par la suite. Phandika était plus grand, bâti comme un vieil if, usé et dur comme la pierre, les jambes noueuses. En dépit de ses dents légèrement en avant et d'une mèche de cheveux rebelles blanche comme neige qui restait constamment dressée sur son crâne, comme la crête d'un coq, c'était un bel homme. Comme je ne tardai pas à m'en apercevoir, il était aussi rusé. D'ailleurs, son regard suffisait à le trahir. Il évoquait un vieux renard.

Son vrai nom, m'avait dit Parbati, était Mono. Phandika était un surnom, dérivé du mot *phand*, ou *phandi*, qui signifiait lasso, ou lanceur de lasso. Ce surnom était réservé à ceux qui avaient réussi à capturer un éléphant selon la plus dangereuse des méthodes – le *mela shikar*. Dans le monde des cornacs, c'était la distinction suprême. Il n'existait pas d'exploit plus élevé.

Phandika avait également l'honneur de détenir le record du monde en matière de capture au lasso d'éléphants sauvages : il en avait cent cinquante à son actif. Il avait passé le plus clair de sa vie à travailler pour le père de Parbati, le légendaire Laljee Barua. Phandika se trouvait avec Parbati quand, adolescente, elle avait capturé Lakhi, son premier éléphant. Après la mort de son père, m'expliqua-t-elle, Phandika était devenu son gourou. Le respect qu'ils avaient l'un pour l'autre sautait aux yeux.

Il faisait nuit quand je quittai le pilkhana. Un feu – de bonne taille, comme j'eus le plaisir de le constater – crépitait joyeusement au centre du cercle formé par les tentes. Je ne vis aucun signe de Parbati. Aditya, en revanche, était au bercail, à en juger par les fréquentes explosions de lumière qui illuminaient sa grenouille violette ; il devait être en train de tester ses flashes. Quelqu'un s'était donné la peine d'étaler de vieux sacs de toile devant l'entrée de chaque tente et de planter une rangée de petits piquets sur le côté.

Une voix s'éleva soudain des ténèbres.

– Pour les verres.

Plissant les yeux face à l'éblouissante lumière du feu, je découvris Parbati, assise en tailleur et parfaitement immobile. Sa silhouette, qui se découpait contre la grande tente, paraissait plus menue que jamais. Sans doute se tenait-elle là depuis le début.

Mais quand je regardai de nouveau, elle n'y était plus. Quand elle reparut, elle portait trois verres et m'en tendit deux.

– Un pour Aditya, un pour vous. Lavez-les toujours avant d'aller dormir, et posez-les au sommet d'un piquet. Le thé, le lait, le sucre et surtout l'alcool attirent les serpents, les fourmis et les mille-pattes.

En attendant tinter les verres, Aditya abandonna promptement ses appareils et rampa hors de sa tente, une bouteille de rhum à la main. Il en offrit à Parbati, qui secoua la tête.

– Rien que de l'eau pour moi, dit-elle. Demain, Mark, vous commencez votre travail. Vous apprendrez à cuisiner. Je vous montrerai comment on fait la cuisine dans la jungle. Comment on fait cuire des œufs. Quand vous rentrerez chez vous, vous serez un autre homme. Votre femme sera contente.

Les dents blanches d'Aditya se mirent aussitôt à luire dans l'ombre.

Sous un ciel de velours bleu piqueté d'étoiles, nous dînâmes très simplement, dans de grandes gamelles en fer, de riz, de pommes de terre et d'aubergines sauvages généreusement rehaussées de piment rouge. A la fin du repas, je racontai à Parbati notre entretien avec le fonctionnaire des eaux et forêts et l'interrogeai sur ces fameuses clôtures électriques.

– Balivernes, lâcha-t-elle avec colère. Les clôtures électriques n'arrêtent pas les éléphants. Ils sont trop malins. Un mâle à défenses fait tomber le poteau, le maintient à terre, et le troupeau passe. Ou bien il se sert de ses défenses. L'ivoire ne conduit pas l'électricité. Quelquefois, les éléphants passent en rampant sous les fils. Ils sont agiles. De toute façon, les clôtures électriques ne sont pas un bon système ici. Les gens en volent certains éléments.

– Vous voulez dire que les éléphants réussissent à passer ?

– Bien sûr. Ils passent chaque nuit. Mais vous ne les entendrez pas. On entend les oiseaux, mais pas les éléphants. Ne vous inquiétez pas. Ce sont mes amis. Avec moi, vous êtes en sécurité. Et maintenant, allons nous coucher. Notre journée commence à cinq heures du matin GMT.

Je jetai un coup d'œil sur ma fragile petite tente et songeai aux centaines de tonnes qui allaient la frôler sur la pointe des pieds au cours de la nuit. Et cependant, je savais que tant que je serais en présence de cette femme mystérieuse et magique, rien ne pourrait m'arriver.

J'ouvris la vieille tente de Bhim, m'attendant à être assailli par une odeur pestilentielle. A ma grande surprise, j'y découvris un petit bol d'où s'échappait un nuage d'encens qui parfumait agréablement l'air.

– Pour les moustiques, lança une voix dans la nuit.

Sur ce, je m'endormis, laissant le parfum de l'encens emporter au loin l'esprit du vieux cornac.

4

Le camp de concentration

Un claquement sourd tout près de mon oreille gauche m'éveilla. Je me dressai comme un ressort dans le noir, désorienté, sans savoir au juste où je me trouvais. Les sons évocateurs de l'Inde rurale en train de s'éveiller commençaient discrètement à emplir l'air frais de l'aube – le chant d'un coq dans un village distant, le murmure des cornacs, et surtout la palette familière des bruits que deux éléphants peuvent émettre en prenant leur petit déjeuner – soupirs sonores, grognements, couinements, craquements et mâchonnements divers. Je me détendis et poussai un soupir d'aise. La joue bien calée au creux de mon oreiller blanc de la British Airways, je me rendormis.

Quelques minutes plus tard, un craquement sec me parvint aux oreilles. Un petit caillou siffla dans l'air à dix centimètres de mon nez et rebondit sur le piquet d'aluminium qui soutenait l'arrière de ma tente. Furieux, je sortis à quatre pattes.

– Qu'est-ce que... ?

– Bonjour, Mark, annonça dans le noir une voix sans visage. Il est cinq heures sept. Vous êtes en retard. Le premier devoir d'un chaarkatiya consiste à aller chercher de l'eau à la rivière pour préparer le thé. Phandika va vous donner un seau.

Quand mes pupilles se furent habituées à l'obscurité, je vis Parbati assise en tailleur. Un petit lance-pierres pendait entre ses doigts. Ses munitions reposaient en une pile soigneuse à côté d'elle.

– Vous avez failli me toucher, lâchai-je d'un ton maussade.

– Je ne manque jamais ma cible. Maintenant, allez chercher de l'eau.

Phandika et Dino m'accueillirent avec enthousiasme et me confièrent trois seaux. Comme je me mettais en route vers la rivière d'un pas incertain, une voix aussi familière qu'endormie me héla.

– Hé, garçon ! Faites bien attention à rapporter de l'eau propre. Ah, et pour moi, ce sera deux sucres !

Furieux, j'entrai dans le torrent glacé ; mes pieds trop tendres glissèrent aussitôt sur les nombreux galets qui en jonchaient le lit, et je perdis l'équilibre. Je basculai dans l'eau la tête la première en lâchant mes seaux. Quand j'émergeai, je les vis qui s'éloignaient dans le courant. Je fus sauvé de l'humiliation complète par l'arrivée de Dino. Agile comme un singe, il bondit d'un rocher à l'autre, m'aida à me relever, me jeta en travers de ses épaules et me porta jusqu'à la berge. Ensuite, récupérer les seaux fut pour lui un jeu d'enfant. Je le remerciai, tout en cherchant du regard un éventuel témoin de mes débuts dignes de l'inspecteur Clouseau, le héros de *La Panthère rose*. A mon retour au camp avec deux seaux pleins, je crus déceler une expression amusée sur les traits creusés de Phandika, accroupi devant le feu. Dino, mû par sa gentillesse naturelle – bienvenue dans cette antichambre de l'enfer –, s'était chevaleresquement offert pour transporter le dernier.

Le vieux renard avait peut-être lui aussi un peu de cœur. Il se proposa pour faire le thé. Mais n'était-ce pas plutôt parce qu'il n'avait pas assez confiance pour me laisser m'acquitter d'un rituel quotidien de la plus haute importance en Inde ?

Je consultai ma montre. Il était à peine cinq heures quarante-cinq. J'étais debout depuis exactement quarante-deux minutes. Et cependant, j'avais l'impression d'avoir déjà couru un marathon. Je me pris à repenser avec regret à ces journées passées sur la route avec Tara. Bhim nous apportait au lit le thé et des biscuits sur le coup de sept heures, après quoi nous prenions un

Retrouvailles avec Tara à Kipling Camp.

Parbati présentant Mark à Kanchen, à Lakhi et au vieux cornac Phandika.

Grand nettoyage au camp de concentration.

Première leçon de maquillage.

Travaux domestiques : Parbati montre à Mark comment confectionner des *danas* pour les éléphantes.

Retour au camp avec le fourrage.

Tentative de confection d'un *dana*.

Bain au petit matin.

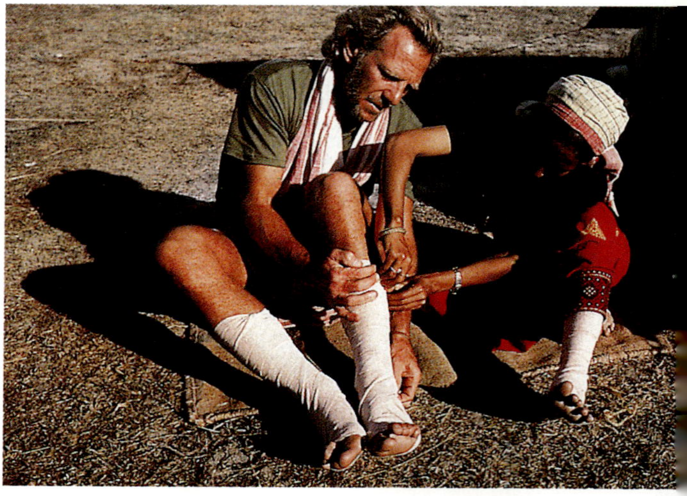

Protection des jambes.

Offrandes apportées
sur l'autre rive de la rivière
en vue d'une *puja*.

Dino, le jeune cornac, regarde Parbati commencer une leçon de conduite élémentaire.

Leçon avancée sur une pente raide.

Parbati en tenue de combat.

Arrivée dans un camp
de bûcherons.

Rencontre angoissante avec un mâle sauvage.

Traversée d'une mer de thé.

L'escouade de Mal Bazar, commandée par le capitaine Miel d'Abeilles *(au centre, avec un turban). Sur la droite,* on aperçoit les membres honoraires, Mark et Aditya.

Derniers préparatifs avant les funérailles d'une éléphante.

copieux petit déjeuner. Le temps pour Aditya et pour moi de mener à bien notre toilette matinale. Tara était déjà nourrie et harnachée de pied en cap ; il ne nous restait plus qu'à monter à bord et à nous mettre en route dans la fraîcheur du matin.

– Bon bain ? s'enquit Aditya depuis l'intérieur de sa tente, toujours lové dans son sac de couchage, pendant que je m'apprêtais à rejoindre la mienne pour changer mes vêtements trempés.

Du moins Parbati n'avait-elle rien remarqué. La fermeture à glissière de son antre était rabattue.

Après avoir enfilé un tee-shirt sec et un lungi, je m'assis devant ma tente pour attendre les ordres. Le jour commençait tout juste à se lever. Dans le lointain, le Kanchenjunga semblait s'étirer et nous envoyer des baisers glacés, telle une belle princesse vierge, à la fois dominatrice, autoritaire et intouchable.

Haut de 8 586 mètres, le Kanchenjunga est le troisième sommet du monde. Il est resté inviolé jusqu'à ce qu'une expédition britannique atteigne enfin son faîte en 1955. Par respect pour les croyances locales, l'équipe d'alpinistes s'abstint de fouler vraiment la neige du sommet, considéré comme sacré et auréolé de légende. D'après le Major L.A. Waddle, le nom de Kanchenjunga est tibétain et signifie littéralement les « cinq réceptacles des grands glaciers ». Dans son livre, Waddle poursuivait ainsi sa description : « La cime la plus haute, à l'évidence ciselée par la succession des soleils couchants et levants, a été baptisée sanctuaire de l'or ; le pic sud, qui reste tapi dans une ombre froide et grise jusqu'à ce que le soleil levant le fasse enfin blanchir, fut nommé sanctuaire de l'argent ; et les sommets restants furent respectivement nommés sanctuaires des gemmes, du blé et des livres sacrés – objets les plus importants de l'univers religieux tibétain. »

Mais ce fut une reine d'une autre sorte qui m'insuffla ce matin-là une peur de tous les diables en sortant brusquement de sa tente. Je me levai d'un bond et considérai Parbati d'un air stupéfait. La mekla de soie beige avait été remplacée par une paire de jeans délavés et une ample veste de treillis fermée par des boutons de cuivre. Sa masse d'épais cheveux noirs, réunie en un chignon, disparaissait sous un vieux chapeau de jungle posé de guingois sur son crâne. Son regard perçant était camouflé derrière une paire de lunettes de soleil presque noires.

Le long de ses cuisses, telle une paire de six-coups, pendaient deux *kukris*, longs poignards courbes rangés dans des gaines de bois magnifiquement décorées de fleurs et d'éléphants. Bref, elle ressemblait à un tueur à gages miniature, mais néanmoins ultra-dangereux. Sortant une petite boîte métallique oblongue de sa poche, elle en souleva le couvercle, versa un peu de tabac à chiquer dans la paume de sa main, en fit une petite boule et la fourra dans un coin de sa bouche.

– Venez, dit-elle, je veux vous montrer quelque chose.

Nous traversâmes le pré humide en direction de la clôture électrique. De temps à autre, elle s'accroupissait pour étudier le sol.

– Des éléphants sont passés par ici, expliqua-t-elle en montrant un point de la clôture situé à une cinquantaine de mètres de nos tentes. Ils allaient dans cette direction. Cinq femelles et trois petits.

– Ils seraient passés ici la nuit dernière ? lâchai-je, mesurant du regard la distance qui séparait mon logis de l'endroit où nous nous trouvions. Voyons, Parbati, vous plaisantez ! Je ne vois aucune trace.

– Normal. Vous ne savez pas ce qu'il faut chercher.

Je la suivis le long de l'épaisse haie de troènes qui bordait notre camp. Une énorme brèche y avait été ouverte.

Je restai sceptique.

– Elle pourrait avoir été faite il y a des années.

– Et ça ? dit-elle, baissant les yeux sur une énorme crotte d'éléphant.

De la pointe de sa botte, elle en rompit la surface séchée, et une légère volute de vapeur s'échappa de son centre avec une odeur plutôt plaisante, qui n'était pas sans rappeler celle du foin mouillé.

– Ils sont passés il y a trois heures environ. Et maintenant, Mark, c'est l'heure de nettoyer le pilkhana.

En 1922, A.J.W. Milroy, conservateur adjoint des forêts de l'Assam, avait écrit un traité sur l'art et la manière d'élever les éléphants. Il y déclarait notamment :

Il me paraît raisonnable d'affirmer que seuls les cornacs les plus exceptionnels (tels que nous n'avons presque aucune chance d'en rencontrer au cours de notre vie) méritent qu'on leur fasse confiance en ce qui concerne le maintien de la propreté d'un pilkhana. Il est bien connu que la plupart des hommes, qui font leur devoir sans protester aussi longtemps qu'ils craignent l'inspection surprise d'une autorité supérieure, s'avèrent paresseux et entièrement indignes de confiance dès lors qu'aucun contrôle n'est plus exercé sur leur travail.

Parbati n'était pas disposée à prendre le moindre risque. Tel un petit oiseau de proie, postée sur une grosse souche qui surplombait le pilkhana, elle m'observait, le regard dissimulé derrière ses lunettes noires.

Milroy était également l'auteur d'une phrase qui résumait parfaitement la devise des éléphants : « Tout moment consacré à autre chose qu'à manger est un moment perdu. » Je ne pus que m'incliner devant cette perle de l'universelle sagesse en contemplant les immenses piles de crottin, de branchages et de restes de feuilles de bananier gluantes qui s'amoncelaient autour de moi comme autant de petites collines. Moi qui avais parcouru tout ce chemin pour approfondir ma connaissance des pachydermes, je me retrouvais soudain dans la peau d'une dame-pipi.

Deux heures plus tard, Parbati se tint pour satisfaite. Elle avait de quoi l'être : le pilkhana ressemblait au court central de Wimbledon. Je m'effondrai sur la berge près d'Aditya, épuisé et en nage. Mes mains étaient striées de petites coupures.

– Mon ami, déclara celui-ci, je viens de passer les deux heures les plus agréables de ma vie. Après ce que vous venez de montrer, soyez assuré que vous avez à tout moment une place réservée dans ma maison... en tant que balayeur.

Je traînai les pieds jusqu'à la rivière. Si à cinq heures du matin j'avais maudit ses flots glacés, j'étais maintenant mieux à même d'apprécier sa beauté et la douceur de sa caresse, réchauffée par l'arrivée du soleil. Je venais d'atteindre le bord quand une voix s'éleva dans mon dos.

– Où allez-vous, Mark ?

– Je voudrais simplement me laver, Parbati.

– Ne soyez pas trop long. L'époussetage commence dans dix minutes.

L'époussetage ! Après la dame-pipi, la femme de ménage ! Et quoi d'autre encore ? Résigné, je baissai les yeux sur ma montre. Il n'était que huit heures.

L'époussetage ne consistait pas à retirer d'un coup de plumeau les éventuelles toiles d'araignées qui se seraient glissées dans les recoins de la tente de Parbati. On me remit un vieux morceau de grosse toile avec pour consigne de battre les flancs de Kanchen pour la débarrasser de la croûte de boue séchée dont les éléphants aiment à se couvrir le corps afin de se protéger de la chaleur et des insectes.

Perdu au milieu d'un épais nuage de poussière, fouettant encore et encore, de toutes mes forces, l'énorme masse de chair impavide qui se dressait devant moi, je me rappelai combien le chaarkatiya de Tara avait une notion différente de l'époussetage : celui-ci se contentait d'un vague toilettage de cinq minutes avant notre départ chaque matin.

Au fur et à mesure que la croûte de boue tombait et que les deux taupinières géantes qui occupaient le pilkhana commençaient à ressembler à des éléphants, je constatai que ma première impression concernant Lakhi et Kanchen était légèrement erronée. J'étais en train de me rendre compte à quel point elles étaient bien soignées. C'était une nécessité – elles représentaient le gagne-pain de Parbati et de ses cornacs.

Par rapport à Kanchen et à Lakhi, Tara était une princesse pouponnée, et je me pris à me demander ce qui se serait passé si elles avaient pu se rencontrer. Tara, qui à mon avis n'était pas dénuée de snobisme, aurait sans doute considéré de haut ces deux représentantes des classes laborieuses, mais à mon avis, un tel contact ne lui aurait sans doute pas fait de mal, et...

– Mark ! cingla une voix venue du ciel. Cessez de rêvasser et continuez votre époussetage !

Je levai les yeux et vis Parbati presque à plat ventre entre les oreilles de Lakhi ; elle était en train de tracer sur le front de son éléphante, au moyen d'un morceau de craie blanche, une délicate rangée de perles. Quand elle eut fini, elle se leva et longea comme une funambule la colonne vertébrale de Lakhi. Arrivée à hauteur de la croupe de celle-ci, elle s'arrêta, croisa les bras, attendit que l'éléphante plie docilement sa jambe gauche, et descendit en douceur jusqu'à terre. J'avais presque envie d'applaudir. Elle venait de m'offrir un spectacle magnifique.

Je remarquai qu'elle avait changé de vêtements. La tenue de tueur à gages avait été remplacée par un tee-shirt et par un lungi rouge et violet. Une *gumcha*[1] jaune était enroulée autour de sa

1. Serviette *(N.d.T.)*.

tête. Les lunettes de soleil avaient disparu, ainsi qu'un des poignards. Seul un kukri continuait de lui battre la hanche, menaçant. Elle ressemblait à présent à un pirate.

Elle fit lentement le tour de Kanchen, sagement agenouillée sur le sol, et l'inspecta sous toutes les coutures. Je retenais mon souffle.

– Impeccable, lâcha-t-elle en m'assenant une petite tape dans le dos.

Je ne pouvais y croire. Un compliment !

– Maintenant, il faut la faire belle, ajouta-t-elle en me tendant son morceau de craie.

Le dessin n'avait jamais été mon fort. C'était tout juste si j'étais capable de tracer une ligne droite.

– Je ne suis pas très doué pour ce genre de chose, Parbati, bredouillai-je.

– Ce n'est pas grave. Faites de votre mieux.

Tandis que Parbati repartait vers les tentes, je contournai Kanchen pour lui faire face. Elle me jeta un regard suspicieux. En lui tenant l'oreille gauche, je m'avançai nerveusement entre ses puissants genoux repliés et me mis au travail. Kanchen secoua la tête et le morceau de craie m'échappa des mains. Je le ramassai et repris ma tâche. De nouveau, elle secoua la tête, et de nouveau je perdis ma craie.

Ce fut alors que Phandika, qui était assis à califourchon sur son cou, gronda un ordre. Kanchen ramassa le morceau de craie avec sa trompe et le remit au cornac.

– Cigarette, lâcha-t-il, le regard luisant.

Je souris. Une invitation à la corruption... Je comprenais. Je lui tendis une cigarette qui disparut aussitôt dans les replis de son lungi. Ensuite, il regarda tout autour de lui et, constatant que la voie était libre, s'allongea sur le cou de Kanchen et acheva le travail que j'avais commencé en quelques coups de craie rapides. Puis il me décocha un clin d'œil. J'eus l'impression de m'être trouvé un allié et d'avoir réussi à briser une nouvelle barrière.

Parbati revint peu après pour étudier le résultat de notre travail. Elle eut un sourire entendu.

– Bien. A partir de demain, vous serez chargé de les décorer toutes les deux. Venez, c'est l'heure d'aller ramasser le fourrage. Nous partons dans la forêt avec les éléphantes.

Enfin, une chance m'était donnée de faire impression sur elle.

Je me plaçai devant Kanchen, lui empoignai les deux oreilles, posai mon pied sur sa trompe et criai :

– *Utha, utha !*

Rien ne se produisit. L'éléphante prit un air légèrement étonné et ne bougea pas.

– Que faites-vous ? s'enquit Parbati, tout aussi étonnée.

– Eh bien, je... j'essaie de monter sur Kanchen. Vous venez de dire que nous partions en forêt.

– Vous n'êtes pas cornac, Mark. Vous êtes chaarkatiya. Le chaarkatiya prend place sur le dos de l'éléphant, derrière le cornac. C'est Phandika qui conduira Kanchen.

Je sentis monter en moi une bouffée de colère.

– Écoutez, Parbati, je sais bien que je suis un novice, mais j'ai tout de même cornaqué Tara sur mille trois cents kilomètres, et...

Elle m'interrompit.

– Parfois, Mark, il faut cinq ans pour devenir cornac.

Tête basse, je me dirigeai vers l'arrière de Kanchen, qui était en train de s'asseoir. Dino lui tenait la queue, dont il avait fait une sorte de boucle pour m'aider à monter. On me traitait comme un vieillard. Vexé, je glissai un pied dans la boucle et grimpai sur le dos de l'éléphante.

Ma colère commença à retomber tandis que nous traversions la rivière Murti. J'observai avec un grand plaisir la façon dont ces deux titans se frayaient délicatement un chemin à travers le champ de mines des rochers, en plongeant d'abord la trompe dans l'eau comme s'il s'agissait de quelque détecteur de métaux. On croit généralement que les éléphants sont patauds et bruyants. C'est une idée reçue. A la différence du cheval, ils trébuchent très rarement, et il m'est arrivé plusieurs fois de me retrouver encerclé en pleine forêt par une harde complète sans avoir entendu le moindre bruit.

Nous pénétrâmes dans la forêt.

– Parbati, est-ce que... ?

– Taisez-vous, Mark, murmura-t-elle. Profitez plutôt de la forêt. Bientôt, elle n'existera plus.

Je me concentrai sur la nuque de Phandika. Parfois, il grognait quelque chose à Kanchen, dans ce langage inintelligible et singulier qu'un cornac et son éléphant sont seuls à comprendre. A la différence de Tara, qui allait et s'arrêtait à sa guise, ces éléphants m'évoquaient des machines bien huilées. Ils avaient adopté un train rapide mais légèrement louvoyant, et ma colonne vertébrale, mon postérieur et surtout l'intérieur de mes cuisses, maintenues écartées par la largeur du dos de Kanchen, ne tardèrent pas à s'en ressentir. De temps à autre, je glissai un coup d'œil furtif en direction de Parbati. Elle était assise, aussi droite qu'une tige de fleur de lotus, sur les puissantes épaules de Lakhi. La femme et l'animal se balançaient au même rythme, comme s'ils ne formaient qu'un seul être.

A ce jour, je ne suis toujours pas sûr de ce qui provoqua l'incident survenu peu après. Était-ce un signal secret de Parbati, ou Kanchen fut-elle réellement prise d'un accès de frayeur ? Toujours est-il que soudain, sans avertissement, elle partit au galop. Sur une courte distance, les éléphants sont capables d'atteindre une vitesse de plus de trente kilomètres à l'heure. A un moment donné, comme elle continuait d'accélérer, je sus que j'allais tomber. Je m'accrochai au lungi de Phandika et me sentis glisser le long du flanc droit de Kanchen. Ma tête ballottait à présent au niveau de son ventre, et je voyais ses pieds énormes remonter régulièrement vers moi comme des pistons. Mais tout à coup, tel un de ces sauteurs à l'élastique, je me trouvai de nouveau propulsé sur son dos, et je repris ma position normale.

– Des éléphants sauvages, déclara Parbati, une ombre de sourire au coin des lèvres. Ils ont fait peur à mes petites chéries.

Nous fîmes halte dans une clairière ensoleillée cernée de hauts arbres. Les branches les plus fournies se trouvaient près de leur faîte. Leurs troncs, aussi lisses que des poteaux télégraphiques, s'élançaient vers le ciel sans paraître offrir la moindre prise. Je me considérais comme un bon grimpeur, mais ce type d'escalade n'était pas dans mes cordes. Parbati sentit sur-le-champ ma nervosité.

– Poni et Babul vont monter là-haut et couper les branches. Contentez-vous d'ouvrir les yeux et d'apprendre.

Pendant que nous attendions les deux adolescents, Parbati laissa Kanchen et Lakhi flâner de-ci de-là.

Tout était parfaitement calme. Quelques splendides papillons voletaient dans les feuillages. Le chant incessant des cigales luimême s'était tu.

– Observez attentivement Lakhi et Kanchen, me dit doucement Parbati.

Je mis toute mon attention à observer ces deux éléphantes en train de se livrer à leur occupation favorite.

– Elles mangent, fis-je.

– Elles mangent, Mark, mais pas n'importe quoi : d'abord, elles regardent, puis elles choisissent. Regardez encore...

Kanchen était en train d'enfoncer la trompe au cœur d'un gros buisson. A y regarder de plus près, je remarquai qu'elle en avait d'abord écarté le feuillage comme si elle cherchait quelque chose. Laissant de côté les feuilles, elle cueillait uniquement les baies d'une petite plante, puis les fourrait dans sa bouche.

– Pour la digestion.

– Vous voulez dire que les éléphants vous montrent eux-mêmes les plantes médicinales dont ils ont besoin ?

– Bien sûr. Il nous est arrivé de passer neuf mois dans la jungle. Il n'y a pas de médecins dans la jungle. De cette manière, nous avons appris à connaître plusieurs plantes qui font du bien aux éléphants. Quand nous voyons un éléphant souffrir de l'estomac, nous le lâchons. Il va où il veut et finit par trouver la bonne plante. Ensuite, nous ramassons des échantillons de cette plante et nous les envoyons à des spécialistes de Calcutta pour les faire analyser. Quand nous recevons les résultats, nous décidons du dosage. C'est comme cela que nous apprenons à soigner nos éléphants.

J'étais émerveillé par cet exemple de collaboration harmonieuse entre l'homme et l'animal.

– C'est mon papa qui m'a enseigné toutes ces choses. Ces forêts sont comme des pharmacies. Pas seulement pour les animaux, pour les gens aussi. Mais pour combien de temps ? Les gens détruisent tout. Ils ne se rendent pas compte de ce qu'ils sont en train de perdre, lâcha-t-elle tristement.

C'était la première fois que je la voyais émue. Elle me faisait penser à une petite fille perdue.

– Je vais vous apprendre tout ce que je peux, Mark. Il est très important que vous disiez aux gens, à tout le monde, ce qu'ils sont en train de détruire. En s'attaquant à nos forêts, ils se font du mal à eux-mêmes, pas seulement aux éléphants et aux autres animaux.

Elle se pencha pour cueillir plusieurs brins d'une délicate fougère.

– Encore un remède ? demandai-je, impressionné.

Elle secoua la tête.

– Non. C'est pour notre dîner.

Nous revînmes lentement vers les autres, enveloppés dans un

silence confortable. Je commençais enfin à me sentir à l'aise avec cet être remarquable. Entourée par la beauté, la quiétude de la forêt et de ses éléphants, Parbati était pleinement détendue. Cela n'avait rien de surprenant. Elle était ici chez elle.

Très haut dans les arbres, Poni et Babul continuaient de travailler dur ; sous le soleil, leurs machettes lançaient des éclairs. De temps en temps, ils criaient un avertissement, et une énorme branche s'écrasait sur le sol quelques fractions de seconde plus tard. Déjà, suivant les instructions de Phandika et de Dino debout sur leurs dos, les éléphantes ramassaient le fourrage avec leurs trompes et le disposaient en piles régulières.

En les regardant travailler, je m'interrogeai sur les rapports aussi bizarres qu'ancestraux entre cette bête énorme et l'homme – dans la mesure où l'éléphant, capable d'écraser son maître comme une simple fourmi, préférait devenir son meilleur ami. En sanskrit, l'éléphant est appelé *mrigahastin* – la bête à une main. Sa trompe, commandée par cent mille muscles, combine une force impressionnante à une remarquable dextérité. Avec elle, l'éléphant peut aussi bien déraciner un arbre que saisir un pépin d'orange. Un seul de ses éternuements peut renverser un chien.

Deux heures plus tard, notre tâche fut achevée. Parbati se mit à chanter sur le chemin du retour. Trônant comme des maharajahs au sommet de nos deux montagnes ambulantes de fourrage vert émeraude, nous rentrâmes dignement au camp, rapportant de quoi nourrir deux éléphantes pour une journée.

5

Gourous et fantômes

Nous arrivâmes au camp et déchargeâmes le fourrage. Un coup d'œil à ma montre : il était près de midi – l'heure du déjeuner. Mais ici, malheureusement, les éléphants passaient les premiers, et pire encore, ils étaient nourris à la main.

J'aurais préféré ramasser des crottes d'éléphant toute la journée plutôt que de devoir affronter ma corvée suivante. Parbati et moi nous assîmes en tailleur face à deux grands bols : l'un rempli de grains de blé, l'autre de sel gemme noir. Ayant saisi une feuille de bananier, elle la coupa en deux dans le sens de la longueur. Ensuite, elle l'étala devant elle et, après avoir incisé son épaisse tige en trois endroits, elle replia méticuleusement les quatre sections ainsi créées les unes sur les autres. Elle prit dans les bols une poignée de blé et de gros sel dont elle saupoudra la feuille, qu'elle roula ensuite au plus serré et attacha avec un filament de palme. Le produit fini, localement baptisé *dana*, rappelait ces délicieux rouleaux d'algues que l'on sert dans les bars à sushi, mais en beaucoup plus grand.

– A quoi sert le sel ? m'enquis-je, tentant désespérément de gagner du temps pour éviter l'inévitable.

– Pour la digestion. Le sel est essentiel à tous les animaux sauvages. Les éléphants domestiques n'ont pas la possibilité de s'en procurer. Dans la forêt, il y a des dépôts de sel naturels. Si vous voulez voir des animaux sauvages, trouvez un terrain salifère. Vous les verrez tous défiler.

– Et le blé ?

– Le blé aussi est bon pour l'estomac. Quant à ceci (elle brandit une substance brune familière, que j'identifiai sans peine comme étant du gur), c'est une petite gâterie pour mes chéries. Et maintenant, Mark, au travail.

Vingt minutes plus tard, les doigts collés par la gomme blanche et poisseuse qui s'échappait de la tige des feuilles de bananier et les mains envahies de crampes, je réussis à produire mon premier dana. Je le plaçai humblement à côté de l'imposante pile déjà confectionnée par Parbati. Comparé aux siens, mon dana ressemblait à un chapeau de paille sur lequel se serait acharné un chiot. Aucun éléphant au monde ne pouvait être tenté par une telle horreur.

Parbati considéra le fruit de mes efforts.

– Vous manquez de pratique, Mark, déclara-t-elle avec le regard soucieux qu'une maîtresse pourrait avoir pour un élève stupide. Je vais vous laisser continuer seul. D'autres tâches m'attendent. Et n'oubliez pas : avec l'expérience vient la perfection.

Après m'avoir tapoté l'épaule en signe d'encouragement, elle s'en fut.

Pendant deux heures, je restai assis là, tel un Bouddha dodu et pataud, à torturer des palmes de bananier en maudissant le monde entier. Quand j'eus enfin fini, je me laissai tomber sur le dos, éreinté. Ma pile de danas n'était pas sans rappeler le monceau de déchets que j'avais nettoyé en début de matinée dans le pilkhana.

Ma rêverie fut rapidement interrompue par Phandika qui, avec un petit rire, laissa tomber près de moi une nouvelle montagne de feuilles à rouler.

– Cigarette, sahib ?

Sauvé, pensai-je en lui tendant aussitôt deux cigarettes. Mais après en avoir glissé une derrière son oreille et escamoté l'autre dans son lungi, il s'en fut.

– Sale traître, grommelai-je en reprenant ma corvée.

Le déjeuner se résuma à un bol de riz dévoré à la hâte,

agrémenté de patates et d'un légume non identifié qui avait le goût du papier buvard.

– Comment se passe votre journée ? me demanda Aditya, confortablement étendu dans le halo violacé de sa grenouille.

Je me contentai d'émettre un grognement avant d'enfourner une nouvelle bouchée de riz. Il bâilla voluptueusement.

– La mienne, jusqu'ici, a été merveilleuse. Je me suis levé à huit heures, j'ai pris un délicieux petit déjeuner, et ensuite, je suis tranquillement descendu à la rivière pour savourer les vertus revigorantes d'un long bain. Ensuite, ajouta-t-il en tirant une dernière bouffée de sa cigarette avant de la jeter sur les braises fumantes du feu, j'ai...

– Aditya ! lança une voix cassante, jaillie des profondeurs de la grande tente. Ramassez ce mégot !

Aditya fut promptement debout, boitilla jusqu'à l'âtre et y récupéra l'objet du délit.

– Comment a-t-elle fait pour voir ça ? me glissa-t-il à voix basse. Sa tente est fermée ! A croire que la Gestapo rôde parmi nous. Mais ne vous inquiétez pas, mon ami. Pensons plutôt à ce vieux dicton hindi, qui dit ceci : « Un homme de soixante ans est encore un jeune éléphant, tandis qu'une femme de vingt s'avance déjà vers la vieillesse. » Voilà pourquoi, au bout du compte, nous restons maîtres du jeu.

– Que dites-vous, Aditya ? interrogea la voix invisible, de plus en plus menaçante.

– Rien, rien, Parbati, s'empressa de répondre mon ami, pris de court. Je faisais simplement allusion à certains aspects de la vie sauvage.

Nous comprenions maintenant que nous n'avions pas affaire à une mortelle ordinaire. Parbati était fille de la nature ; tous ses sens, et plus encore son intuition, avaient été aiguisés jusqu'à la quasi-perfection par de longues années passées dans la profondeur des forêts.

Dans le pilkhana, Kanchen et Lakhi attendaient impatiemment devant trois gros sacs de toile de jute derrière lesquels étaient posés les danas, soigneusement divisés en deux piles.

– C'est l'heure du repas. Asseyez-vous là, m'ordonna Parbati, pointant un doigt vers le sac de toile posé devant les énormes jambes de Kanchen.

Je m'exécutai. L'éléphante me dominait de toute sa hauteur, mais son regard pâle et concupiscent, fixé sur les danas, passait par-dessus mon épaule. Tout à coup, elle étira sa trompe et s'empara de cinq rouleaux posés au sommet de la pile. Parbati la frappa à l'extrémité de son appendice en égrenant un chapelet de mots inintelligibles qui n'étaient sûrement pas des louanges.

– Kanchen est gourmande. Vous lui donnerez les danas un par un.

J'étais secrètement ravi de constater que, comme pour Tara, le chemin du cœur de Kanchen passait par son estomac.

– Il faut lui parler en la nourrissant, continua Parbati. Elle apprendra vite à connaître votre voix.

Une foule inévitable s'était formée, attirée par l'absurde spectacle d'un étranger balourd assis sur un gros sac face à un éléphant. La situation était déjà embarrassante, mais l'idée de parler à Kanchen devant la foule et la caméra la rendait plus grotesque encore. Je regardai sur ma gauche. Poni et Babul, plus aguerris que moi, bavardaient tranquillement tout en nourrissant Lakhi. Que pouvais-je dire à cette éléphante ? Ce fut alors qu'une brillante idée me traversa : j'allais chanter. Je me mis à ânonner une version funèbre du *Seigneur est mon berger*, ce qui semblait un choix judicieux étant donné la situation. Parbati était ravie.

– Bien, bien. Chanter est toujours bon. J'ai chanté pour Lakhi pendant seize heures après l'avoir capturée.

– Et que s'est-il passé quand vous... ?

– Ne posez pas tant de questions, Mark, dit-elle d'un ton impatient. Chaque chose en son temps. Concentrez-vous sur Kanchen.

Au cours des deux heures suivantes, deux personnalités très différentes me furent révélées. Kanchen était dotée d'un appétit immense. J'avais à peine le temps de me retourner pour attraper un dana que sa trompe revenait s'agiter juste sous mon nez pour en réclamer un autre. J'avais l'impression d'être une simple courroie de transmission. Au bout d'un moment, pour gagner du temps, je les lui tendis trois par trois. Mais sa voracité ne s'arrêtait pas là. Quand elle eut entièrement dévoré sa pile, elle voulut s'en prendre à celle de Lakhi.

A l'opposé, Lakhi était très méticuleuse, presque maniaque. Après avoir accepté un dana de Poni ou de Babul, elle commençait par le dérouler pour vérifier son contenu ; ce n'était que lorsqu'elle s'estimait pleinement satisfaite qu'elle se mettait à le mâcher lentement. Comme une enfant gâtée, il lui arrivait fréquemment d'en jeter un au loin, d'un coup de trompe rageur. Ce comportement pouvait être mis sur le compte de son jeune âge – elle n'avait que vingt-cinq ans, alors que Kanchen était au moins de dix ans son aînée. Je compris que c'était un animal capricieux et sans doute très difficile à maîtriser pour quelqu'un qui ne disposait pas d'une longue expérience. Je regardai de nouveau Kanchen et ne pus que me réjouir de ce que Parbati ait choisi d'en faire ma partenaire. J'étais convaincu qu'au fil du temps, elle et moi deviendrions de vrais amis.

– Écoutez, dit Parbati, en s'asseyant près de moi juste après que Kanchen eut émis un grognement sourd, presque inaudible. Elle est en train de vous parler. Quand j'étais petite, j'allais m'asseoir chaque jour avec les cornacs dans le pilkhana de mon père, comme vous en ce moment. Il y avait beaucoup d'éléphants et beaucoup de cornacs. Une des femelles était aveugle. Tous les jours, je chantais pour elle, je lui parlais et je la nourrissais. Plus tard, j'ai dû partir au collège. A mon retour, au bout de six mois, j'ai tout de suite couru au pilkhana. Je n'ai pas dit un mot. Il y avait toujours autant de cornacs. Je me suis assise. Immédiatement, l'éléphante aveugle a ramassé un petit bout de bois et l'a jeté délicatement sur mes genoux. J'étais si contente ! Rappelez-vous ceci, Mark : les éléphants ont le cœur pur. Ouvrez-leur votre âme, et tout ira bien.

Je doutais quelque peu d'être capable d'accéder à ce degré d'empathie. Je me sentais cependant encouragé et, ouvrant grand mon âme et ma bouche, je me lançai dans une reprise plus enjouée du *Seigneur est mon berger.* Cinquante couplets et quatre cents danas plus tard, le repas s'acheva enfin.

Le soleil était encore haut et avait suffisamment réchauffé les flots de la rivière Murti pour que Kanchen et Lakhi y soient menées. A la différence de leurs frères et sœurs sauvages, les éléphants domestiques n'ont pas le luxe de pouvoir choisir l'heure du bain. Or, dans la mesure où un éléphant doit passer au moins deux heures dans l'eau pour être bien lavé, il est important de s'assurer que la température de celle-ci est adéquate. Comme la plupart des êtres humains, les pachydermes n'apprécient pas du tout les bains glacés et sont susceptibles d'attraper froid.

A mes yeux, le bain reste la facette la plus agréable du travail du cornac. J'y ai toujours pris un plaisir énorme. Avec entrain, je me saisis d'un morceau de pierre ponce et me hâtai de rejoindre Phandika dans la rivière. Celui-ci était déjà en train de frotter vigoureusement le ventre généreux de Kanchen, nonchalamment étendue sur le flanc.

– N'approchez surtout pas de Kanchen de face ! aboya une voix familière depuis la berge. Elle ne vous connaît pas encore assez. Vous devez arriver par derrière.

C'était trop tard. La vision de cet étranger tout juste vêtu d'un lungi trempé fut apparemment un trop grand choc pour Kanchen. Basculant d'abord sur le dos pour prendre de l'élan, elle se mit debout et précipita Phandika dans l'eau glacée. Comme tous les cornacs, celui-ci considérait le bain comme une corvée parmi d'autres et préférait s'en acquitter sans trop se mouiller. Non sans m'avoir jeté un regard noir, il ordonna à Kanchen de reprendre sa position initiale. J'esquissai un sourire candide. Je m'estimais vengé. Nous étions quittes.

Je m'attelai à mon travail d'hercule avec frénésie, au point que mes bras ne tardèrent pas à me faire mal. Je n'étais pas sûr de pouvoir tenir encore longtemps ma pierre ponce.

– Une heure d'un côté, une heure de l'autre, lâcha Parbati en entrant dans l'eau, le lungi retroussé jusqu'aux genoux (attitude qui, en Inde, était susceptible de provoquer plus d'un haussement de sourcils). Laver un éléphant n'est pas un jeu, Mark. D'abord, nous commençons par vérifier l'état de ses blessures et autres choses de ce genre.

Elle se pencha et retira une énorme sangsue cachée entre les poils soyeux qui couvraient l'intérieur de l'oreille de Kanchen. Elle la tua d'un geste précis entre son pouce et son index. Je contemplai, fasciné, le sang qui se mettait à couler dans sa paume. Puis elle jeta la sangsue morte dans la rivière, se lava la main et fit le tour de Kanchen. Accroupie dans l'eau, elle souleva une des énormes pattes avant de l'animal, la posa sur ses genoux et entreprit de palper la plante de ses pieds, toute craquelée et lardée de cicatrices. Je retins mon souffle. Je savais d'expérience à quel point les éléphants étaient chatouilleux. Dans une situation semblable, Tara avait manifesté sa sensibilité en m'expédiant un coup de pied dans l'estomac.

Je ne pus m'empêcher de dire :

– Faites attention, Parbati. Les éléphants sont très chatouilleux, et...

– Chatouilleux ? riposta-t-elle. Bien sûr que non ! J'inspecte ses pieds pour y chercher une maladie que nous appelons *kari*. Approchez !

Elle sentit mon hésitation.

– Ne craignez rien. Je suis là. Elle ne vous fera pas de mal.

Je m'accroupis près d'elle.

– Regardez. Le pied de Kanchen est sain. Si elle avait le kari, sa plante serait toute molle. Le kari est dangereux. S'il n'est pas traité rapidement, l'éléphant ne peut plus travailler, il ne sert plus à rien. Quelquefois, on repère la maladie à son manque d'assurance. Il se met à marcher plus lentement, surtout sur les pierres.

Mon estomac se noua. Je me rappelai à quel point Tara allait lentement sur les sentiers rocheux, et comment, quand je l'incitais à accélérer, elle déposait de petits cailloux au sommet de son crâne pour m'expliquer son problème. Et moi qui croyais que c'était une simple affaire de paresse !

Parbati remarqua ma consternation.

Je lui fis part de mes pensées.

– C'était il y a quatre ans. Si Tara avait le kari, elle ne serait plus capable de marcher aujourd'hui. Vous voyez, fit-elle en souriant, vous avez déjà beaucoup appris. A votre retour, vous vous occuperez mieux d'elle.

Nous regardâmes en silence les deux éléphantes, une fois leur bain terminé, se dresser majestueusement au-dessus des flots pour se sécher aux rayons du soleil du soir, luisantes comme des galets.

– Ces animaux sont plus grands que nous, n'est-ce pas ? me fit soudain remarquer Parbati.

– Eh bien... oui, en effet, répondis-je, perplexe.

– Mais ils ne l'étaient pas il y a quelques minutes.

– Non, fis-je, sans vraiment voir où elle voulait en venir.

– Le bain est le seul moment où nous autres, les humains, nous sommes plus grands qu'eux. Les éléphants sont vulnérables quand ils sont couchés. C'est là qu'ils apprennent à avoir confiance en vous. Le bain est aussi important que les repas. Pensez-y, Mark. Et maintenant, vos corvées du jour sont presque terminées.

Je jetai un coup d'œil à ma montre. Il était cinq heures. Je me livrai à un rapide calcul. J'étais sur la brèche depuis douze heures.

– Bientôt, vous n'aurez plus besoin de votre montre. Vous vous laisserez guider par le soleil, la lune, les étoiles, les nuages. Vous avez fait du bon travail, Mark. Il ne vous reste plus qu'à aider Phandika et Dino à installer mes chéries pour la nuit. Je vous retrouverai ensuite autour du feu de camp. Alors, nous pourrons nous détendre.

J'emboîtai lentement le pas à Kanchen, montée par Dino. Phandika se mit à chanter d'une voix lancinante et râpeuse qui évoquait une scie rouillée. Je me laissai aller à l'accompagner. Je n'avais pas la moindre idée des paroles de la chanson, mais cela semblait n'avoir aucune importance. Les deux cornacs, du haut de leurs montures, m'adressèrent un sourire.

Dans le pilkhana, mes collègues chaarkatiyas avaient réparti le fourrage en deux grosses piles destinées à être englouties au cours de la nuit. Je fus surpris de constater que les pattes arrière des éléphantes étaient simplement entravées par des chaînes attachées à de petits poteaux de bois. Tara s'en serait débarrassée en moins de trente secondes avant de filer tout droit pour piller la plantation de quelque infortuné paysan.

Il faisait nuit quand je revins de la rivière, où j'étais allé prendre un bain. Un grand feu crépitait au centre du camp, et sa lumière conférait une impression d'intimité au cercle de nos tentes, comme si celui-ci formait un petit monde secret. A l'arrière-plan, le repas du soir était en cours de préparation, et le murmure des cornacs se mêlait au tintement des casseroles. Au-dessus de nos têtes, un mince croissant de lune rappelait un mobile suspendu par des fils invisibles.

Aditya, vêtu d'un pyjama blanc comme neige et d'un épais châle blanc, était étendu devant sa tente, un verre de rhum à la main. Il ressemblait au Père Noël.

– Alors ? fis-je. La vie n'est pas trop dure ?

Il lâcha un grognement et se mit lentement à masser sa mauvaise jambe. Ce fut alors que je remarquai la pâleur de son visage, presque un masque. Égoïstement immergé dans mon rôle, j'avais oublié la gravité de l'infirmité de mon ami. Non seulement je l'avais traîné un peu partout pour lui faire prendre des photos, mais il avait une nouvelle fois dû assumer un rôle de médiateur entre l'Occident et l'Orient, tant au sein de l'équipe cinématographique que pour arrondir les angles entre Parbati et moi-même. Et naturellement, fidèle à son caractère, il n'avait pas émis la moindre plainte.

– Un petit coup ? proposa-t-il, le regard luisant, levant son verre dans ma direction.

Je remplis mon verre et me laissai tomber comme une masse devant ma tente.

– Où est Parbati ?

– Je suis ici, Mark.

Mon cœur fit un bond. Encore une fois, je ne l'avais pas remarquée. Assise à l'entrée de sa tente, elle était en train de coiffer d'un mouvement harmonieux ses longs cheveux noirs.

Le dîner ne tarda pas à être servi. Il était l'œuvre de Phandika, dont les talents ne se limitaient apparemment pas aux éléphants. En silence, comme c'est la coutume en Inde, nous dégustâmes un délicieux repas à base d'écrevisses grillées.

Ce soir-là, nous parlâmes de toutes sortes de choses – d'hommes, de cornacs, de films, de magie. Un seul homme semblait avoir compté dans la vie de Parbati : son père. Quand elle en parlait, son regard s'adoucissait et sa voix redevenait celle d'une enfant. Personne ne prendrait jamais sa place, nous expliqua-t-elle. Il avait été à la fois un père, un gourou et un ami. Elle ne savait pas pourquoi elle avait choisi de continuer son œuvre ; peut-être était-ce par pur instinct.

La mère de Parbati, en revanche, avait toujours insisté pour que sa fille reçoive une éducation normale. A l'âge de quatorze ans, elle avait été envoyée en pension, mais à la moindre occasion, et souvent sans autorisation, Parbati s'échappait pour rejoindre son père dans un de ses camps de jungle. Ayant réussi sa licence, elle avait remis son diplôme à sa mère en lui disant : « Voilà, c'est pour toi que j'ai fait ceci. Maintenant, tu dois me laisser retourner dans le monde qui est le mien – la jungle. Avec les éléphants. »

Sa véritable licence, nous confia-t-elle, elle l'avait obtenue quand son père l'avait jugée digne de conduire ces nobles animaux. Plutôt qu'un rouleau de papier, il lui avait remis une paire de pincettes en métal servant à saisir les braises, un sac de toile de jute et un petit vase de cuivre orné d'un bec.

– Tu es prête, ma fille, avait-il dit. Va, le monde t'appartient.

Ma curiosité fut excitée par ce vase de cuivre qu'elle tenait maintenant entre ses mains et caressait comme s'il s'agissait de quelque lampe magique. Il lançait un éclat singulier dans la pénombre.

Parbati remarqua mon intérêt.

– C'est un *kamandalu*, m'expliqua-t-elle. Un jour, je vous raconterai son histoire.

Ce vase de cuivre devait rester gravé dans ma mémoire jusqu'à la fin de notre voyage. J'avais l'impression qu'il recelait un secret, mais il me fallut attendre bien des semaines pour découvrir enfin son mystère.

Nous parlâmes cinéma, mais non du film que nous étions en train de tourner. Parbati adorait les westerns et les histoires de guerre, avec une préférence pour les westerns. Elle admirait les cow-boys – leur mode de vie rude, quasi nomade, les feux de camp, les duels au revolver et, par-dessus tout, les grands espaces. Charles Bronson était son acteur favori. Avec son visage fier et plein de dignité, il lui évoquait un chef de tribu. On l'aurait dit taillé à la serpe, nous confia-t-elle. Si un jour elle allait en Amérique, ce ne serait pas pour visiter les sites touristiques. Son rêve consistait à s'asseoir face à Charles Bronson dans une de ces vieilles *cantinas* poussiéreuses pour boire avec lui de la tequila. Mais à la différence de tous ces héros qui ne font que projeter nos fantasmes sur l'écran, Parbati représentait l'aventure réelle. En regardant cette créature étrange et délicate modestement assise de l'autre côté du feu, je me demandai encore une fois comment une jeune femme, et même une adolescente, avait pu survivre à un exercice aussi périlleux que la capture des éléphants au lasso. Elle avait pourtant bel et bien réalisé cet exploit : la preuve vivante était en ce moment même en train de se gaver bruyamment dans le pilkhana.

Comme si elle lisait dans mes pensées, elle en interrompit le cours.

– Le mela shikar est un jeu dangereux, Mark. J'ai vu bien des hommes tués. Massacrés. Je me rappelle l'un d'eux. L'éléphant s'est mis à genoux et l'a écrasé. On n'a jamais retrouvé sa tête.

Je frissonnai.

– Et vous ? Comment avez-vous fait pour survivre ?

– Pas seulement moi, répondit-elle en pesant ses mots, avec un regard étrange. Vous oubliez Phandika. Nous avons toujours respecté les esprits et obéi aux règles. Voilà pourquoi Pugli Sahan nous a protégés.

– Qui est Pugli Sahan ?

– Un esprit.

– Un esprit ? répéta Aditya.

– Un esprit qui doit être obéi, déclara fermement Parbati. Je l'ai rencontrée.

Ce fut alors qu'elle commença à nous parler de magie. Nous l'écoutâmes bouche bée, parfois avec la chair de poule.

Elle nous parla d'un soir où elle et les autres chasseurs étaient réunis autour du feu de camp, au plus profond d'une forêt. Ils rôdaient dans la région depuis deux mois, mais n'avaient pas réussi à capturer le moindre éléphant. Ce soir-là, il pleuvait, et les arbres se perdaient dans la brume. Tout à coup, ils avaient entendu un claquement sec. Une jeune fille leur était apparue, vêtue d'un magnifique sari blanc. Ses longs cheveux noirs descendaient jusqu'à sa taille, et elle souriait. La pluie semblait s'ouvrir en deux au-dessus d'elle. Elle était complètement sèche. Croyant qu'elle était perdue, les chasseurs l'invitèrent à les rejoindre près du feu, mais elle n'esquissa pas un geste. De plus en plus troublée, Parbati s'approcha de l'apparition avec un bol de riz et quelques braises fumantes dans un plat. Mais soudain, une force invisible l'arrêta net, et elle dut déposer les braises sur le sol. Elle n'avait pas peur.

Elle avait compris qu'il s'agissait de Pugli. Son père et Phandika lui avaient souvent parlé de cet esprit. Parbati la salua et revint vers le feu. Soudain, Pugli s'assit et jeta une poignée de riz sur les braises, mais le riz en brûla pas. Pendant un long moment, elle fixa les braises en déplaçant les grains de riz avec un petit bâton. Ensuite, elle se leva. Souriante, Pugli leva une main en leur montrant quatre doigts et se détourna. Elle frappa dans ses mains, émit un curieux son chuintant et disparut.

– Immédiatement, nous avons entendu un bruit typique d'éléphants. Ils mangeaient, ils barrissaient, ils cassaient des branches. Le lendemain matin, nous en avons capturé quatre, sans aucun mal. Plus tard, nous avons découvert que nous étions les seuls phandis à avoir attrapé des éléphants.

A son retour, Parbati, tout excitée, avait raconté à son père ce qui s'était passé. Phandika et lui rétorquèrent qu'ils avaient vu Pugli bien souvent. Chaque fois, le même phénomène se reproduisait : Pugli leur montrait un chiffre avec ses doigts, et ils capturaient ensuite précisément le même nombre d'éléphants.

Parbati nous expliqua que Pugli avait de grands pouvoirs et ne devait surtout pas être offensée. Certains cornacs, et même certains phandis, se moquaient de sa légende. Ceux-là ne survivaient pas longtemps. Un énorme éléphant aux défenses *talbetal* – l'une pointée vers le haut, l'autre vers le bas – surgissait de nulle part pour les tuer.

– On dit, conclut Parbati, que Pugli dort chaque nuit sur les défenses de cet éléphant.

Je jetai un coup d'œil à Aditya en frissonnant. Une cigarette entièrement consumée sans qu'il ait tiré dessus s'était éteinte entre ses doigts.

Tout était silence. Le feu se mourait – seules quelques petites flammes léchaient encore les braises luisantes, éclairant parfois la scène d'une lumière ténue qui n'était pas sans rappeler celle des feux follets. Mon regard revint sur Parbati, parfaitement immobile. Seul l'éclat doré de ses bracelets révélait sa présence. Je me glissai dans ma tente. Quelques minutes plus tard, j'entendis le tintement familier d'un verre. Aditya, apparemment, s'offrait une dernière tournée. Quant à moi, je sombrai dans un sommeil agité.

Je fus tiré de mes cauchemars par un bruit de bataille rangée. Saisi d'effroi, je rampai hors de ma tente et découvris Parbati assise devant le feu agonisant.

– Des éléphants sont venus, me glissa-t-elle. Regardez.

Le ciel était illuminé par des lumières de feu d'artifice. Les fusées traçantes dessinaient une courbe gracieuse avant d'exploser en une pluie d'étoiles d'argent. On pouvait entendre dans le lointain les voix de villageois paniqués qui luttaient pour défendre leurs cultures contre la voracité d'un troupeau d'éléphants sauvages. A l'évidence, la bataille faisait rage tout près de nous, au point que je parvins à distinguer les plaintes gutturales des éléphanteaux effrayés et les barrissements stridents de leurs mères folles de fureur, lesquelles devaient chercher à rassembler leurs troupes. Parbati ne semblait guère émue.

– La moisson vient de commencer, lâcha-t-elle en haussant les épaules. A partir de maintenant, les éléphants viendront chaque nuit. Ils ont faim. Ils n'ont plus de territoire, plus de forêt, plus rien à manger. Soit ils mangent, soit ils meurent. Alors, chaque nuit, il y aura des morts. Parmi les éléphants, et parmi les gens...

Elle joignit les mains.

– Que faire ? soupira-t-elle. Que faire ?

Secouant la tête, elle disparut dans sa tente.

6

Leçons de conduite

Tout au long de la semaine suivante, ma vie au camp de concentration continua à peu près comme elle avait commencé. Ma routine varia peu, sauf en ce qui concernait la confection des danas. Parbati me fit bientôt remarquer, et à juste titre, que je mettais tellement longtemps à fabriquer un si pauvre produit fini que ses éléphantes allaient mourir de faim si je persistais à me charger de cette tâche.

En dépit de cet échec, je commençais à reprendre confiance en moi. Certes, Parbati continuait de me réprimander quand je commettais une erreur et vérifiait soigneusement mon travail, mais j'avais l'impression de progresser. Peu à peu, je me sentis devenir un élément de son univers et de celui de ses cornacs, qui m'encourageaient et parfois même me félicitaient. Peu à peu, les habitudes et raideurs issues de mon éducation occidentale commencèrent à s'estomper. Du moins certaines d'entre elles...

Parbati n'aimait pas le dentifrice. Le matin, elle se contentait de ramasser les cendres froides du feu et de s'en frotter les dents. Sa méthode, m'assurait-elle, était bien plus saine. Elle n'appréciait pas davantage le savon. A la place, elle utilisait une étrange préparation, concoctée à base d'un mélange d'eau et de bambou brûlé. Aditya et moi expérimentâmes sa formule dans la rivière et ne tardâmes pas à ressembler à des zombies. Je résistai aussi à l'application hebdomadaire, sur tout le corps, d'huile de moutarde telle que la pratiquaient Parbati et ses cornacs. Selon eux, cette huile adoucissait la peau, améliorait le sommeil et repoussait les insectes. Là encore, ils ne parvinrent pas à me tenter.

Ici, à la différence de l'Occident, où la poubelle est devenue un élément central de la plupart des foyers, rien ne se jetait – que ce fût un bout de ficelle, une bouteille vide ou même un morceau de plastique. Tout était réutilisé : fixés à un manche de bois rudimentaire, les lambeaux de toile de jute se transformaient en brosses pour appliquer l'huile de moutarde tant redoutée ou nettoyer les plaies des éléphants ; les fibres de telle plante, mises à tremper dans le kérosène, puis roulées en boules et placées au sommet d'une grosse tige de bambou, devenaient des lampes aussi esthétiques qu'efficaces. Aditya lui-même finit par attraper le virus écologique. A présent, il ramassait tous les mégots (qui étaient en majorité les siens) et tous les petits morceaux de papier qui traînaient autour du camp à l'aide d'un bâton pointu spécialement conçu à cet effet.

Maintenant que Parbati m'avait exempté de l'horrible corvée des danas, je passais mes après-midi en compagnie de l'autre femelle qui dominait présentement mon existence : Kanchen.

Son corps était réellement d'une forme peu commune : long plutôt que haut, avec un ventre parfaitement rond qui pendait entre ses jambes comme un tonneau géant. En Inde, les éléphants sont classés selon leur constitution. Pour simplifier, disons qu'il existe deux *bands* – ou castes –, les Koomeriahs et les Meergahs. Les Koomeriahs sont massifs, trapus et considérés comme des animaux princiers, voire royaux. Les Meergahs, plus légers, sont dotés de longues jambes. Parbati m'expliqua un jour que la combinaison idéale était celle du Boormeergah, mélange des deux espèces conjuguant force et vitesse. Selon elle, Lakhi était une Boormeergah. Quant à Kanchen, elle n'entrait dans aucune de ces catégories. Apparemment, c'était une éléphante Shola, ainsi nommée parce que son corps rappelait la forme d'un poisson local tout aussi étrangement proportionné.

Bien que Lakhi – visiblement la préférée de Parbati – fût plus grande et plus belle que Kanchen, je voyais maintenant que c'était cette dernière qui menait la danse. Lakhi était excessivement espiègle et ne cherchait qu'à s'amuser. Sa distraction favorite consistait à caler un morceau de bois entre son menton et son torse, puis à faire pression dessus en baissant la tête. Immanquablement, le bâton finissait par se briser, et elle s'empressait d'en chercher un autre. Kanchen fouillait alors parmi les déchets de fourrage pour lui trouver un jouet similaire, qu'elle lui tendait dès qu'elle l'avait trouvé. Ce petit jeu pouvait durer des heures. A la fin, agacée par l'étrange manie de sa cadette, Kanchen confisquait son bout de bois et lui donnait une légère tape sur la trompe pour lui faire comprendre que la plaisanterie avait assez duré.

Les petits matins, m'expliqua Parbati, sont le pire moment de la journée des éléphants. Ils attendent d'être nourris et surtout de retrouver la présence familière et rassurante du cornac chargé de veiller à tous leurs besoins. Tous les éléphants domestiques finissent par substituer leur cornac à leur famille naturelle, et tant que cette personne en qui ils ont déposé leur confiance n'apparaît pas, ils ont tendance à paniquer comme des enfants perdus. Ils ont un besoin viscéral de ces drôles de petits bipèdes, lesquels tiennent une place prépondérante dans les deux aspects les plus importants de la vie d'un éléphant : l'alimentation et la protection.

C'est justement à cette heure hostile que j'eus l'occasion d'assister aux plus magnifiques déploiements d'affection entre Kanchen et Lakhi. Trompes inextricablement enlacées, elles s'embrassaient comme deux amants séparés depuis une éternité. A la différence de Tara, qui vivait toujours seule, Kanchen et Lakhi avaient la possibilité d'extérioriser leurs besoins affectifs.

Cela me fit songer à quel point la solitude de Tara devait être grande. Elle avait besoin de la compagnie d'un congénère pour partager ses soucis quotidiens et communiquer selon un mode inaccessible aux humains. Je me promis de tout faire pour lui fournir un compagnon.

Comme l'éléphante aveugle qui avait jeté une brindille sur les genoux de Parbati à son retour du collège, Kanchen avait à présent avec moi des gestes semblables. Au jet de lance-pierres employé par Parbati pour me réveiller le matin s'était substitué un véritable tir de barrage depuis que Kanchen – sans doute plus soucieuse d'alimentation que de protection – avait pris l'habitude de bombarder la base de ma tente d'une pluie de bâtons, cailloux et autres menus objets qui lui tombaient sous la trompe.

Parbati était aux anges.

– Vous avez fait des progrès, Mark. Kanchen commence à se reposer sur vous.

Et je me reposerais bientôt sur elle, car Parbati m'annonça dans la foulée que notre voyage allait commencer. Il était temps pour moi de pratiquer la conduite.

Le lendemain matin, elle m'invita dans sa tente. J'avais été tenté plus d'une fois, je l'avoue, de soulever un coin de la moustiquaire qui m'empêchait de voir ce que je m'imaginais comme une caverne aux trésors. Ce mince filet avait fini par assumer à mes yeux des proportions quasi mystiques. De l'intérieur, Parbati pouvait voir au travers, je ne le savais que trop, mais moi, je ne voyais rien. Heureusement, Aditya avait toujours été là au bon moment pour me rappeler que j'étais censé être un gentleman et que je devais surveiller mes manières, du moins tant que je séjournerais dans son pays. Aussi cette invitation inattendue avait-elle la saveur d'un fruit défendu. J'entrai dans la tente de Parbati après m'être essuyé avec soin les pieds sur le sac de toile tendu devant l'entrée.

Je ne fus pas déçu. Vêtue de noir et blanc, elle était assise comme une pie magnifique au centre de son nid, entourée par une stupéfiante abondance d'objets divers, serrant trois ou quatre épingles à cheveux entre ses lèvres. Elle marmonna quelque chose et se leva brusquement pour fouiller dans une pile de boîtes impeccablement empilées tout au fond de la tente. J'en profitai pour jeter sur les lieux un regard circulaire.

Son couchage était des plus simples – trois nattes élimées empilées les unes sur les autres – et placé au centre exact de la tente. Je ne vis pas d'oreiller. Ses deux immenses valises grises étaient couchées au pied du lit. De l'une d'elles, grande ouverte, débordait un foisonnement éblouissant de vêtements de toutes les couleurs. L'autre était fermée, silencieuse et inquiétante comme une tombe. Sur le couvercle de ce mausolée de vinyle reposaient trois objets : un peigne rouge vif, un pot de crème et une petite photo en noir et blanc, encadrée. Celle-ci représentait un homme jeune, de petite taille, vêtu d'une chemise kaki et d'une culotte assortie. Ses mollets étaient serrés dans des bandes molletières. Il allait pieds nus. Ce fut son regard qui le trahit. Cet homme ne pouvait être que Laljee Barua, le père de Parbati.

Dans deux des coins de la tente, suspendus à des appliques forgées à partir de chaînes d'éléphants, de ravissants petits paniers de rotin étaient accrochés par grappes, un peu comme des assemblages de fruits séchés. Juste à côté, je reconnus les armes de Parbati – cinq ou six kukris de tailles et formes diverses, tous rangés dans une gaine sculptée. Au-dessous, courant sur toute la longueur de la tente, je remarquai une réserve de cordes, des chaînes et un impressionnant étalage d'outils forgés à la main. Dans un autre coin, une sélection de petits flacons ronds à bouchon de verre et à étiquette couverte d'une écriture pour moi inintelligible étaient nichés dans une caisse en carton. Et dans le dernier angle de la tente, mon regard s'arrêta sur l'éclat sombre du mystérieux petit kamandalu, qui se dressait à l'écart de tout autre objet.

Parbati semblait être sur le point d'être avalée par la boîte en carton dans laquelle elle fouillait frénétiquement. Tout à coup, elle poussa un grognement triomphal et en extirpa quatre gros rouleaux de coton blanc qui me firent penser à des bandages... Ce qu'ils étaient, d'ailleurs. Je fronçai les sourcils. Avait-elle l'intention de me faire jouer les infirmiers ?

– Venez, lâcha-t-elle en quittant la tente. En route.

Mon irritation fut remplacée par une bouffée d'angoisse. Quel rapport ces maudits bandages pouvaient-ils avoir avec les éléphants ? Qui dit bandage, dit blessure, et...

– Dépêchez-vous, Mark, m'exhorta-t-elle du dehors.

Je sortis à quatre pattes et la trouvai assise sur le sol. Son pied et sa jambe gauche étaient déjà bandés comme ceux d'une momie égyptienne, l'ensemble étant maintenu en place par deux grosses épingles à nourrice. Sans perdre de temps, elle passa à l'autre jambe.

– Faites comme moi, m'ordonna-t-elle en me désignant du menton deux bandages posés par terre.

– Est-ce vraiment nécessaire, Parbati ? Pourquoi mettre ces bandages ?

– Vos jambes sont grasses, leur peau est trop tendre, Mark. Au début, il faudra les protéger.

Elle ne s'en tirerait pas comme cela.

– Mais je n'ai jamais eu besoin de bandages quand je cornaquais Tara.

Elle se tourna vivement vers moi, un éclair dans le regard.

– Un disciple ne conteste pas les décisions de son gourou. Mettez-les !

Une demi-heure plus tard, je me levai et titubai comme un

pingouin jusqu'au pilkhana. Dino et Phandika attendaient, déjà en selle.

– Au fait, Parbati, demandai-je, et vous ? Pourquoi en avez-vous besoin ?

– Pour *vous* mettre à l'aise, répondit-elle.

Sur ce, elle grimpa sur le large dos de Lakhi ; en quelques pas agiles, elle rejoignit ses épaules, entre lesquelles elle s'assit.

– Kanchen est à vous, m'annonça-t-elle. Phandika se tiendra juste derrière vous, et je ne serai jamais loin. Restez concentré et amusez-vous bien.

J'empoignai les immenses oreilles de Kanchen, plaçai un pied sur sa trompe et priai en silence pour que tout mon labeur n'eût pas été vain. Elle me regarda de ses grands yeux pâles et luisants, et avant que j'aie eu la moindre chance de proférer le commandement adéquat, je me retrouvai catapulté en l'air. J'atterris dans le giron de Phandika, que j'enlaçai avec passion.

– Impeccable, sahib, dit-il tout en cherchant à se débarrasser de mon étreinte et à me faire comprendre que je devais me retourner.

Je m'installai tant bien que mal sur les épaules de Kanchen. Ce fut alors que je commençai à comprendre pourquoi j'avais besoin de ces bandages. Le cou de Kanchen était étroitement encerclé par plusieurs tours d'une grosse corde à nœuds, disposée à la manière d'une sangle de cheval, à laquelle étaient attachés deux étriers de corde qui pendaient derrière ses oreilles.

– Passez vos pieds sous les cordes et mettez-les dans les étriers, m'ordonna Parbati.

La chose était plus facile à dire qu'à faire.

– Cette corde est beaucoup trop serrée ! ripostai-je, tout en essayant de glisser de force mes jambes sous la sangle.

Je sentais les bandages se déchirer peu à peu contre ma peau.

– Elle n'est pas trop serrée. Vous devez vous y habituer.

Suant et soufflant, je réussis enfin à me frayer un passage. La pression sur mes jambes était énorme.

– Maintenant, mettez les pieds dans les étriers. Je les ai faits moi-même. Sont-ils à votre taille ?

– C'est parfait, Parbati, grognai-je entre mes mâchoires serrées. Il y a simplement un petit problème. Chaque fois que Kanchen lève la tête, j'ai l'impression que mes orteils vont se briser.

– C'est normal. Vous vous y ferez.

J'étais bien obligé de bénir mes bandages. Une fois installé, ils me parurent remarquablement confortables. Les étriers, cependant, avaient besoin d'être descendus pour s'adapter à la longueur de mes jambes, sans quoi je ne tarderais pas à prendre la position ramassée d'un jockey sur le champ de courses. Je m'aperçus que j'avais oublié quelque chose et hurlai à Aditya d'aller chercher mon vieil *ankush*[1] spécialement rapporté d'Angleterre pour l'occasion.

– Un ankush ? répéta sèchement Parbati. On ne cornaque pas mes éléphantes avec un ankush. Éventuellement, dans certaines situations difficiles, on utilise ceci.

Elle me montra une paire d'objets de bois coniques terminés par des pointes de métal et attachés par des cordes derrière les oreilles de Lakhi.

– Lakhi est jeune et capricieuse, m'expliqua-t-elle. Elle a quelquefois besoin de discipline. Mais même alors, je ne m'en sers pas. Elle sent qu'ils sont là. C'est suffisant. Avec Kanchen, vous n'avez besoin de rien. Kanchen est une bonne éléphante. Si vous le voulez vraiment, vous pouvez vous servir de ça, ajouta-t-elle en agitant une fine gaule de bambou, semblable à celle que tenait Phandika. Juste pour lui tapoter les épaules...

Pour les besoins du film, le réalisateur tenait à laisser entendre à ses futurs spectateurs que je n'avais jamais cornaqué d'éléphant. Il m'avait assuré qu'un déploiement d'incompétence totale laisserait son public plié en quatre. Je me pliai à sa demande et fis l'imbécile avec une virtuosité qui, je le pense humblement, aurait bien mérité un Oscar.

Bien qu'il n'existe pas deux éléphants identiques et qu'aucun animal ne soit aussi sensible au manque d'assurance de l'homme, je ne tardai pas à m'adapter à Kanchen. Par rapport à Tara, j'avais l'impression de piloter une voiture de course impeccablement réglée. Elle réagissait au quart de tour et parfois anticipait mes petits coups derrière les oreilles ou les ordres que je lui criais. Parbati avait souvent aux lèvres un sourire approbateur ; Phandika lui-même, après m'avoir enfoncé sa cravache dans les côtes pour me forcer à me tenir droit (ce dont il profita pour me subtiliser une cigarette), me félicita de sa voix rauque.

Certes, il me restait encore beaucoup à apprendre, y compris

1. Aiguillon *(N.d.T.)*.

tout un vocabulaire d'ordres en tous genres. Phandika se mit en devoir de me les répéter sans fin à l'oreille.

Jhook : Agenouille-toi pour que je descende
Doomrokh : Cesse de bouger la queue
Bookkhol : Retiens ton souffle
Dumkhol : Soulève la queue
Thel : Pousse
Dake : Avance
Dekkay : Vois, regarde
Chup : Silence, tais-toi
Choop : Bois
Aste : Lentement
Ho Aste : Très lentement
Shabash : Bien, bravo
Baini : Du calme, détends-toi

Mon ordre préféré était *kholkaan*, qui signifiait littéralement « ouvre tes oreilles ». Je l'utilisais souvent pour atténuer la pression sur mes doigts de pied.

A tout moment, je tapotais affectueusement le sommet du vaste crâne de Kanchen en lui murmurant « *shabash, shabash* », ce qui lui arrachait en général un ronronnement de satisfaction. Je commençais à me sentir partie intégrante d'une ancienne et secrète fraternité, lié par des liens d'amour à la bête qui me portait.

En Inde, tout voyage et toute entreprise en général commence par une *puja*, cérémonie servant à invoquer la bénédiction des divinités et à s'assurer d'un destin favorable. Celle à laquelle nous allions nous livrer, m'expliqua Parbati, était particulière en ce qu'il s'agissait d'une cérémonie très ancienne, pratiquée par les chasseurs d'éléphants du Bengale et de l'Assam depuis la nuit des temps ; elle visait à rendre hommage aux dieux des forêts et des éléphants. Chaque harde, continua-t-elle, avait une composition précise : 70 pour cent des éléphants appartenaient à Pir, le saint patron des cornacs pour les musulmans, 15 pour cent à Saatshikari, la déesse des forêts, 10 pour cent à Kali, la Déesse Mère, et 5 pour cent à Ganesh, le dieu des éléphants. Aucune discrimination n'était opérée entre hindous et musulmans. Les musulmans offraient des prières aux divinités hindoues et les hindous se prosternaient devant Allah. Je ne pus m'empêcher de trouver merveilleux que l'amour des éléphants soit capable de rapprocher des religions si différentes, quand un peu partout dans le sous-continent jaillissaient de dangereuses étincelles de fanatisme.

En fin d'après-midi, comme le soleil couchant teintait d'or la surface de la rivière Murti, Phandika, Dino et moi-même suivîmes Parbati, vêtue d'une ample mekla de la couleur d'un rubis birman, dans les eaux fraîches de la rivière, afin de nous purifier l'esprit, l'âme et le corps. Toujours guidés par elle, nous traversâmes ensuite le lit de la rivière en procession, en portant plusieurs colombes blanches et noires, des poulets, des tiges de bambou ornées de fanions colorés et de petits bols dorés emplis de fruits, de sucreries et d'encens. Le soleil bascula derrière l'horizon, et une forte odeur d'encens s'éleva dans l'air. Parbati s'agenouilla, le visage invisible derrière le rideau de ses longs cheveux mouillés, et entreprit d'invoquer les divinités de sa famille et les esprits de la forêt. Ensuite, elle rendit hommage, selon les rites de l'ancienne puja, aux dieux des forêts et des éléphants.

– Nous sommes vos enfants, murmura-t-elle. Nous allons entrer sur votre territoire. Protégez-nous et guidez-nous pendant notre voyage. Pardonnez-nous nos fautes.

Ce soir-là, tandis que nous étions assis autour du foyer, nous eûmes de nouveau droit à un festival de fusées éclairantes. Cette fois le théâtre des opérations était encore plus proche. Je pouvais entendre les chaînes de Lakhi et de Kanchen cliqueter nerveusement dans le pilkhana.

– Leurs frères sauvages les appellent, dit Parbati.

– Que voulez-vous dire ?

– Bah... De toute façon, nous ne pouvons pas les entendre. Mais les scientifiques disent que les éléphants sont capables de se parler à plusieurs kilomètres de distance.

Je me rappelai en effet avoir lu quelque chose là-dessus, ce qui m'avait prodigieusement agacé et inquiété. N'existait-il plus rien de sacré ? Il me semblait qu'on était en train de violer le dernier jardin secret des éléphants. Bientôt, nos savants seraient sans doute capables de comprendre ce qu'ils se disaient.

Cependant, si la survie de ces magnifiques animaux était à ce prix, peut-être cela en valait-il la peine.

– Phandika ! cria Parbati d'un ton qui montrait clairement que quelque chose n'allait pas.

Aditya et moi nous levâmes.

– Ce n'est rien, dit-elle. Lakhi a arraché ses chaînes. Elle est à côté de la tente des cornacs.

La masse sombre de l'éléphante était à peine visible dans les dernières lueurs du feu des cornacs. Phandika, tout ensommeillé, émergea de sa tente et la reconduisit au pilkhana. Aditya et moi échangeâmes un regard perplexe.

– Comment l'avez-vous su ? demandâmes-nous en même temps à Parbati.

Elle haussa les épaules.

– Je l'ai senti.

Je tressaillis. Même si les « antennes » sensitives de Parbati étaient ultra-sophistiquées et réglées à la perfection, je commençai à comprendre que je venais d'assister à quelque chose d'autre, à quelque chose de surnaturel.

– Pourquoi Lakhi a-t-elle fait une chose pareille ?

Elle esquissa un sourire triste.

– Parce que ses frères sauvages l'appellent. Mais Lakhi est jeune. Elle n'est pas assez sûre d'elle. Elle n'ira pas.

– Vous voulez dire que les éléphants domestiques peuvent retourner à la vie sauvage et être acceptés par la harde ?

– Bien sûr. Quelquefois, mon papa perdait des éléphants pendant le mela shikar. Un jour, trois éléphants qu'il avait depuis douze ans ont disparu dans la confusion. Ils sont partis avec une harde. Mais seules les femelles sont acceptées. Les mâles posent un vrai problème. Quand un mâle s'enfuit, il finit toujours par rencontrer d'autres mâles qui protègent une harde. Ils se battent. L'intrus est chassé. Il devient un éléphant solitaire, un *goonda*, et recherche sa nourriture parmi les hommes. C'est là qu'est le problème. Il tue. Et un jour ou l'autre, les hommes le tuent. Le sexe masculin, ajouta-t-elle avec l'ombre d'un sourire aux lèvres, n'a pas fini de créer des problèmes... Cela dit, les choses ont bien changé. Du temps de mon père, les éléphants pouvaient retourner à la vie sauvage, parce que la forêt existait encore. Maintenant, ce n'est plus possible. Que deviendraient Kanchen et Lakhi si elles s'enfuyaient ? Elles auraient faim. Elles ne tarderaient pas à se blesser. Elles mourraient à petit feu. Ne vaut-il pas mieux, pour un éléphant, avoir une vie de prisonnier que pas de vie du tout ? Vous êtes bien placé pour le savoir. Pensez à Tara.

7

Mort dans la nuit

La tranquillité de notre thé matinal fut rompue par le grondement d'une jeep. C'était le directeur des eaux et forêts du district. Il s'apprêtait à rejoindre une zone située à environ quarante-cinq minutes de voiture, où une paysanne avait été tuée par un éléphant au début de la nuit précédente. Selon lui, ce type de tragédie se produisait de plus en plus souvent, et méritait sans doute, de par son importance, d'être relaté dans notre film. Dans la mesure où cet homme effectuait un travail très prenant et parfois dangereux, nous fûmes touchés par sa suggestion et acceptâmes de le suivre. Parbati n'était pas intéressée – elle ne connaissait que trop ce genre de scène.

L'équipe prépara promptement son matériel et notre colonne de jeeps se mit en route, ne s'arrêtant qu'une fois pour prendre au passage un policier trapu censé être notre garde du corps. Sa présence, songeai-je, n'augurait rien de bon.

Il nous fallut des heures pour arriver sur place. La route avait été bloquée par le syndicat des cueilleurs de thé, ce qui était apparemment normal en de telles circonstances. Les manifestants refusaient de bouger tant qu'un compromis n'aurait pas été trouvé, assorti d'une indemnisation acceptable. La file de camions bloqués s'étirait sur des kilomètres, mais personne ne semblait s'en soucier. L'attente fait partie de la vie des Indiens. Les gens bavardaient, dormaient ou jouaient aux cartes sous des lungis tendus entre les véhicules. Certains locaux avaient d'ores et déjà tiré parti de la situation et proposaient toutes sortes d'amuse-gueule aux chauffeurs, ainsi que les quotidiens du jour.

La foule qui fermait la route devenait de plus en plus nerveuse. La plupart des manifestants avaient bu, et l'odeur aigre de la *handia*[1] planait lourdement dans l'air moite. Nous transpirions en silence en regardant tous ces gens se presser contre notre jeep. Le directeur des eaux et forêts, parti en éclaireur, revint nous expliquer que personne ne serait autorisé à approcher du lieu de la tragédie tant que les négociations n'auraient pas abouti.

Nous attendîmes devant un bureau de l'office des eaux et forêts. Les discussions s'étirèrent jusqu'à une heure avancée de la nuit. Chacun était déterminé à recevoir ce qu'il estimait être son dû. Les politiciens locaux finirent par arriver dans leurs voitures à vitres fumées, avides de tirer parti de la situation ; ils fendirent la foule d'un air arrogant et pressé.

A mon tour, je traversai la multitude et m'approchai aussi près que je pus de la porte de l'office. Le directeur des eaux et forêts était assis derrière un grand bureau qui semblait se dresser comme un fragile rempart entre lui et le groupe d'hommes en colère qui gesticulaient, criaient et agitaient les poings.

La conversation se déroulant essentiellement en anglais, je réussis à en saisir la teneur générale.

– C'est à *vous*, hurlait-on, de faire en sorte que *vos* éléphants ne pénètrent plus dans les plantations !

C'était stupéfiant. Tout se passait comme si le directeur des eaux et forêts était le propriétaire des éléphants de la région, et donc personnellement responsable de leurs faits et gestes. Ensuite, la foule se mit à exiger l'emploi permanent des paysans, de meilleures conditions de travail et une indemnisation pour la famille de la femme morte cette nuit-là. En Inde, en cas de décès dû à l'attaque d'un animal sauvage, les autorités versent aux ayants droit une somme d'environ 7 000 roupies (autour de 1 200 francs).

---

1. Bière locale *(N.d.T.)*.

Le directeur des eaux et forêts restait calme. Il avait déjà fait face à de telles situations, mais je pus voir néanmoins que ses traits étaient crispés. D'un ton posé, il promit une aide médicale à l'enfant blessé dont la mère avait été tuée et une compensation financière immédiate pour son mari.

La chaleur était devenue tellement insupportable que je décidai de retraverser la foule pour regagner la jeep.

En mon absence, Aditya n'avait pas perdu son temps.

– Lisez ceci, dit-il en me tendant une feuille volante. J'ai surpris cette conversation dans cette échoppe, là, entre le *wallah*[1] et un de ses clients. Ils parlaient en bengali, mais j'ai eu la chance de trouver un homme assez aimable pour me la traduire, et j'ai tout noté.

Je lus le texte du dialogue. Il recelait en effet des éléments fort instructifs :

COMMERÇANT : Qu'est-ce qui se passe à l'office des eaux et forêts ?
CLIENT : Le marchandage habituel après ce genre d'accident.
COMMERÇANT : Qui est là-dedans ?
CLIENT : Tout le monde. Les fonctionnaires des eaux et forêts, les paysans, le gérant de la plantation et les *netas* – les chefs politiques.
COMMERÇANT : Avez-vous une idée de ce qui s'est passé ?
CLIENT : Bien sûr. Je suis allé là-bas et j'ai vu la scène de mes yeux. Le corps est par terre. Il a été écrasé. Ce n'est pas beau à voir.
COMMERÇANT : C'est à se demander pourquoi les éléphants tuent les gens de cette façon.
CLIENT : Je pense que la femme a dû offenser l'éléphant par de mauvaises paroles. Vous savez comment sont ces gens qui se saoulent chaque soir. Elle a dû perdre la tête et offenser l'éléphant. Elle tenait son bébé dans ses bras, mais l'éléphant n'a fait aucun mal à l'enfant. Il aurait pu le lui arracher d'un coup de trompe, mais à la place, il a attendu qu'elle s'en soit débarrassée, et c'est seulement ensuite qu'il a tué la mère. Les insultes de cette femme étaient sans doute plus qu'il n'en pouvait supporter. Mais regardez : même en proie à une très

1. Commerçant *(N.d.T.)*.

grande colère, cet éléphant a épargné le bébé. N'est-ce pas extraordinaire ?
COMMERÇANT : C'est vrai. Mais songez à ce qui attend maintenant cet enfant et son père.

En Inde, les morts causées par des éléphants sont souvent considérées comme étant la faute de la victime, tant est grande la vénération qui entoure ce majestueux animal, symbole du puissant dieux Ganesh.

Aditya me raconta un autre accident semblable qui s'était produit des années auparavant, plus à l'est, dans l'Assam. Un soir, une harde avait attaqué les baraquements où vivaient des paysans d'une plantation de thé. Tout le monde avait réussi à s'enfuir, à l'exception d'une vieille femme et d'une autre, beaucoup plus jeune, enceinte et incapable de se mouvoir assez vite. Les éléphants avaient fait irruption au beau milieu des baraquements en barrissant et en piétinant tout sur leur passage. La vieille femme réussit à se cacher, mais sa cadette eut moins de chance. Un éléphant isolé défonça sa cabane et l'écrasa au passage. Dans l'affreux silence qui retomba après le départ des animaux, la vieille femme entendit clairement un vagissement de nourrisson. Malgré sa peur, elle réussit à rejoindre la cabane détruite. A côté de la jeune morte gisait un bébé nouveau-né, pleurant à tue-tête. Par la suite, l'enfant fut adopté par le directeur de la plantation. Il poursuit aujourd'hui de brillantes études dans une université de Calcutta. La plupart des gens disent de lui qu'il a quelque chose de spécial. Son prénom est Ganesh.

La foule s'était pratiquement dispersée. Les négociations avaient abouti. A dire vrai, il planait dans l'air une sorte de gaîté que je ne pus m'empêcher de trouver déplacée, étant donné les circonstances. Après avoir échangé force poignées de mains et distribué autant de tapes dans le dos, les politiciens remontèrent dans leurs voitures et disparurent dans la nuit. Aditya remarqua mon malaise.

– Étrange, n'est-ce pas, cette façon qu'ont les pauvres de devenir toujours plus pauvres et les riches toujours plus riches ? C'est toute l'histoire de mon pays. Mais dans le cas présent, je suis persuadé que nous pouvons faire quelque chose.

– Comment ?

– Eh bien, à l'évidence, nous sommes ici pour filmer le corps, n'est-ce pas ?

J'acquiesçai à contrecœur – la scène ne manquerait pas de force dramatique et allait dans le sens de notre propos, mais l'idée avait cependant quelque chose de malsain.

– Il nous faudra payer.

J'étais interloqué. La situation était déjà assez pénible sans que nous devions nous abaisser à l'indignité suprême de payer pour voir un cadavre.

– Vous ne comprenez pas, Mark. Nous sommes ici en Inde. Laissez-moi vous expliquer. L'indemnité versée par le gouvernement se limitera à quelque 7 000 roupies. Pour le pauvre homme qui vient de perdre sa femme, la situation est tragique. Les hindous considèrent la naissance, le mariage et la mort comme les étapes les plus importantes de la vie. Toutes trois doivent être saluées par des cérémonies religieuses aussi somptueuses que possible. Omettre de célébrer ces rites représente une terrible souillure. Les pauvres sont les premiers à souffrir de ce système, exploité sans merci par les prêtres. Dans bien des cas, la famille doit emprunter de l'argent à un intermédiaire pour pouvoir célébrer la puja mortuaire. Il lui faut parfois trois ans pour arracher l'indemnisation promise aux rouages de la bureaucratie. Avec le jeu des taux d'intérêts, elle ne tarde pas à se retrouver inextricablement endettée. Bref, conclut-il, en donnant de l'argent à cet homme, nous l'aidons réellement.

L'idée ne me plaisait toujours pas.

– Soit, lâcha Aditya. Je vais en parler au directeur des eaux et forêts et au mari de la morte. Laissons-les décider.

Il revint quelques minutes plus tard.

– Le mari est d'accord. Il nous faudra verser une donation de 1 000 roupies.

Comme un groupe d'entrepreneurs, nous remontâmes en voiture et partîmes. Nous nous garâmes sur la route principale un peu plus loin et parcourûmes à pied les trois cents derniers mètres à travers champs, longeant un fouillis de petits sentiers bordés de troènes qui menaient aux bicoques des paysans. Le murmure grave qui emplissait l'air s'amplifia au fur et à mesure que nous approchions des baraquements. Tout à coup, je me crus arrivé en enfer. Des torches plantées dans la terre piétinée illuminaient une forêt de visages en larmes. Les amis et les parents sanglotaient furieusement, certains allant même jusqu'à se frapper la tête contre le sol.

La foule s'entrouvrit sur notre passage. Avec tout notre

matériel, nous nous enfonçâmes dans la souffrance d'autrui. Plus nous approchions du lieu du drame, plus l'odeur de l'encens avait du mal à couvrir celle, douce et âcre, de la mort. Sur le sol était étalée une vieille couverture élimée. Quelqu'un la retira. Ce qui gisait dessous était à peine humain. Il était difficile de croire que cette forme grotesque, quelques heures plus tôt, était une femme pleine de vigueur et de santé. Elle était étendue sur le côté – me sembla-t-il –, et ses jambes décrivaient des angles absolument insolites, comme ceux d'une poupée de chiffon. Ses rotules étaient écrasées, et un rideau noir de cheveux collés de sang dissimulait en partie son visage horriblement défiguré. A regarder cette pitoyable créature, qu'on distinguait à peine de la boue dans laquelle elle gisait, je crus sentir la rage intense de l'éléphant qui l'avait tuée. Sans doute l'avait-il maintes fois soulevée et projetée à terre.

Je m'éloignai et laissai les membres de l'équipe terminer seuls leur odieuse besogne.

Le directeur des eaux et forêts se tenait à quelques pas, les mains sur les épaules du malheureux mari dont les yeux roulaient en tous sens, de façon apparemment incontrôlable.

– Ce qui est fait est fait et ne peut être défait, disait-il. Nous allons tout mettre en œuvre pour vous aider.

L'homme laissa exploser sa colère.

– C'est facile pour vous de dire ça ! Mais regardez-moi, regardez ce que vous avez fait de moi ! Vous avez beaucoup d'éléphants. Si certains sont tués, il vous en reste d'autres. Ma femme, elle, ne me sera jamais rendue. Je l'ai perdue pour toujours. Mon fils est à l'hôpital, gravement blessé. Il survivra peut-être. Mais pouvez-vous me dire comment je vais faire pour l'élever sans sa mère ? Je suis un homme fini !

Il tomba à genoux et se mit à sangloter de plus belle. Le directeur des eaux et forêts me regarda et secoua la tête, très abattu.

– C'est la troisième fois en quelques jours, soupira-t-il. Environ trois cents personnes sont tuées chaque année par des éléphants dans mon pays, et la situation ne fait qu'empirer. Que pouvons-nous faire ? Nous n'avons pas assez d'hommes. Nous sommes sous-équipés. Chaque semaine, je viens dans cette région pour parler aux paysans. Je leur explique qu'ils doivent tailler leurs haies assez bas pour pouvoir voir au-delà. Je leur dis de ne pas planter de bananiers ni de riz, mais comment survivraient-ils sans cela ? Que mangeraient-ils ? Je leur dis de ne pas brasser d'alcool chez eux. C'est ce qui s'est passé la nuit dernière. L'éléphant est arrivé par ici. Il a senti l'odeur de la handia, dit-il en nous montrant du doigt une grosse brèche dans la haie, et deux petits trous percés à mi-hauteur dans le grossier mur de terre d'une bicoque. Voyez, c'était un mâle à défenses. Il s'apprêtait à pousser pour abattre la cabane quand la femme est sortie avec son enfant dans les bras. Il faisait nuit, il n'y avait pas de lune. Elle n'a pas vu l'éléphant et s'est précipitée droit sur lui.

Je l'interrogeai à propos de l'enfant.

– L'enfant a eu de la chance. Sans doute sa mère l'a-t-elle jeté au loin avant que l'éléphant ne s'empare d'elle. Ses blessures ne sont pas excessivement graves.

Les lamentations de la foule augmentèrent tandis que les restes de la morte étaient chargés à l'arrière d'une jeep.

Nous rentrâmes au camp. Parbati dormait. Aditya et moi nous assîmes devant le feu et passâmes un moment à boire en silence. Tout autour de nous, la bataille nocturne habituelle faisait rage. Lakhi et Kanchen s'agitaient dans les ténèbres. Cette nuit-là, nous ne dormîmes pas bien.

8

Retour sur la route

Le claquement familier du caillou sur le métal me tira d'un sommeil profond, mais troublé. Je jetai un coup d'œil à ma montre. Diable, j'avais laissé passer l'heure ! Je rampai hors de ma tente. Parbati, en tenue complète de tueur à gages, était en train de verser de l'eau sur les cendres du feu encore fumant. Je me frottai les yeux et regardai tout autour de moi. Quelque chose avait changé. En fait, le camp avait disparu. Dans le pilkhana, Phandika et Dino, assis sur les épaules des deux éléphantes équipées de pied en cap, effectuaient les derniers réglages de longueur des cordes. Notre véhicule de maintenance – une vieille jeep toute cabossée – était garé à proximité, et la basse-cour avait été transférée tout entière sur la galerie de son toit par Poni et Babul, qui s'agitaient sans grand succès pour attraper les dernières poules. Aditya et eux voyageraient dans cette jeep et nous ouvriraient la voie pour repérer les meilleurs endroits pour camper à chaque étape. Ce serait comme avec Tara au bon vieux temps, à une différence près : Aditya n'était plus en mesure de voyager à dos d'éléphant à cause de sa mauvaise jambe. Il allait me manquer.

J'exhalai un soupir de soulagement. A en juger par le ronflement sonore qui montait de la grenouille violette, je n'étais pas le seul à avoir dormi plus que de raison.

– Je suis désolé, Parbati. Nous sommes rentrés tard, et...

– Ce n'est pas grave. Vous aviez besoin de sommeil. Mais ne soyez pas long. Nous devons nous mettre en route avant que le soleil ne soit trop chaud.

Une fois qu'Aditya et moi-même eûmes emballé toutes nos affaires, nous retrouvâmes Parbati et le réalisateur du film penchés sur le capot de la jeep. Ils étaient en train de compulser une vieille carte du milieu du XIXe siècle. Une ligne de forêt étroite mais ininterrompue, marquée sur la carte par de petits arbres dessinés, longeait les contreforts de l'Himalaya d'ouest en est. C'est la région des *Duars*, mot qui signifie littéralement « passage ».

Parbati suivit du doigt la bande forestière.

– Voici notre trajet, Mark. Les éléphants continuent de migrer par là. De nos jours, il reste très peu de forêt. On y trouve surtout des plantations de thé, des villages et des villes. J'espère que vous aimez tous le thé.

– N'est-ce pas le fameux « corridor » que l'Inde et le Bhoutan devaient replanter et réserver exclusivement à l'usage des éléphants migrateurs ? demandai-je.

J'avais lu quelque chose à ce sujet dans la presse.

– Corridor ! lâcha-t-elle avec mépris, en crachant une boulette de tabac à chiquer. Et qu'est-ce que les gouvernements connaissent aux éléphants ? Ces gens-là restent assis dans leurs bureaux, à élaborer des plans grandioses pour dire qu'ils font quelque chose. Mais ce n'est que du vent. Ce corridor ne peut pas fonctionner. Il y a trop de gens et pas assez de forêt. Nulle part en Inde le problème des éléphants n'est plus grave qu'ici. Et c'est justement pour cela que nous allons faire ce voyage. Les gens verront de leurs propres yeux, et peut-être qu'ils apprendront avant qu'il ne soit trop tard.

Son doigt s'abattit sur une zone de la carte montrant un réseau de pistes forestières, plus à l'est en Assam.

– Là, on pourrait peut-être encore faire quelque chose. Il y a de bonnes forêts et des grands troupeaux. Mais cette région a des problèmes d'un autre ordre. Elle est dangereuse. Je n'aime pas y aller.

Le réalisateur et moi-même échangeâmes un regard perplexe.

A l'origine, nous avions prévu de suivre cette route à travers le Bengale-Occidental et achever notre voyage dans le grand parc naturel de Manas. Celui-ci borde le Bhoutan et l'Assam, et nous nous étions imaginés pouvoir y filmer tranquillement l'habitat des éléphants sauvages.

Parbati saisit notre regard.

– Plusieurs étrangers travaillant dans la région ont déjà été enlevés et tués par des terroristes ou des trafiquants, nous expliqua-t-elle. La semaine dernière, un fonctionnaire des eaux et forêts a été retrouvé pendu. Ses éléphants avaient été abattus. Je ne veux risquer ni nos vies, ni celles de mes éléphantes. Nous verrons bien en arrivant sur place. Alors, je prendrai ma décision.

En étudiant notre parcours, je fus assailli de souvenirs de mon premier voyage, avec Tara. Équipés de vieilles cartes semblables à celles-ci, nous nous étions promenés à travers son pays, à son rythme et selon son bon plaisir. Ce voyage-ci risquait d'être fort différent.

– Pressons, Mark ! cria Parbati, déjà montée sur Lakhi, en se tapotant impatiemment la jambe de sa courte gaule de bambou.

Kanchen baissa la tête et, l'attrapant par les oreilles, j'escaladai son crâne et posai mon arrière-train sur le sac de toile préparé par Phandika à cet effet. Je n'avais plus droit au luxe d'un coussin comme jadis avec Tara. Ici, on montait à la dure. Les heures d'exercice effectués sous l'œil de faucon du sergent-chef Phandika avaient durci mes pieds et mes jambes, et je n'avais plus besoin de ces affreux bandages. Je mis mes pieds dans les étriers et enfonçai les talons d'avant en arrière dans le cuir de Kanchen pour lui indiquer que je voulais qu'elle fasse demi-tour. Elle s'exécuta docilement et emboîta ensuite, sans un à-coup, le pas de Lakhi. Je ne tardai pas à être bercé par sa démarche douce et régulière, et le souvenir de l'horreur de la veille s'éloigna peu à peu. Nous étions de retour sur la route. Nous étions avec les éléphants. Que pouvais-je rêver de mieux ?

Une cravache s'enfonça dans mes côtes, m'arrachant à ma rêverie. Je jetai un coup d'œil par-dessus mon épaule et croisai le regard luisant de Phandika.

– Hé, *bandoo*[1]... Cigarette ?

Je lui montrai du doigt Parbati qui ouvrait la marche. Phandika

1. Frère *(N.d.T.)*.

sourit et secoua la tête. Il murmura quelque chose à Kanchen et celle-ci quitta la route. Comme des écoliers, cachés par la luxuriance d'un bosquet de bambous, nous fumâmes avec grand plaisir une cigarette interdite.

Nous ne fûmes pas longs à rejoindre Parbati. Dino avait pris sa place et elle se reposait confortablement à l'arrière, sur le gudda, les mains derrière la nuque et le regard perdu dans l'immensité du ciel bleu.

– Si vous devez vraiment fumer, Mark, au moins gardez vos mégots avec vous. Ne les jetez pas.

Je me retournai pour décocher un regard furieux à Phandika, qui était penché sur l'arrière-train de Kanchen et effectuait une série de réglages aussi complexes qu'inutiles de la corde qui passait sous sa queue.

– Comment avez-vous deviné ? demandai-je à Parbati.

Elle roula sur le ventre, l'œil impénétrable derrière ses lunettes noires, et sourit.

– Je connais ce vieil homme depuis toujours. Après la mort de mon papa, il s'est occupé de moi. Il m'a beaucoup appris. Mais maintenant, je suis sa patronne, il le sait, et c'est difficile pour lui. Il est plus âgé que moi, et je dois lui témoigner du respect. Mais si je veux obtenir son respect à lui, il faut que je sois vigilante. Comme tous les cornacs, il est rusé. A moi d'être encore plus rusée. Amenez Kanchen à notre hauteur. Je vais vous raconter une histoire. Alors, peut-être, vous comprendrez.

J'ordonnai à Kanchen de rejoindre Lakhi. Immédiatement, les deux éléphantes se congratulèrent en entrelaçant leurs trompes. Elles poursuivirent leur route côte à côte, comme une paire de théières géantes.

Parbati me montra un petit sac de toile attaché au gudda, juste derrière moi.

– Des oranges, dit-elle. Elles sont pour vous. Je les ai mises là ce matin. Donnez-m'en une. J'ai soif.

Elle éplucha le fruit à l'aide d'un minuscule kukri et le coupa en quatre quartiers qu'elle distribua.

– Dans ma région, dit-elle en crachant un pépin, on dit que le renard est le plus rusé des animaux. On croit aussi que les avocats, qui sont des gens très malins, naissent de parents qui auraient mangé sept renards, et que les cornacs naissent de parents ayant mangé quatorze têtes de renard. Mais les enfants les plus intelligents sont ceux dont les parents ont mangé vingt-huit têtes : ce sont les propriétaires d'éléphants. Et maintenant, conclut-elle d'un air triomphal, vous comprenez pourquoi j'arrive à maîtriser ce vieux renard !

Il commençait à faire très chaud. Le soleil tombait à la verticale sur l'asphalte qui se déroulait droit devant nous comme une rivière noire. Il n'y avait pas d'ombre. Nous faisions halte régulièrement pour permettre aux éléphantes d'assouvir leur soif dans de petites mares stagnantes.

A la densité croissante du trafic de camions qui d'ailleurs nous frôlaient dangereusement, je devinai que nous approchions d'une ville. Parbati fit la grimace et se couvrit le visage de son foulard pour se protéger des fumées toxiques.

– Nous allons tourner sur la gauche ici, dit-elle. Je n'aime pas les villes.

Nous coupâmes à travers champ. A part quelques plants de bambou fatigués et un bosquet de palmiers aussi gracieux qu'incongru, il n'y avait pas un arbre en vue. En revanche, les villages ne manquaient pas, et avec eux venaient les gens, des gens par milliers, occupés comme une armée de fourmis à faucher, sarcler et moissonner le moindre arpent de terre disponible.

A en juger par les regards hostiles dont nous fûmes gratifiés tandis que Lakhi et Kanchen avançaient comme des funambules sur les étroits sentiers surélevés qui séparaient les champs, ces gens n'étaient pas ravis de nous voir, mais je ne tardai pas à comprendre pourquoi. A leurs yeux, l'éléphant signifiait la destruction.

De temps à autre, ils rendaient hommage au grand dieu Ganesh (ironie du sort, Ganesh représente pour les hindous le dieu protecteur) en lui offrant des oranges et des plants de canne à sucre. Mais la population de l'Inde s'accroît au rythme de vingt millions d'âmes par an, et le respect qui a toujours entouré l'éléphant ne cesse de diminuer, corrodé par la lutte pour la survie sans merci que se livrent désormais hommes et animaux.

Prophétique, le naturaliste américain Charles Frederick Holder écrivit il y a plus de cent ans les lignes suivantes :

On dit de l'éléphant d'Asie qu'il est capable de se défendre seul. Mais la rapide avancée des Britanniques dans l'Est est tellement implacable que son extermination n'est plus qu'une question de temps. Ces animaux sont les derniers représentants d'une race noble, qui mérite tous les efforts déployés pour sa conservation. La question de sa survie se posera directement aux hommes de la prochaine génération.

Comme nous nous rapprochions de la ligne des collines, nous aperçûmes enfin un lambeau de forêt, semblable à une armée vaincue acculée par un bataillon de plantations de thé, lesquelles scintillaient comme des émeraudes dans le soleil de l'après-midi. Nous pénétrâmes plus avant dans cet environnement étrange et stérile, qui devait devenir notre lot quotidien pour les quelques semaines à venir, car le propriétaire de l'une des plus grandes compagnies théières du monde avait aimablement mis à notre disposition l'usage de tous ses domaines.

L'équipe du film avait déjà établi son camp sur le terrain de football de la plantation quand nous arrivâmes. L'endroit semblait être en effervescence. Était-ce simplement la conséquence de l'enthousiasme délirant suscité par le cinéma en Inde, ou quelque chose de plus sinistre ? Tandis que nous nous frayions un chemin à travers une double haie de paysans aux vêtements bigarrés alignés le long de la route, je jetai un regard interrogateur à Parbati. Elle haussa les épaules, mais je sentis son malaise. Elle détestait les foules.

– Qu'est-ce qui se passe ici ? demandai-je à Aditya en arrivant au camp.

Mais Parbati m'interrompit sèchement.

– Allez laver les éléphants, Mark.

D'un pas traînant, je gagnai ma tente et m'habillai d'un lungi. Il était clair que mon statut de premier rôle masculin de notre film ne me dispensait pas de mes corvées quotidiennes.

– Attendez ! cria Parbati.

Je ressortis de ma tente pour la trouver qui scrutait intensément le ciel clair, narines frémissantes.

– Ce ne sera pas nécessaire, ajouta-t-elle. Il va pleuvoir.

– Absurde, lâchai-je, levant à mon tour les yeux sur le ciel limpide, puis m'apprêtant à aller rejoindre Phandika et Dino.

Un sourire malicieux ourla ses lèvres.

– Absurde, hein ? Je vous propose un marché. S'il pleut, vous m'achetez une nouvelle paire de lunettes de soleil. Les miennes ont fait leur temps. S'il ne pleut pas, vous n'aurez pas à nettoyer le pilkhana demain matin.

– Marché conclu, dis-je en lui tendant la main pour sceller notre accord.

Aditya et moi traversâmes le terrain de football pour visiter le camp de l'équipe. En chemin, nous fûmes abordés par un jeune homme élégamment vêtu d'une chemise Lacoste bleue, d'un bermuda noir, de longues chaussettes blanches et de chaussures de sport bariolées. Il était suivi d'un groupe d'individus aux mines sinistres, lesquels portaient un assortiment terrifiant d'armes médiévales – je vis notamment des machettes, une sorte de carabine artisanale, un arc et un carquois garni de flèches à pointes barbelées.

Le jeune homme élégant nous tendit la main.

– Je suis le directeur adjoint, dit-il. Bienvenue à vous. Malheureusement, le directeur n'a pas pu vous accueillir lui-même : il est retenu à l'usine. Mais il m'a demandé de vous transmettre ses meilleurs vœux et de vous faire savoir que vous êtes les bienvenus pour utiliser à tout moment les commodités de sa maison.

Nous le remerciâmes. D'un geste vague du bras, il nous désigna ses acolytes.

– L'équipe de sécurité, expliqua-t-il. Ils patrouilleront autour du camp toute la nuit. On n'est jamais trop prudent.

Après nous avoir de nouveau serré la main, il s'éloigna.

Aditya observa un bon moment les membres de l'équipe de sécurité, qui se promenaient avec curiosité entre les tentes, laissant dans leur sillage une forte odeur de gnôle locale.

– A la nuit tombée, ils seront tellement saouls que ce sont eux qui auront besoin d'être protégés.

Un vent froid se leva brusquement, et je vis une masse de nuages gris, qui n'étaient pas sans rappeler une harde d'éléphants, se rapprocher depuis l'est.

– Une paire de lunettes de soleil *plus* la corvée des chiottes, constata Aditya. Vous n'apprendrez jamais. La prochaine fois, laissez-moi négocier à votre place.

Nous revînmes en hâte au camp. Déjà, quelques grosses gouttes de pluie s'écrasaient sur la toile des tentes. Parbati était allongée en chien de fusil à l'entrée de la sienne.

– D'accord, vous avez gagné, grommelai-je en me repliant dans mon logis tandis que l'orage éclatait.

– Le marché est annulé, Mark, cria-t-elle, élevant la voix pour couvrir le grondement de la pluie.

– Non, ripostai-je galamment. Je suis un homme de parole. Un marché est un marché.

– Si vous insistez... Mais sachez que pour moi, il est facile de prédire ces choses. J'ai été formée à l'université de mon père – l'université de la nature. On ne peut pas survivre en forêt sans cette connaissance. Cela dit, peut-être qu'aujourd'hui, cette connaissance ne sert plus à rien. Il n'y a plus de nature.

Le camp fut soudain illuminé par un éclair, suivi de peu par un énorme grondement de tonnerre.

– Il pleut beaucoup, poursuivit-elle, parce qu'on détruit les forêts. La nature se retrouve sens dessus dessous. Ce fait créera toujours plus de problèmes. Les éléphants sauvages risquent de descendre des collines. Le terrain y est trop glissant. Ils risquent d'envahir ces plantations. La pluie est source de dangers. Mais au moins, Lakhi et Kanchen sont contentes.

Elle m'indiqua le pilkhana où les deux éléphantes, à peine visibles dans la nuit, se roulaient allégrement dans la boue comme deux vieilles dames en cure de thalassothérapie.

– Ce soir, nous dînerons froid, soupirai-je en contemplant le rideau de pluie.

Parbati haussa les sourcils.

– Pourquoi ? Dino est en train de faire cuire le dîner.

Elle me montra l'abri des cornacs. Dino était accroupi devant un feu grondant. D'une main, il touillait le contenu de sa casserole, tandis que de l'autre il tenait une large feuille de bananier en guise de parapluie.

– Nous avons toujours du bois sec avec nous, dit-elle.

Après un somptueux repas fait de riz, de pommes de terre et de petits poissons grillés et épicés, nous nous assîmes confortablement à l'entrée de nos tentes respectives. La pluie avait cessé. Du moins le croyais-je.

– Huit litres au bas mot, lâcha Parbati sans se retourner. C'est Lakhi.

Elle ne s'était pas trompée. Je regardai vivement à l'arrière de ma tente pour découvrir Lakhi, les jambes écartées, en train de se soulager bruyamment.

Il faisait noir et il pleuvait de nouveau quand Parbati me réveilla.

– Prévenez Aditya et habillez-vous vite. J'ai reçu un message. Une éléphante domestique a été blessée par un mâle solitaire. Il faut que j'aille la soigner.

Je remarquai qu'elle portait la petite boîte en carton emplie de flacons de verre que j'avais aperçue dans sa tente. Une jeep attendait à l'extérieur, et nous partîmes sous une pluie battante. Sur un chemin forestier, nous trouvâmes l'éléphante blessée en train de marcher lentement derrière son cornac, lequel était abrité sous un parapluie. Il semblait très nerveux. Le mâle avait tenté de s'accoupler de force à son éléphante pendant la nuit. Dans la lutte qui s'était ensuivie, il lui avait transpercé la jambe avant gauche de la pointe de sa défense.

Dans cette partie de l'Inde, les propriétaires d'éléphants encouragent souvent le croisement de leurs femelles avec les grands mâles errants. Ils sont persuadés que la progéniture ainsi produite héritera de la force et de la vigueur naturelles de leur père sauvage. Selon un dicton local, on peut retirer un éléphant de la jungle, mais on ne retire pas la jungle d'un éléphant.

Nous avions clairement affaire à une tentative de viol. La pauvre créature souffrait en silence. Elle broncha à peine quand Parbati palpa sa profonde blessure. Je ne comprenais pas pourquoi son carnac n'avait pas attendu avec elle l'arrivée des secours à la plantation au lieu de lui infliger cette longue marche. Parbati me l'expliqua tout en mélangeant le contenu de plusieurs de ses flacons dans un bol. Le cornac, apparemment, avait fait la seule chose sensée à faire. Le grand mâle était revenu à la charge un peu plus tôt, et il n'avait réussi à le mettre en fuite qu'à grand renfort de fusées éclairantes. Juste à cet instant, un barrissement strident déchira le silence, suivi d'un grand vacarme de branches brisées.

– Voyez, lâcha nonchalamment Parbati, il recommence.

Aditya et moi nous regardâmes avant de nous tourner vers la jeep. Nous comprîmes en même temps que cette boîte de métal ne ferait pas le poids contre les quatre tonnes de muscles d'un éléphant furieux. Pendant que Parbati nettoyait la plaie béante et chantait pour apaiser l'éléphante blessée, nous jetions des coups d'œil inquiets sur le sentier. A un moment donné, elle interrompit son chant pour se lancer dans une dissertation sur les avantages et les inconvénients respectifs des médecines traditionnelle et moderne qui, je dois l'avouer, ne recueillit pas l'attention qu'elle méritait. Enfin, elle termina son travail, et je laissai échapper un soupir de soulagement. Elle dit au cornac de ramener son éléphante à la plantation.

Notre chauffeur s'installa au volant de la jeep et tourna la clé de contact. Rien ne se passa. Au même moment, nous entendîmes le bruit d'un arbre qu'on déracine, et à quelques centaines de mètres devant nous, sur la route, un grand éléphant apparut. Le chauffeur sauta à terre, souleva le capot, tripota quelque chose dans le moteur, revint derrière son volant et mit de nouveau le contact. Toujours rien. Le mâle, à chaque seconde plus proche et plus imposant, marchait droit sur nous avec une souveraine arrogance. Tout à coup, il déploya ses oreilles et tendit la trompe. Il avait vu, ou plutôt senti quelque chose, et se mit au trot. Aditya et moi rejoignîmes le chauffeur dans la jeep, sur le plancher de laquelle nous nous couchâmes. La dernière chose que j'entendis fut un furieux barrissement, suivi d'un vacarme épouvantable de branches brisées. Mort de peur, je relevai la tête et jetai un coup d'œil à travers le pare-brise.

Parbati se tenait immobile devant la jeep.

– Fausse charge, lâcha-t-elle. Un éléphant n'est vraiment prêt à attaquer que quand il fourre sa trompe dans sa bouche. Sa trompe est son bien le plus précieux. Il ne va pas la sacrifier pour rien. Ces hommes ! ajouta-t-elle. Quels froussards !

Notre chauffeur réussit finalement à faire démarrer la jeep et nous rattrapâmes bientôt la femelle blessée, qui semblait marcher avec moins de difficulté.

– Vous voyez, remarqua joyeusement Parbati, elle va déjà mieux. Mais elle devra recevoir une injection dès son retour chez elle, pour éviter l'infection.

Quand nous passâmes à sa hauteur, l'éléphante étira délicatement la trompe pour caresser la chevelure de Parbati. Je remarquai que ses immenses yeux étaient mouillés.

– Elle pleure, dis-je.

– N'en feriez-vous pas autant à sa place ? rétorqua Parbati d'une voix douce.

9

L'escouade de Mal Bazar

Éreintés par notre confrontation avec l'éléphant solitaire et par une mauvaise nuit de sommeil, Aditya et moi décidâmes de profiter de l'aimable hospitalité du directeur de la plantation. Un bon bain chaud, nous en étions persuadés, aurait tôt fait de nous rendre notre équilibre. Parbati, qui ainsi que je m'en rendais compte à présent était une adrénalinomane naturelle, semblait avoir été dopée par le drame de l'aube et se trouvait d'excellente humeur, au point de me dispenser de mes corvées du jour. Nous partîmes à travers la plantation. Le temps s'était éclairci et, n'eût été les paysans qui émergeaient par endroits de la mer émeraude de feuilles de thé comme autant de bouées de couleurs, nous aurions pu nous imaginer en train de nous promener sur un parcours de golf anglais par une belle journée.

Je remarquai que la plupart des cueilleurs étaient des femmes. En Asie, m'expliqua Aditya, la cueillette est leur affaire : question de patience, de dextérité et de délicatesse. Je constatai aussi qu'elles émettaient d'étranges sifflements en se déplaçant selon une ligne régulière à travers les plants.

– Pour les serpents, me dit Aditya. Les morsures sont

fréquentes dans les plantations de thé, surtout à la saison des pluies. Ce bruit les éloigne.

Des arbres au feuillage en forme d'ombrelle se dressaient çà et là comme des sentinelles immobiles.

– Ces arbres sont suprêmement importants, m'expliqua mon ami marathe. Ils protègent les plants de thé du soleil et fournissent de l'ombre aux paysans.

Nous observâmes un instant les femmes assises au pied de l'un d'eux pour étancher leur soif grâce à l'eau fournie par des porteurs. Elles trouvaient aussi le temps de s'occuper de leurs enfants. Des pleurs enfantins montaient de plusieurs grosses roulottes vertes, tendues de toile et parquées au bord des routes. Je jetai un coup d'œil à l'intérieur de l'une d'elles et fus salué par une centaine de petits visages sombres, dont les propriétaires étaient confortablement installés dans une forêt de hamacs entrecroisés. Un groupe de femmes d'un certain âge – trop âgées pour le dur labeur de la cueillette – veillaient à proximité. Leur tâche consistait justement à apaiser ces enfants pendant que leurs mères travaillaient.

– Vous voyez ici ce qui se fait de mieux, dit Aditya tandis que nous passions devant une rangée de cabanes de terre battue. Regardez, ils ont même l'électricité. Mais ce n'est pas le cas de la majorité des plantations. Je pense notamment à celle où cette pauvre femme a été tuée. Là-bas, les conditions de travail étaient très différentes. Un vrai bagne, avec niveau d'exploitation maximum...

De l'autre côté d'un grand portail fraîchement repeint en blanc et bordé de rosiers taillés, une allée de graviers menait en grande pompe jusqu'au portique d'une imposante demeure coloniale. Derrière les lits de fleurs, une pelouse courait vers un luxuriant bosquet de bambous. Assis contre une balançoire d'enfant, un jardinier faisait la sieste, jambes étendues. Le murmure des abeilles emplissait l'air, et dans le lointain, le ronronnement d'une tondeuse à gazon me rappela des souvenirs d'été dans une partie du monde bien différente. Je bâillai, touché par la paix et la sérénité du lieu. Aux yeux profanes d'un visiteur comme moi, la vie des planteurs semblait n'avoir guère changé depuis l'époque coloniale. Mais comme je ne devais pas tarder à m'en apercevoir, les apparences sont parfois trompeuses. Les planteurs d'aujourd'hui sont confrontés à un vrai dilemme ; chaque soir, quand la nuit tombe, ils sont obligés de livrer ce qui ressemble de plus en plus à une guerre ouverte.

J'eus droit à une nouvelle évocation de l'Angleterre quand Aditya et moi gravîmes les larges marches de pierre de l'escalier menant à la véranda : tout à coup, une fascinante odeur de bacon grillé vint nous flatter les narines. L'épouse du directeur, une jolie femme impeccablement coiffée et vêtue d'un chemisier de soie beige et d'un pantalon de coton de même couleur, vint nous accueillir. Nous la suivîmes sur le marbre poli jusqu'à un vaste vestibule au bout duquel un majestueux escalier d'acajou s'élevait vers l'étage supérieur. De ravissantes compositions florales se dressaient dans des vases de cristal, provoquant çà et là une explosion de couleurs. Quelque peu incongru en ce décor, un vieux pic à glace à manche de bois était exposé sur un mur blanc. La femme du directeur remarqua ma curiosité.

– Ce pic à glace a appartenu au sherpa Tensing, déclara-t-elle fièrement. Il l'a offert à mon mari, qui était un de ses grands amis. Nous n'irons pas jusqu'à prétendre qu'il a atteint le sommet de l'Everest, mais il l'a tout de même accompagné jusqu'à 8 500 mètres. Et maintenant, laissez-moi vous montrer la chambre d'amis. J'espère que vous y trouverez tout ce dont vous avez besoin.

Elle se montrait bien modeste. Même si nous ne venions pas de passer deux semaines sous la tente dans un camp à éléphants, nous aurions été éblouis par le luxe du décor. Elle nous introduisit dans une suite de pièces dont n'importe quel hôtel cinq étoiles aurait été fier.

– Si vous avez besoin de quoi que ce soit, tirez sur cette sonnette, dit-elle avant de s'en aller, laissant derrière elle un sillage de parfum.

Dans la chambre proprement dite, deux grands lits aux draps blancs et aux couvertures pliées nous tendaient les bras. Il y avait même un petit bar, copieusement garni de bouteilles d'eau glacée, de diverses boissons fraîches et d'une bière solitaire.

Aditya regarda sa montre. Il était huit heures dix.

– Et alors ? grommela-t-il en décapsulant la bière.

Sur ce, il se laissa tomber sur le canapé devant la télévision. Je m'éloignai pour explorer les lieux. Dans la salle de bains, je recensai trois sortes de shampooings, des lotions capillaires, des sachets de mousse de bain, des bonnets de bain, d'immenses serviettes et de l'eau chaude à volonté.

Une heure plus tard, nous émergeâmes aussi parfumés que deux bouquets de roses et découvrîmes un petit déjeuner complet qui nous attendait sur la grande table de bois de la salle à manger. Affamés, nous nous attaquâmes aussitôt à une montagne de saucisses, de bacon et de haricots blancs. Il y avait aussi des frites et des œufs préparés de quatre façons différentes. Ce festin fut suivi d'épaisses tranches de pain grillé tartinées de beurre, de marmelade et d'un miel local. Mais le meilleur restait encore à venir. Le tout fut généreusement arrosé d'un délicieux café fraîchement torréfié.

Le directeur de la plantation arriva un peu plus tard. C'était un homme d'origine népalaise, mince et vigoureux. Il portait des lunettes et ce que je supposai être le costume du planteur moderne : une culotte courte, une chemise à manches également courtes, des chaussures de sport. Nous nous installâmes sur les confortables fauteuils de la véranda et savourâmes une nouvelle tournée de café, servi dans de fines tasses de porcelaine.

Il nous expliqua que sur cette seule plantation, qui était loin d'être la plus grande, il employait mille huit cents personnes, et que ce nombre doublait en haute saison. Je commençais à me rendre compte que le thé représentait une industrie à grande échelle.

Je l'interrogeai sur le problème des éléphants.

– Rien qu'ici et dans les plantations voisines, soupira-t-il, nous en sommes déjà cette année à seize vies perdues. Nous faisons pourtant tout ce que nous pouvons pour protéger nos employés. Hormis le fait que nous sommes électrifiés, j'ai mis en place des escouades spécialement formées pour patrouiller dans les champs la nuit, avec tracteurs et projecteurs. Et les éléphants continuent d'entrer. Ils détruisent les arbres, les plants de thé et malheureusement aussi les lotissements où vivent les paysans.

Il étala une série de photographies sur la table. J'en pris une. On aurait dit les suites d'un holocauste nucléaire.

– Où peuvent-ils aller ? demandai-je. Cette région était autrefois couverte de forêts.

– Ce sont les Anglais qui ont lancé l'industrie théière il y a cent cinquante ans. Mais ce n'est que dans les vingt-cinq dernières années que le problème a pris de telles proportions.

Il avait raison. En 1900, plus de cinq cent mille hectares de jungle apparemment impénétrable avaient déjà été défrichés par les Anglais dans le nord-est de l'Inde et à Ceylan. Dirigés de main d'homme, les éléphants n'avaient pas peu contribué à creuser leur propre tombe. En cette époque de pionniers, ils représentaient le seul moyen de transport sûr dans ces contrées lointaines et sauvages – ceci sans parler, naturellement, de leur rôle traditionnel de défricheurs.

– Je suppose, monsieur Shand, enchaîna-t-il, que je réagirais différemment si, vivant à Delhi, j'entendais parler de l'extinction des éléphants dans les journaux. Malheureusement, ce n'est pas le cas. J'ai ici trois mille six cents personnes à protéger, et cela passe avant les éléphants.

Les planteurs de l'Inde moderne ont reçu de leurs prédécesseurs un bien peu enviable héritage. Autrefois, éléphants et forêts abondaient. La conservation n'était pas à l'ordre du jour. A présent, les vertes oasis manucurées des plantations fournissent un refuge aux hardes migratrices, mais le coût de leur passage, en vies humaines, est élevé. Pourtant, comme le directeur de la plantation me le fit justement remarquer, si la culture intensive du thé n'a certainement pas contribué à résoudre le problème de l'éléphant d'Asie, elle n'est pas davantage à la source de ce problème. Car le vrai problème, c'est l'explosion démographique humaine.

Le directeur nous montra du doigt le bosquet de bambous.

– Des éléphants pénètrent dans mon jardin chaque nuit. Je me rappelle notamment un gros mâle à défenses particulièrement audacieux. Ma femme et moi l'observions chaque soir d'ici. Il se promenait tranquillement, se grattait les flancs en se frottant contre la balançoire, piétinait nos rosiers et s'abreuvait dans la piscine. Il y a quelques jours, il a été abattu dans une autre plantation par une escouade gouvernementale de lutte contre les éléphants. Si vous voulez vraiment voir de l'action, conclut-il, vous devriez accompagner ces gens-là.

Avec une grande prudence, je soumis à Parbati mon idée de passer quelques jours à suivre une escouade anti-éléphants. Je m'empressai d'ajouter que cela risquait de m'empêcher quelque temps de remplir mes fonctions de chaarkatiya. Et surtout, je ne voulais pas négliger Kanchen. Elle me rassura aussitôt.

– Il est important que vous voyiez ces choses. Il faut que vous compreniez le problème. Ne vous inquiétez pas pour Kanchen.

L'éléphant n'oublie jamais. Et ne vous inquiétez pas pour moi. Comme vous le voyez, ce matin, j'ai mille choses à faire.

Chaque région dispose de son escouade anti-éléphants dont l'unique fonction consiste à protéger les villages, les fermes et les plantations des éléphants sauvages en maraude, et ce fut parmi les membres de l'une d'elles que nous passâmes les quelques jours suivants. L'escouade de Mal Bazar était commandée par le légendaire capitaine Bhattacharjee, un homme dont les hauts faits avaient pris des proportions presque folkloriques. On racontait qu'un jour, il s'était tranquillement avancé vers un grand mâle à défenses fou furieux et l'avait si vertement réprimandé que l'animal avait tourné casaque et s'était enfui, épouvanté.

Non sans quelque agitation, nous pénétrâmes dans le bâtiment fatigué du centre de Mal Bazar qui faisait office de quartier général de l'escouade de lutte contre les animaux sauvages du gouvernement du Bengale-Occidental. La pièce de réception était vide et silencieuse, à l'exception du tic-tac irrégulier d'une horloge. Une batterie d'armoires métalliques cadenassées courait le long d'un mur. Sur le mur opposé, je vis une grande carte détaillée de la région. Le centre de la scène était occupé par un vieux bureau de bois ; son dessus de maroquin verdâtre, constellé de taches, ne portait rien d'autre qu'un antique téléphone noir. Au-dessus de nos têtes, un ventilateur tournait paresseusement.

– Il y a quelqu'un ? lança Aditya.

Seul le silence lui répondit. Il tenta de nouveau.

Depuis les profondeurs du bâtiment, nous entendîmes un éclat de voix. L'une d'elles s'éleva, rageuse et suivie d'un grand fracas, comme si quelque chose de lourd venait de tomber par terre. A ce moment-là, un jeune homme fit son entrée, l'air ahuri. Aditya lui demanda si nous pouvions voir le capitaine. L'autre secoua la tête en marmonnant quelques paroles incohérentes.

– Le capitaine fait apparemment sa sieste, m'expliqua mon ami. Nous reviendrons plus tard.

Ce fut alors qu'un personnage à demi nu, tout juste vêtu d'un lungi et d'un turban, fit sauvagement irruption dans la pièce. N'eût été l'intervention judicieuse (fruit d'une longue pratique, me sembla-t-il) du jeune homme, nous aurions pu être les témoins d'un regrettable accident, car le nouveau venu marcha sur les lacets défaits de ses bottes et esquissa un vol plané en direction du bureau. Heureusement, son assistant le rattrapa et l'aida à prendre place en douceur sur son fauteuil. Une fois assis, l'homme fut saisi d'une violente quinte de toux ; son visage pâlit et ses yeux menacèrent un instant de sortir de leurs orbites. Il fouilla dans les replis de son lungi, en tira un paquet de bidis tout froissé, alluma une cigarette d'une main tremblante et avala une première bouffée. Son visage et ses yeux ne reprirent un aspect normal que lorsque la fumée se fut soudain échappée, en une sorte d'explosion, par son nez et sa bouche. Il se carra dans son fauteuil et agita un bras en l'air pour décrire ce que j'interprétai comme un salut.

Là-dessus, il piqua du nez sous le bureau et disparut en lâchant un chapelet de jurons. Quand il émergea, ce fut pour déposer religieusement une bouteille de cognac sur la table. L'étiquette, non contente d'arborer le dessin d'un petit Indien affublé d'une énorme moustache en guidon de vélo et du costume national des Français – chemise rayée et béret noir –, vantait ainsi les mérites de son contenu : « Cognac au miel d'abeilles – fabriqué à partir des meilleurs raisins d'Inde et de France. Un petit goût de France à chaque gorgée. » Nous décidâmes aussitôt de baptiser « capitaine Miel d'Abeilles » ce personnage aussi ingénu qu'attachant, lequel, nous ne tardâmes pas à le découvrir, avait envers son cognac la même loyauté inébranlable et la même dévotion qu'envers ses hommes. Seul le cognac Miel d'Abeilles était assez bon pour le capitaine Miel d'Abeilles.

– Le raisin..., proféra-t-il d'une voix pâteuse. Vous aimez le raisin ?

Je jetai un coup d'œil à ma montre. Bien qu'il ne fût que huit heures et demie du matin, je sentis qu'il était impossible de refuser.

Tout en goûtant ma première gorgée de Miel d'Abeilles, qui, en dépit des affirmations extravagantes du fabricant, n'avait aucun rapport avec son pays d'origine prétendu, je m'efforçai de déterminer pourquoi ce capitaine me paraissait si sympathique. Il n'avait plus guère de dents ; son visage, quand il n'était pas franchement gris, virait au jaune ; ses yeux bruns, aqueux, et ses bajoues lui donnaient l'air d'un basset éploré, et cependant, d'une certaine façon, il était irrésistible. Je fus presque tenté de me pencher par-dessus le bureau, de pincer ses joues dodues, de le soulever de terre, de le fourrer dans un panier et de le ramener chez moi.

Le silence paisible de notre dégustation fut abruptement rompu par la sonnerie pressante du téléphone. Miel d'Abeilles se pencha lentement en avant, décrocha l'appareil et le posa sur son bureau. Ceci fait, il remplit nos verres de cognac. Je perçus la voix désincarnée d'une femme au bout du fil, qui raccrocha après avoir glapi un certain nombre de « allô ». Miel d'Abeilles remit le téléphone en place. Il recommença à sonner, et il réagit exactement de la même façon. Nous devions apprendre plus tard de son assistant que la chose se produisait souvent. Elle nous révéla un autre aspect de son délicieux caractère – la ruse.

D'habitude, son équipe répondait aux appels. Il ne parlait au téléphone qu'en cas d'absolue nécessité, et il y avait à cela une excellente raison. Miel d'Abeilles ne craignait rien ni personne à l'exception de sa femme, une brahmine de haute naissance qui réprouvait entièrement sa consommation d'alcool. Il ne buvait jamais chez lui. Selon son état, il la rappelait plus tard dans la journée ou le lendemain, armé de tout un arsenal d'excuses. Sa préférée était la suivante :

– Mon ange, je te demande pardon. Ton coup de téléphone m'a surpris au plus mauvais moment possible : j'étais en train de déjeuner et j'avais la bouche pleine de riz...

Non sans difficulté, Aditya réussit à arracher au capitaine la permission d'accompagner l'escouade cette nuit-là. Au même moment, une plainte de sirène et un douloureux raclement de boîte de vitesses annoncèrent le retour de l'équipe de la nuit précédente.

– Retour de l'escouade, retour de l'escouade ! se mit à croasser le capitaine.

La porte s'ouvrit à la volée et une poignée d'hommes barbus, coiffés de turbans verts, gantés de moufles, vêtus de costumes militaires à l'ancienne et porteurs d'un assortiment de vieux fusils rouillés, de batteries, de projecteurs et d'autres accessoires, se ruèrent dans la pièce. Souriant aimablement, ils nous serrèrent la main, sans faire le moindre commentaire quand l'assistant aida le capitaine à se lever et à se retirer dans une autre pièce. Aditya ne tarda pas à entrer en grande conversation avec son second, dont le regard féroce était démenti par un caractère doux et une élocution d'érudit. Il s'empressa de nous mettre au fait des problèmes sans fin qu'ils rencontraient.

– Trois cent soixante-cinq jours par an, dit-il, nous sommes en état d'alerte permanente. L'escouade compte dix-huit membres, divisés en deux équipes qui travaillent une nuit sur deux. Malheureusement, même quand nous ne sommes pas en service, nous sommes constamment sollicités et n'arrivons pas à dormir.

– Pourquoi faites-vous ce travail ? demandai-je. Vous auriez pu en trouver un moins exténuant.

Il sourit et indiqua du doigt l'arrière du bâtiment, d'où montait maintenant un ronflement sonore.

– A cause de lui. C'est un homme bon. Nous avons confiance en lui. Nous le respectons. Il nous protège. C'est notre père à tous. Si nous avons des problèmes de famille, il nous écoute et nous conseille. Nous ne manquons jamais de nourriture. Si nous n'avons pas d'argent, il nous en donne. Si nous avons des problèmes dans notre travail, il nous aide à les résoudre. Nous sommes sa famille, et nous serions tous prêts à donner notre vie pour lui.

Un tel dévouement dans un service gouvernemental est aussi rare en Inde que dans le reste du monde, mais je commençais déjà à en comprendre la raison. J'interrogeai mon interlocuteur sur un grand mâle à défenses abattu quelques jours plus tôt.

– Ah, dit-il, vous avez entendu parler de cette histoire. C'est l'œuvre d'un des nôtres. Depuis, nous l'avons surnommé Grand Chasseur, mais il n'est pas là ce soir. Cela dit, les choses ne se sont pas passées comme vous devez vous l'imaginer, ajouta le second en empoignant un vieux fusil mangé de rouille. Voici tout ce que nous avons pour nous défendre, et nous n'aimons pas nous en servir. Nous préférons utiliser des roquettes et des grenades.

Il me montra une pile de caisses bariolées posées dans le coin d'un grand placard ouvert.

– Cette fois, reprit-il, c'était différent. Il s'agissait de sauver la vie d'un homme. Le goonda avait détruit la maison d'un paysan et pris un vieillard dans sa trompe. Par chance, nous étions dans les parages. Grand Chasseur a couru vers l'éléphant. Il n'avait jamais tiré au fusil. Il a pointé son arme en l'air et a fait feu pour effrayer l'éléphant. Il s'est alors produit quelque chose d'incroyable. L'éléphant est tombé raide mort. Grand Chasseur l'avait atteint entre les deux yeux, sans le faire exprès. C'est une triste histoire. Mais l'homme a eu la vie sauve.

Je soulevai le couvercle de l'une des boîtes pour examiner les munitions de plus près. Étant donné qu'elle contenait des roquettes, l'emballage prêtait pour le moins à confusion. Son étiquette représentait une jeune et jolie Chinoise en robe courte et chaussettes blanches. La boîte suivante était mieux adaptée à sa fonction : on y voyait deux éléphants dressés sur leurs pattes postérieures, trompes enlacées autour d'une étoile dorée en train d'exploser. En revanche, les objets qu'elle contenait – de curieuses petites boules enveloppées de papier brillant et curieusement baptisées de « bombes chocolat » – ressemblaient plutôt à des décorations de Noël.

Je ressortis pour inspecter le véhicule de l'escouade. Un autre barbu s'acharnait à redresser la portière du chauffeur, à demi éventrée par ce qui semblait être un objet tranchant et recourbé. Il finit par lever la tête vers moi.

– Un coup de défense, monsieur. La semaine dernière.

Je jetai un coup d'œil à la cabine, et mon regard fut aussitôt assailli par l'éclat de la décoration intérieure. Au centre du pare-brise, affichant un sourire bienveillant, je reconnus l'effigie familière de Ganesh, le dieu de la protection, mi-homme, mi-éléphant.

Le char de combat de l'escouade de Mal Bazar était un camion à quatre roues motrices peint en vert pâle et mû par un moteur diesel Mahindra Jeep. Le chauffeur et l'opérateur radio, qui triait les messages reçus de la station centrale de Mal Bazar, pouvaient se considérer en relative sécurité dans la cabine. En revanche, tout l'arrière du camion était simplement recouvert d'une bâche. Deux longs bancs de bois couraient le long de ses flancs. Sur le toit, entre la cabine et la bâche, une planche de bois avait été installée pour recevoir les projecteurs. Ce véhicule me paraissait bien lourd et bien peu puissant pour les opérations dont il était chargé.

Aditya avait tout organisé. Nous devions nous présenter de nouveau à quatre heures et demie précises. Pour tuer le temps d'ici là, nous décidâmes de faire un tour pour voir ce que la bonne ville de Mal Bazar avait à nous proposer.

10

Un animal autrement plus dangereux

Une grande enseigne, qui disait : « S. MUKERJI ET FILS, FOURNISSEURS DE FINES LIQUEURS ÉTRANGÈRES FABRIQUÉES EN INDE », était pompeusement suspendue au-dessus de l'entrée d'un immeuble à étage dont l'accès était protégé par une rangée de barreaux. Quelques autochtones se pressaient à l'extérieur de cette cage de fer, jetant des regards concupiscents sur les merveilles exposées dans la boutique sombre et crasseuse.

– Ils ne font que du lèche-vitrine, lâcha Aditya d'un ton hautain.

Ayant écarté sans cérémonie deux ou trois badauds, il frappa énergiquement aux barreaux. Un petit homme ratatiné pointa le museau au-dessus d'une pile de livres comptables.

– Ce bonhomme double ses bénéfices en prêtant sur gages, murmura Aditya, apparemment une autorité en la matière. Ces gens-là ramassent des fortunes.

Les yeux de M. Mukerji se mirent à scintiller dans la pénombre sitôt qu'il eut identifié en nous deux gros acheteurs potentiels. Il s'approcha des barreaux.

– Deux bouteilles de whisky *Director's Special*, ordonna Aditya.

M. Mukerji repartit dans les confins obscurs de sa boutique et revint bientôt avec la marchandise. A travers les barreaux, il tendit les bouteilles à Aditya.

– Quatre cents roupies, s'il vous plaît, monsieur.

– Et les quatre verres ? dit Aditya.

– Quels verres, monsieur ?

– Vous offrez bien deux verres gratuits pour l'achat d'une bouteille de *Director's Special*, non ? déclara Aditya en montrant l'affiche promotionnelle collée au mur.

– Oh, monsieur, c'est une très vieille affiche. La maison n'offre plus de verres.

– Pas de verres, pas de whisky. Et pas de whisky, pas d'argent.

Un silence tendu s'instaura. Une foule s'était rassemblée. M. Mukerji plissa les yeux, pesant le pour et le contre – tant le whisky que l'argent se trouvaient de notre côté des barreaux. Son sens des affaires finit par prévaloir et, pestant dans sa barbe, il s'en repartit au fond de la boutique, d'où il revint avec quatre verres décorés d'un magnifique dessin publicitaire.

– L'argent, exigea-t-il.

– Les verres, riposta Aditya.

A contrecœur, M. Mukerji passa les verres à travers les barreaux. Aditya lui tendit ensuite l'argent. La foule était ravie et hilare. A l'évidence, ce n'était pas tous les jours que quelqu'un prenait le dessus sur M. Mukerji.

Notre escale suivante fut pour le magasin Kedar. Bien qu'il possédât tous les magasins Harrods de Mal Bazar, M. Kedar n'était pas sans ressembler à un garçon de café. Sans aucun doute, nous venions d'atteindre *le* point de rencontre de Mal Bazar, à en juger par le nombre de femmes de planteurs élégamment vêtues qui se trouvaient rassemblées devant le magasin en petits groupes parfumés et bavards. L'établissement de M. Kedar vendait de tout. Comme un oreiller trop garni aux coutures sur le point de craquer, il débordait sur le trottoir en une éruption bigarrée de couleurs et de matières. Suspendus aux crochets de l'auvent, on trouvait là des équipements de cricket, des plumeaux, des socquettes américaines, des slips de coupe française (summum de l'érotisme masculin selon les Indiens), et, curieusement, un kit de plage complet avec parasol et un gros ballon gonflable.

Je m'aventurai à l'intérieur, les narines fascinées par une forte et entêtante odeur d'épices. Sur de hautes étagères, en équilibre instable, une foule de boîtes de conserve luttaient pour conserver leur espace vital. Je repérai aussi de nombreux produits de luxe occidentaux. Je savais maintenant d'où venaient les ingrédients de notre petit déjeuner.

Cette caverne d'Ali Baba semblait être d'une inépuisable richesse. Poupées Barbie, pèse-personne, préservatifs en trois couleurs différentes, bouteilles thermos et chandelles de forme curieusement érotique... Des bijoux en or scintillaient à l'abri d'un présentoir sous verre. Pour les longues soirées dans les plantations, il y avait aussi des jeux de société – Scrabble, Monopoly et dominos.

Émerveillé, je jetai un regard circulaire.

– Vous avez de tout, monsieur Kedar. Et même des rats !

En effet, un énorme rongeur venait de passer sur mon pied nu.

– Bien sûr, monsieur, me répondit-il, non sans une certaine logique. Celui qui vend les meilleurs produits a forcément des rats.

Au bout du compte, je jetai mon dévolu sur deux paires de chaussures de tennis pour Phandika et Dino. Ces derniers temps, Phandika s'était plusieurs fois plaint de ne pas posséder de chaussures. Pour honorer la dette d'honneur qui me liait à sa patronne, j'achetai aussi une sinistre paire de lunettes de soleil à la *Mission impossible*. J'étais sûr qu'elles lui iraient comme un gant.

Chargés de cadeaux, nous arrivâmes à l'heure dite au quartier général de l'escouade. Nous ne vîmes pas trace du capitaine, mais l'équipe attendait au complet en buvant du thé, remplissant des formulaires, comptant ses munitions et nettoyant ses fusils. Chacun semblait détendu, mais l'on sentait comme une expectative dans l'air. A dix-huit heures trente précises, le vieux téléphone noir sonna. Le commandant en second de l'escouade décrocha, écouta attentivement et reposa l'appareil.

– *Chalo !* lança-t-il.

En d'autres termes : « On fonce ! »

Un peu comme ces braves pilotes de la bataille d'Angleterre qui attendaient, nerveux et impatients, jour après jour et nuit après nuit, l'ordre de décoller, les membres de l'escouade de Mal Bazar se jetèrent dans la pénombre, suivis de près par Aditya et moi-même. Nous grimpâmes en hâte dans la cabine du camion, dont le moteur tournait déjà. A grand renfort de coups de sirène, le chauffeur se fraya un chemin dans les ruelles congestionnées de Mal Bazar. Une fois sorti de la ville, il accéléra progressivement. Je passai la tête par la vitre. C'était une nuit claire et froide. La pleine lune illuminait la grand-route déserte. Nous quittâmes bientôt celle-ci pour entrer dans une plantation de thé et fîmes halte près d'un petit bungalow blanc devant lequel un homme attendait, visiblement nerveux. Sans un mot, il ouvrit la portière et s'assit tout contre moi. Suivant ses instructions, débitées d'un ton saccadé, le chauffeur s'engagea dans le réseau compliqué de chemins qui sillonnaient la propriété. Les projecteurs furent allumés, et une explosion de lumière inonda tout à coup l'oasis silencieuse et féerique de la plantation. La terre, sous nos roues, était souillée çà et là de grosses crottes fumantes, lâchées par des éléphants en fuite qui devaient se trouver juste devant nous. Le chauffeur jeta son camion dans un virage à droite, manquant nous faire capoter ; et soudain, dans la lumière des projecteurs, l'arrière-train d'une femelle battant en retraite, la queue à l'horizontale – signe de panique –, emplit tout le pare-brise.

Au détour du virage suivant, la harde entière nous apparut – une vingtaine de bêtes de toutes tailles et de tous âges, dont une douzaine de petits qui fonçaient à travers les plants de thé en couinant de terreur.

Je sentis une profonde tristesse m'envahir. C'était la première fois que je voyais ces beaux et majestueux animaux ravalés au rang de vulgaires larrons. D'abord dépouillés de leurs forêts, et maintenant de leur dignité, ils détalaient comme des lapins effrayés dans le champ de nos projecteurs.

Notre chauffeur écrasa le frein et à l'arrière, les membres de l'escouade sautèrent à terre avec un assortiment de fusées et de grenades. Ils se mirent à courir entre les plants de thé, et je me dépêchai de les suivre. Pendant les quelques minutes suivantes, j'eus droit à un déploiement pyrotechnique à la fois éblouissant et assourdissant : l'escouade s'était disposée en une ligne zigzagante et repoussait résolument les éléphants vers un escarpement. Nous les entendîmes atteindre le fond du ravin et piétiner bruyamment les pierres d'un lit de rivière à sec.

Ce fut alors que la nature décida de montrer sa force et sa beauté, sans doute pour nous remettre tous à notre place. Une immense comète bleue décrivit un arc gracieux à travers le ciel, éclipsant sur-le-champ l'éclat de nos fusées. Elle dura si longtemps qu'elle nous permit d'obtenir une vision parfaitement claire des éléphants qui se repliaient en contrebas. J'aperçus brièvement deux longs scintillements d'ivoire, l'un à l'avant et l'autre à l'arrière du troupeau. Celui-ci avait été rejoint par deux mâles à défenses. Il s'agissait d'un phénomène rare. Quand le milieu est favorable, la harde est emmenée par une matriarche et ne reçoit la visite des mâles qu'à la saison des amours. Mais à présent, repoussée d'une plantation, d'un village à l'autre dans sa quête désespérée de nourriture, elle avait besoin d'une protection supplémentaire. Ces éléphants n'avaient tout simplement plus nulle part où aller.

Cette nuit-là et les nuits suivantes, nous roulâmes d'une plantation à l'autre en suivant toujours à peu près le même parcours. Quelquefois, grâce à l'expertise des membres de l'escouade, nous arrivions à couper la route aux éléphants avant même qu'ils n'aient pénétré dans une propriété.

– Ils savent que nous sommes là, nous expliquait-on fièrement.

Je n'avais aucune peine à le croire.

Nous avions des difficultés à filmer, car le camion de l'escouade manquait à la fois de maniabilité et de reprises. La confusion ambiante posait également des problèmes au cameraman. Il finit par me confier que pour obtenir des images propres, nettes et spectaculaires, il avait besoin de s'approcher plus près des éléphants. Je sursautai. A mon sens, ils étaient déjà bien assez près. Cela dit, force m'était de respecter son opinion. C'était un professionnel hautement expérimenté, avec de nombreux films à son actif. D'ailleurs, il avait déjà filmé des éléphants – quoique peut-être dans un environnement moins stressant.

L'agent de voyages à qui nous avions loué les véhicules utilisés pour le film fit une drôle de tête quand nous réquisitionnâmes son automobile personnelle – un quatre-quatre Suzuki bleu flambant neuf, décapotable, équipé de confortables fauteuils de velours également bleus – pour cet exercice. La capote fut promptement retirée, ainsi que les fauteuils. A l'arrière s'entassèrent le cameraman, sanglé dans un harnais spécial qui devait lui assurer stabilité et mobilité malgré la lourdeur de sa caméra, le preneur de son et son matériel, l'assistant cameraman avec un générateur mobile servant à alimenter le projecteur, et le réalisateur. Je me mis au volant. A côté de moi, un membre de l'escouade de Mal Bazar prit place, armé d'un de ces vieux fusils rouillés et de quelques boîtes de bombes chocolat. J'étais en liaison radio avec Aditya, installé dans le camion de l'escouade, grâce à un talkie-walkie.

Conduire à grande vitesse sur les pistes cahoteuses qui longeaient les champs de thé n'avait rien d'une sinécure, surtout dans le noir complet. Car pour les besoins du tournage, nous voulions nous approcher aussi près que possible des éléphants sans attirer leur attention. En même temps, je devais prendre garde de ne pas percuter un arrière-train en fuite ; il fallait à tout prix éviter de provoquer ces titans au point qu'ils décident de tourner casaque et de nous charger. Je n'avais ni le temps ni l'espace nécessaire pour exécuter un demi-tour salvateur. Quand le cameraman jugerait le moment venu, le générateur serait mis en marche, le projecteur s'allumerait et, quoi qu'il arrive, la caméra commencerait à filmer.

Il y avait d'autres obstacles à contourner. Plusieurs fois, je dus écraser le frein pour éviter de percuter les nombreuses branches arrachées aux arbres du bord de la piste.

– Ces maudits animaux le font exprès, grommelai-je en regardant trois membres de l'équipe mobiliser toutes leurs forces pour déblayer une énorme branche qui barrait la route.

Avec bonne humeur, le cameraman se moqua de moi et de ma théorie selon laquelle les éléphants seraient capables d'appliquer dans leur retraite les règles de la tactique militaire classique.

– Tu dois être un peu fatigué, Mark. Ça ira mieux demain.

J'étais fatigué, certes – mais pas fou. Les éléphants ne sont pas des créatures ordinaires. Dans ces mêmes régions, au début du siècle, des éléphants sauvages avaient manifesté leur opposition à la pose de voies ferrées en arrachant continuellement les poteaux télégraphiques qui bordaient les rails. En fin de compte, les ingénieurs avaient été obligés de fixer les câbles aux arbres.

Une nuit, nous fîmes appel à notre tour à l'art militaire – sous forme d'une sorte de mouvement de tenaille – pour prendre les éléphants au dépourvu. Nous connaissions à présent les mouvements exacts d'une harde que nous avions repérée. Après avoir quitté les champs de thé, ses membres traversaient systématiquement une grande prairie, puis un étroit chemin, toujours au même endroit, pour regagner la forêt. Notre plan était le suivant : l'escouade de Mal Bazar serait chargée de rabattre les éléphants vers nous lorsqu'ils voudraient traverser le chemin, et nous les attendrions à quelques centaines de mètres de là, sur la route. Aditya nous avertirait par radio dès que la harde se serait approchée de son point de passage habituel. Ensuite, ce serait à nous de jouer.

Nous attendîmes silencieusement dans l'obscurité. C'était une nuit froide et sans lune. Assis à côté de moi, notre ange gardien de l'escouade fumait un bidi en jouant avec le cran de sûreté de son mousquet. Clic, clac. Clic, clac. Devant lui, sur le tableau de bord, une rangée de bombes chocolat étaient alignées, prêtes à l'usage.

Bientôt, dans le lointain, le tintamarre habituel commença. Des fusées furent lancées. Des bombes chocolat explosèrent. Le talkie-walkie se mit à grésiller.

– Préparez-vous, fit la voix d'Aditya.

Je démarrai. L'assistant cameraman mit en marche son générateur. J'allumai une cigarette. Le talkie-walkie crépita de nouveau.

– Allez-y, allez-y vite ! La harde est en train de traverser plus haut que prévu !

Je lâchai la pédale d'embrayage et écrasai l'accélérateur. La voiture fit un bond et cala.

– Mark, bon sang ! s'écria le cameraman.

– Désolé...

Je redémarrai, et nous nous ébranlâmes dans un nuage de poussière. Dans le lointain, le projecteur ne tarda pas à illuminer une masse grise en mouvement, semblable à un nuage poussé par le vent.

– Plus vite !

J'écrasai l'accélérateur. Hélas, il était trop tard. Le troupeau avait déjà traversé et était en train de disparaître dans la forêt sur notre droite. Je fis halte.

– Bon sang ! Comment est-ce que j'ai fait pour...

– Ne t'en fais pas, interrompit le cameraman. Ce sera pour une autre fois.

Je remis la voiture en marche à allure réduite. Tout à coup, le talkie-walkie fit de nouveau entendre un grésillement impérieux.

– Arrêtez-vous, surtout ne bougez plus ! ordonna la voix d'Aditya. Vous avez coupé la route d'un éléphanteau. Il est sur votre gauche.

L'assistant opérateur braqua son projecteur dans la direction indiquée et l'arrêta sur une petite forme grise, à la lisière de la prairie. Je pris le talkie-walkie.

– Il est trop loin pour être filmé, Aditya. Nous nous dirigeons maintenant vers...

– Je répète : surtout, ne bougez pas ! Un mâle s'approche sur votre droite. Il vient chercher le petit. Vous ne pouvez pas le voir. Il se trouve juste derrière la petite butte.

– Préparez-vous, John, lâchai-je en prenant de la vitesse.

– Espèce d'idiot ! hurla Aditya. D'après l'escouade, il va vous charger ! Reculez immédiatement !

Je manipulai fébrilement le levier de vitesses. Le membre de l'escouade avait perçu le danger. Il se leva sur son siège, alluma une bombe chocolat avec son bidi et la jeta devant nous sur la piste.

Le bruit de l'explosion fut couvert par un terrible barrissement de rage qui nous assourdit tous. La voiture oscilla violemment, comme si elle venait d'être croisée par un train à grande vitesse, au moment où le mâle traversait la route juste devant notre capot pour s'enfoncer aussitôt dans la nuit.

Après quelques secondes de silence, un soupir de soulagement monta de l'arrière du quatre-quatre.

– Eh bien, lâcha le cameraman, on peut dire que celui-ci n'est pas passé loin.

Je serrai le volant pour empêcher mes mains de trembler. Je ne pus me retenir de penser à la profonde entaille qui balafrait la portière du camion de l'escouade de Mal Bazar.

Un soir, histoire de nous changer les idées, Aditya et moi visitâmes le club local des planteurs de thé. En raison de cette dénomination, je suppose, je m'étais imaginé un lieu désuet où résonnerait le cliquetis des boules de billard et le tintement des verres, meublé de fauteuils en rotin et peuplé de messieurs vêtus de tweed et de flanelle, sirotant du whisky dans d'épais gobelets de cristal. Je fus déçu. Le club n'avait rien de colonial ; il était à l'image de l'Inde moderne.

Nous fûmes accueillis par un barrage de lumières rouges. Les accords désuets de *La Fièvre du samedi soir* résonnaient au-dessus d'une piste de danse déserte. Au bar, une foule d'hommes jeunes et bruyants vêtus de costumes de polyester à pattes d'éléphant, avec cravate et pochette assortie, buvaient de la bière

Bullet au goulot en se racontant des histoires d'éléphants de plus en plus extravagantes.

Nous nous réfugiâmes dans le jardin. Nous y rencontrâmes, en train de prendre l'air, un magnifique vieux gentleman indien vêtu de façon plus traditionnelle d'un cardigan, d'un pantalon de velours côtelé et d'une élégante cravate en cachemire. M. Sen, nous ne tardâmes pas à l'apprendre, était un des plus vieux planteurs du nord-est de l'Inde. Il avait commencé son apprentissage quarante-neuf ans plus tôt, sous les Anglais. Curieusement, il ne décelait pas de grand changement dans l'industrie théière en un demi-siècle, si ce n'était dans la couleur de la peau des cueilleurs. La camaraderie et l'esprit de communauté du club d'autrefois lui manquaient.

– De nos jours, nous confia-t-il tristement, nous ne nous voyons qu'une ou deux fois par mois. Le reste du temps, chacun reste chez soi à regarder ces maudits films.

Quelques nuits plus tard, tandis que nous accompagnions de nouveau l'escouade de Mal Bazar, je fus témoin d'une situation à laquelle l'escouade est régulièrement confrontée, et qui met en scène un animal autrement plus dangereux que l'éléphant – l'homme.

Une harde d'éléphants avait envahi un lotissement de paysans, et quelqu'un, disait-on, avait été tué. Ce n'était pas vrai, comme nous le découvrîmes plus tard : une simple rumeur, alimentée par une imagination vivace et la gnôle locale. A notre arrivée, une foule ivre, brandissant des torches, encercla le camion en hurlant que l'escouade était arrivée en retard et en exigeant une indemnisation immédiate. Les membres de l'escouade mirent pied à terre et s'efforcèrent de calmer le jeu. Une lame de couteau scintilla dans la lumière des torches et une pierre frappa l'épaule d'un des hommes du capitaine, juste sous mes yeux. En Inde, la foule en colère est toujours dangereuse, mais une foule ivre représente un danger mortel. Nous remontâmes prestement dans le camion, qui se mit à balancer périlleusement. Des hommes essayaient de le renverser. Les membres de l'escouade lancèrent quelques fusées qui dispersèrent momentanément la foule. Le chauffeur en profita pour démarrer sous une pluie de pierres.

L'opérateur radio transmit la nouvelle de ce qui venait de se passer au quartier général, et à notre retour à Mal Bazar, un capitaine Miel d'Abeilles bien différent de celui que je connaissais nous attendait. D'abord, il était parfaitement sobre ; et à en juger par les insultes qu'il lançait au téléphone au directeur de la plantation incriminée, il était manifestement fou de rage.

– Comment osez-vous traiter mes hommes de cette façon, fils de chienne ? Je vais venir, vous m'entendez, et je m'en vais vous rosser à coups de pied ! Je vais vous tuer de mes mains !

Sur ce, il raccrocha brutalement, reprit l'appareil et composa un autre numéro. Cet appel-là s'adressait à son chef. Il réclamait une action en justice immédiate.

Au fil des nuits, les membres de l'escouade étaient devenus comme des frères pour nous, et nous nous sentîmes très flattés quand ils nous invitèrent à en devenir membres honoraires. Pour notre dernier jour en leur compagnie, nous décidâmes d'offrir au capitaine un déjeuner d'adieu. A notre arrivée, il apparut en civil, coiffé d'un turban et vêtu d'un sarong. Il semblait étonnamment alerte, et surtout très agité.

– Il est là, nous glissa-t-il. Il est là...

Je jetai à Aditya un regard perplexe. De qui diable voulait-il parler ?

Ce « il » devait se transformer en « elle » peu après, sous la forme d'une grande et jolie femme drapée dans un élégant sari qui nous gratifia tous trois d'un regard réprobateur. « Il » n'était autre que l'épouse du capitaine.

Nous lui proposâmes de se joindre à nous. Elle déclina notre offre, alléguant qu'on était dimanche et qu'elle avait une foule de choses à faire. Le capitaine reparut bientôt, cette fois vêtu d'une chemise, d'un pantalon, d'un coupe-vent et de ses éternelles bottes aux lacets défaits.

– Je ne vais pas pouvoir consommer de mauvaises boissons, nous murmura-t-il d'un ton de regret en montant dans la jeep. « Il » est là. « Il » devinerait tout de suite.

– Absolument, capitaine, acquiesça Aditya. Pas une goutte.

Tandis que nous approchions de l'hôtel, le capitaine se pencha anxieusement vers l'avant.

– Enfin, peut-être qu'un tout petit peu de mauvaise boisson...

Nous fîmes un festin : curry de poisson au riz, arrosé d'un tout petit peu de mauvaises boissons : en l'occurrence, une bouteille de Miel d'Abeilles. Pendant que nous mangions, le capitaine nous parla de Laljee Barua, le père de Parbati.

– Laljee n'était pas un homme, nous expliqua-t-il. Il était capable de boire cinq bouteilles à la file. C'était un dieu.

Après le repas, j'étais en train de régler l'addition quand un grand fracas me parvint aux oreilles. Je me précipitai pour découvrir le capitaine au pied de l'escalier. Aditya l'aidait à se relever. Miraculeusement, il ne s'était pas blessé, et à vrai dire, cette chute eut même le mérite de le dégriser quelque peu, ce qui, étant donné la menace qui pesait sur lui, n'était pas un mal. Comment allait-il expliquer son présent état à sa femme ?

Heureusement pour lui, le capitaine était passé maître dans l'art de contourner ce genre de situation.

– Vous allez lui dire, bégaya-t-il, que je ne voulais pas boire de mauvaises boissons, mais que vous m'avez forcé à le faire parce que... parce que nous sommes tous frères et que vous allez partir. Mais surtout, dites-lui bien que moi, je ne voulais pas.

J'avais peine à croire que ce stratagème fonctionnerait, mais j'acceptai volontiers de m'y plier. Quand nous arrivâmes au quartier général, le capitaine tenait à peine debout. Aditya expliqua la situation à sa femme en lui disant que nous l'avions forcé à boire, mais juste un verre, pour célébrer notre amitié et notre départ imminent. A l'évidence, elle n'en crut pas un mot et jeta à son époux un regard noir. C'est alors que celui-ci eut une nouvelle inspiration.

– Une photo ! lança-t-il à Aditya. Si vous faisiez une photo de nous tous ?

La suggestion éveilla la coquetterie de Mme Miel d'Abeilles, qui insista pour se refaire une beauté avant la prise du cliché. Elle s'éclipsa et ne tarda pas à revenir, coiffée de frais et de bien meilleure humeur. Ce fut alors qu'Aditya fixa pour l'éternité sur la pellicule notre étrange trio.

Vint le moment des adieux. Comme nous montions dans la jeep, un capitaine radieux vint nous serrer encore une fois la main.

– Sauvé pour aujourd'hui, nous glissa-t-il. Sauvé pour aujourd'hui !

Sur ce, il disparut à l'intérieur du bâtiment.

Nous étions de tout cœur avec lui. De notre côté, nous n'étions pas près de l'oublier.

11

Cimetière pour un éléphant

Ce fut un soulagement de recommencer à monter des éléphants plutôt que de les chasser. Tout au long des semaines suivantes, nous progressâmes lentement vers l'est. Le paysage variait peu – une succession de champs de thé, ponctuée par d'étranges petites poches de forêt. Je ne tardai pas à me lasser de la monotonie de ce décor artificiel. Dès 1911, on pouvait lire dans l'*Eastern Bengal District Gazetteer* les lignes suivantes :

> *Peu de régions en Inde se sont développées aussi vite que les Duars de l'ouest. La partie nord, qui longe le pied des collines, est à présent couverte de champs de thé prospères. Il y reste peu de jungle, si ce n'est sur la berge des rivières, et l'expansion agricole se poursuit à un rythme accéléré.*

Aditya partait chaque jour en éclaireur dans la jeep pour nous trouver un site propre à établir notre camp, mais nous finissions en général par être invités dans une plantation. Une simple tasse de thé revêtait à présent à mes yeux une signification bien différente. Je n'étais d'ailleurs pas le seul à être affecté. Dans une de ces plantations, j'eus l'occasion de discuter avec la femme du directeur : bien qu'ayant passé là toute sa vie, elle n'avait jamais bu une tasse de thé. Certes, je n'avais pas à me plaindre – l'hospitalité de ces gens était somptueuse –, mais je commençais à me sentir dans la peau d'un touriste en visite guidée plutôt que dans celle d'un grand voyageur.

Parbati éprouvait le même sentiment. Son humeur, auparavant imprévisible, était constamment mauvaise. Dans la forêt, elle revivait, pétillante d'enthousiasme tandis qu'elle me montrait différentes plantes, fleurs et arbres. Dans les plantations, qu'elle arpentait à califourchon entre les oreilles de Lakhi, elle se repliait dans un silence presque menaçant. Avec les lunettes noires que je lui avais achetées, elle avait l'air d'un cavalier de l'Apocalypse.

Phandika, au contraire, était dans son élément. Même si, dans le système de castes indien, les cornacs occupent une position relativement basse, l'aspect viril de leur métier et leur capacité à dominer des bêtes aussi impressionnantes que les éléphants les rendent irrésistibles aux yeux de beaucoup de femmes. Ils sont un peu les marins du monde terrestre – des baroudeurs, des Casanovas errants et pleins de fierté, avec une fille dans chaque pilkhana. Pour eux, les plantations de thé constituent un terrain de chasse particulièrement fertile.

Phandika passait son temps à m'enfoncer sa trique de bambou dans les côtes (qui finissaient souvent la journée couvertes de bleus) pour me montrer telle ou telle jeune femme en train de cueillir le thé.

– A gauche, sahib... A droite, sahib...

Là-dessus, avec un coup de coude suggestif, il me décrivait ses intentions avec un geste qui n'était que trop familier et qu'il accompagnait toujours, curieusement, du mot « pik-pik ».

D'après ce qu'il me fit comprendre tout en saluant le regard admiratif et timide d'une jeune femme particulièrement belle en ôtant son bonnet de laine, il avait trouvé la formule idéale en matière de mariage. « Profite de la vie, lui avait dit sa femme. Tout ce qu'il me faut, c'est de quoi m'habiller et me nourrir. Le monde est à toi, pas à moi. »

Défilé de beautés mis à part, ces journées fournirent l'épreuve finale pour le physionomiste amateur que j'étais. Aucune autre région de l'Inde ne déploie un aussi fabuleux mélange ethnique. Sans doute est-ce partiellement dû à sa situation géographique :

l'étroit corridor des Duars est relié non seulement au reste de l'Inde, mais aussi au Népal, au Bhoutan, au Sikkim et au Bangladesh. Par ailleurs, l'industrie théière n'y est certainement pas pour rien. Dans les années trente, la ville de Ranchi, dans le Bihar, était l'un des grands centres de recrutement pour les coolies ; le résultat, au bout de la troisième génération, est clairement visible sur les visages locaux. La transmigration et les mariages interethniques ont mêlé les visages sombres des Mundas et des Santals avec ceux, plus pâles et plus mongoliques, des héritiers des tribus des montagnes.

Pendant nos longues étapes, mon entraînement continuait, dirigé soit par Parbati, qui me faisait perpétuellement répéter mes ordres, soit par Phandika. Celui-ci, quand il n'était pas en train de me perforer les côtes pour me montrer quelque jolie pépée, adorait me piquer entre les omoplates afin de me forcer à maintenir le dos droit. Parbati nous imposait une stricte alternance – une heure de conduite, une heure de repos. Je n'aurais su dire si ce rythme visait à garantir un train plus rapide, ou si elle cherchait à ménager mes jambes endolories. En tout cas, ce choix m'offrait une occasion merveilleuse, dès lors que j'étais confortablement installé sur le gudda, d'étudier les liens extraordinaires qui unissaient ces deux éléphantes. Bien des fois, je vis Kanchen arracher une branche d'arbre, la briser en deux et en laisser tomber une moitié sur la route pour Lakhi, qui venait derrière. Ces petits gestes ne faisaient que confirmer mon opinion à propos de Tara. Elle avait réellement besoin de compagnie.

L'avantage, quand on voyage avec deux éléphants, c'est qu'on a tout loisir d'observer celui qu'on ne monte pas. Je regardais donc fréquemment Lakhi, qui venait derrière nous. Sa trompe ne laissait rien passer. Elle avait un curieux penchant pour les sacs en plastique, qu'elle ramassait pour les agiter comme de petits étendards.

Dans les villes et villages, nous étions encerclés par des hordes d'enfants piailleurs. Au début, leur présence me rappela de joyeux souvenirs d'arrivées dans les villages de l'Orissa – jusqu'à ce qu'ils se mettent à nous lancer des pierres. Je brandissais le poing en leur criant d'arrêter, mais Parbati se contentait de les ignorer et de m'apaiser.

– Du calme, Mark. Ce sont des enfants. Ils ne savent pas ce qu'ils font. Quand ils voient l'éléphant, ils voient la mort.

Fort heureusement, leur harcèlement ne durait jamais longtemps. Une quelconque affiche de cinéma venait bientôt distraire leur attention. Avec les chiens, c'était une autre affaire. Parbati les détestait. Ces roquets teigneux et décharnés se lançaient en meute à la poursuite des éléphantes, qui finissaient par s'arrêter net, faire demi-tour et lâcher des barrissements de rage. Parbati sortait alors son lance-pierres, et les chiens étaient chassés un à un, glapissant de douleur.

– Maudites bestioles, grommela-t-elle un jour en rechargeant son lance-pierres. C'est en partie à cause d'eux que des gens sont tués par les éléphants. Les éléphants essaient de traverser les villages de nuit, et les chiens se mettent à aboyer. Les éléphants s'énervent et poursuivent les chiens jusqu'aux maisons. Ils finissent par détruire les maisons et tuer les gens qui se trouvent à l'intérieur. Si j'étais Premier ministre, je les ferais tous éliminer. A quoi servent-ils ? A rien !

J'étais bien de son avis, du moins pour ce qui concernait l'Inde. Moi-même, j'avais dû plusieurs fois battre en retraite, dans certains lieux touristiques, pour éviter la confrontation avec ces fouilleurs d'ordures voraces et misérables. Il se pourrait bien que les Britanniques soient responsables de ce fléau. Selon Lockwood Kipling, il n'est pas impossible que ces chiens soient les descendants des dogues anglais offerts dès le XVIe siècle par Sir Thomas Rowe au Grand Mogol Jahangir. Ils étaient tellement agressifs que l'un d'eux, dit-on, aurait sauté à la mer pendant le voyage vers l'Inde pour attaquer un banc de marsouins. Plus tard, vers la fin du périple, un autre avait gravement blessé un éléphant adulte en lui mordant la trompe. Hélas, l'empereur mogol avait été séduit par ces charmants animaux, au point de leur fournir domestiques et voitures pour prendre l'air ; il alla même jusqu'à faire fabriquer des plats et des couverts d'argent afin de pouvoir les nourrir de ses impériales mains.

Loin des villes, nous traversâmes des rivières à sec, aux lits jonchés de galets qui n'étaient pas sans rappeler ceux des plages du sud-est de l'Angleterre. Ces anciens torrents étaient morts, asphyxiés par les dépôts vomis par les mines de dolomite qui entaillaient le flanc des collines comme de rageuses balafres. Plus nous nous enfoncions dans ces petits lambeaux de forêt, plus j'avais une idée nette de ce qu'avait dû être cette région autrefois. Parbati, sans doute pour sa propre tranquillité d'esprit, choisissait toujours les voies les plus impénétrables.

Certes, il m'arriva de passer quelques moments désagréables sous une avalanche d'araignées et de fourmis pendant que Phandika, brandissant son kukri avec l'aisance d'un maître d'escrime, nous taillait un passage à travers le feuillage luxuriant. Mais ce qui me frappait le plus, c'était le silence de ces petits morceaux de paradis. Hormis le craquètement incessant des cigales, perchées haut dans les arbres, et le tac-tac-tac occasionnel d'un pivert, on aurait presque sursauté en entendant tomber une feuille.

Quelque part, me disais-je, bien cachés dans les profondeurs de ce qui fut jadis leur territoire, les éléphants étaient là eux aussi, partageant avec nous ces moments de sérénité, ou dormant, ou prenant leur bain, ou peut-être jouant avec leurs petits. Je comprenais maintenant pourquoi Parbati avait choisi ce trajet. Comme tous les grands maîtres, elle se contentait de m'ouvrir la voie pour me permettre de tirer mes propres conclusions.

Il faisait de plus en plus froid. Au petit matin, un léger saupoudrage de neige recouvrait les contreforts violacés qui se dressaient dans le lointain. Aditya et moi prîmes l'habitude d'attendre le lever du soleil avant de nous livrer à nos ablutions matinales. Nous commencions celles-ci en invoquant le nom du grand dieu Shiva et en lui demandant de nous accorder force et courage.

– O Bholay, ô puissant Bholay, ô Bholay Shankar !

Ce nouveau cri de guerre était né de notre rencontre avec un étrange moine qu'Aditya avait trouvé dirigeant un sanctuaire de bord de route voué à Shiva, l'un des plus importants dieux indiens. Aditya n'était pas particulièrement féru de religion. Peut-être, séduit par quelqu'une des multiples facettes de la personnalité de Shiva, avait-il décidé que nous avions besoin d'une protection accrue. Selon lui, en tout cas, ce religieux était « notre homme ».

Nous nous inclinâmes respectueusement devant le sanctuaire décoré de guirlandes. Le moine, vêtu d'une robe de safran, nous oignit le front de pourpre, puis posa les mains sur nos deux têtes dans un nuage d'encens parfumé. Fermant les yeux, il se mit à psalmodier un mantra, encore et encore... C'était à croire qu'il n'en finirait jamais.

– Qu'est-ce qu'il répétait ? demandai-je à Aditya une fois que nous fûmes ressortis, tout en m'étirant le dos et en tentant de me remettre, au mental et au physique, de la force hypnotique du mantra.

– Aucune idée. Une recette, sans doute.

– Une recette ?

– Eh bien, il m'a expliqué tout à l'heure qu'il venait de renoncer au monde. Jusqu'à la semaine dernière, il travaillait comme cuisinier dans une plantation.

Décidément, l'Inde était inimitable. Bénis par un chef cuistot... Que pouvait-il nous arriver de plus ?

Il faut croire que cette bénédiction ne fut pas sans effet. Quelques jours plus tard, nous eûmes droit dans un petit village à un accueil bien différent de ceux auxquels nous nous étions habitués. Un groupe d'hommes et de femmes âgés surgirent d'un vaste bâtiment jouxtant leurs pauvres bicoques et vinrent rendre hommage à Lakhi et à Kanchen. Petits et trapus, ils avaient le teint jaunâtre, les cheveux noirs, très raides, et les pommettes hautes, à l'orientale. Une vieille femme tirait avec satisfaction sur une petite pipe d'argent.

– Ce sont des Rhabas, me dit Parbati. Ils vénèrent l'éléphant.

Les femmes étaient magnifiquement vêtues de lungis rouge sang et de larges ceintures turban tressées de fil d'or ; elles portaient également des bijoux spectaculaires – colliers d'argent incrustés de perles, assortis aux lourds bracelets qui leur cerclaient les poignets. Leurs narines étaient percées de pierres précieuses délicates et minuscules en forme de fleur de lotus.

Les Rhabas sont animistes, et les deux choses qu'ils apprécient le plus sont les célébrations et l'alcool. Cela dit, ils aiment à boire en secret. Ils brassent leurs *chakat* dans de grands pots, puis le transfèrent dans des sortes de tuyaux de bambou creusé. Aditya, qui n'était jamais en reste quand il s'agissait d'expérimenter l'immense variété d'élixirs que son pays avait à offrir, réussit sur-le-champ à nous organiser une petit séance de dégustation privée, et nous nous éclipsâmes sans être remarqués. Dans la pénombre d'une cabane, nous avalâmes en hâte le contenu de trois pipes de bambou.

D'humeur indubitablement allègre, nous ne tardâmes pas à rejoindre nos compagnons. Quand je grimpai sur Kanchen, seul un léger frémissement de narines me donna à entendre que Parbati, toujours chaussée de ses lunettes noires, avait deviné la raison de notre absence. Phandika, furieux de n'avoir pas été convié, me gratifia d'un coup de bambou indigné.

Abandonnés par les hardes sauvages, les éléphanteaux s'habituent avec peine à la captivité.

Un bébé minuscule arrive à l'orphelinat.

Jeux d'eau.

Les petites bêtes de somme commencent leur entraînement dès le plus jeune âge.

Rencontre insolite avec une vache sacrée à cinq pattes.

Parbati et Phandika font une démonstration de capture au lasso.

Traversées de rivières.

Rien n'échappe à une trompe d'éléphant.

Déjeuner dans un camp de jungle.

Déforestation à petit feu.

Mark et Parbati devant le palais de Matiabagh, demeure familiale de Parbati en Assam.
En médaillon : Laljee Barua, père de Parbati, à la chasse avec son éléphant préféré, Pratap Singh.

Un repos bienvenu... pour certains.

La fête des moissons, *Magh Bihu,* avec la sœur de Parbati, la grande chanteuse folklorique Pratima Pandey.

Un tintement discordant de cymbales et de tambours annonça l'arrivée d'une procession. Ayant entendu également un étrange beuglement, qui n'était pas sans rappeler les cris d'une vache en couches, je constatai qu'il émanait d'une longue trompe de bambou au bout de laquelle un homme soufflait furieusement. Pendant les deux heures suivantes, perchés sur nos éléphants comme des invités d'honneur aux premières loges de l'Opéra, nous eûmes droit à une cérémonie aussi bizarre que spontanée. Les danseurs obéissaient à un mouvement circulaire, pendant que l'orchestre, suivi par les femmes, piétinait et tournoyait en cercles de plus en plus amples. Plus l'après-midi avançait, plus le chakat faisait son effet, et plus le spectacle ressemblait à un carrousel anarchique de couleurs.

Il se faisait tard. Parbati nous signala qu'il était temps de repartir. Nous nous éclipsâmes sans être remarqués par les Rhabas. A bonne distance de là, un peu plus tard, nous les entendîmes qui poursuivaient leur célébration.

Cette nuit-là, nous campâmes à l'ombre d'une plantation de palmiers qui, illuminés par le halo du feu, semblaient aussi impeccablement alignés que les tuyaux d'un orgue. Épuisé par les événements du jour, je me retirai de bonne heure, mais je ne parvins pas à trouver le sommeil. Je ressortis de ma tente et trouvai Parbati en train de contempler le feu. De temps en temps, elle triturait les braises avec un bâtonnet.

– Quelque chose de mal va arriver, lâcha-t-elle sans quitter le foyer des yeux. Je le vois dans ce feu. Le feu est mon ami. Il me dit des choses. Quelquefois, il rit, parce qu'il est heureux. Mais aujourd'hui, il rit de façon différente. Il est en colère. Il a beson d'être nourri.

Je frissonnai.

– C'est difficile pour moi, Mark, poursuivit-elle. Je suis une femme instruite. Je suis allée à l'école, mais l'école ne m'a rien appris. C'est cette école-ci, ajouta-t-elle en montrant le feu, le ciel et les arbres, qui m'a tout enseigné. Elle ne m'a jamais déçue. Mes amis, ma famille, ils me croient folle. Oublie ces superstitions, me disent-ils. Tu es une femme moderne, pas une créature de la jungle. Tu dois peindre tes ongles, et autres stupidités du même genre. Mais chaque fois que je fais ce qu'ils me disent, quelque chose de mal arrive. C'est comme si j'étais deux personnes dans deux mondes différents. Pour un homme, même de nos jours, cette vie est possible. Mais pour une femme, c'est très dur.

Après qu'elle fut allée se coucher, je restai longtemps devant le feu mourant à repenser à ce qu'elle avait dit. Parbati était victime de son éducation – celle d'une enfant élevée dans la forêt et qui, adulte, se trouvait confrontée à un autre monde. En somme, elle était comme ses éléphants : née dans la nature, puis capturée et arrachée à son environnement. Mais à la diférence des pachydermes, qui peut-être rêvaient de revenir en arrière et ne le pouvaient pas, elle avait un choix à faire. En un sens, sa situation était plus délicate.

Le lendemain matin, une jeep des eaux et forêts arriva au camp pour emmener Parbati afin de soigner une éléphante malade qu'on avait retrouvée à l'orée d'un village. Nous nous entassâmes dans la jeep, qui démarra en trombe. Quand nous arrivâmes sur les lieux, je constatai que Parbati était tendue, très tendue – et aussi très en colère, je le vis à la blancheur de ses phalanges tandis qu'elle étreignait le bord de son siège. Je me demandai pourquoi. On aurait pu croire que son métier avait fini par l'endurcir, mais à voir son attitude, il était évident qu'il y avait autre chose – quelque chose de plus personnel.

Encore une fois, ce fut comme si elle avait lu dans mes pensées.

– Je connais bien cette éléphante, me glissa-t-elle d'une voix tremblante d'émotion. Je les ai pistés pendant des mois, elle et les siens. Elle est maigre. Je crois qu'elle est très malade. Sa tête a rétréci. Il y a quelque temps, elle a quitté sa harde. Les siens ne l'auraient pas abandonnée. Elle a dû décider d'elle-même, dire à sa famille de continuer sans elle.

– Vous voulez dire que c'est une solitaire ? Une femelle solitaire ?

Malgré ma connaissance limitée des éléphants sauvages, je savais qu'il s'agissait là d'un cas de figure inédit. Les femelles ne vivaient jamais seules. Par ailleurs, on avait souvent vu, surtout en Afrique, des éléphants refuser d'abandonner le cadavre d'un des leurs. Ils restaient sur place, surpris et méfiants, tentant même parfois de remettre sur pied leur congénère mort.

– Voyez où ils en sont réduits, lâcha Parbati en abattant un poing sur la planche de bord. C'est la première fois que je vois cela... Et j'ai observé les éléphants toute ma vie ! Mon Dieu, j'espère que nous arriverons à temps !

Ayant quitté la route, nous nous engageâmes sur une piste bosselée qui filait entre les champs de riz vers les collines.

Nous poursuivîmes le parcours en silence. Les épaules de Parbati tressaillirent soudain. Elle se tourna vers moi.

– C'est trop tard. Elle s'en est allée.

A notre gauche, dans un petit champ de riz, une foule était assemblée. Parbati sauta à bas de la jeep et courut dans sa direction. Aditya et moi suivîmes plus lentement avec le reste de l'équipe de tournage.

L'éléphante gisait sur le flanc, tel un rocher géant ravagé et noirci par le temps. Ses jambes étaient raides. Dans sa lutte obstinée mais vaine pour se relever, ses pieds avaient creusé de profonds sillons dans la terre. Sa trompe était étirée, son extrémité enroulée autour d'une touffe d'herbe, comme si elle avait cherché à regagner des forces jusqu'à l'ultime instant. Sa queue manquait – sans doute le lointain souvenir d'un jeu avec une de ses sœurs sauvages. Quelqu'un lui avait fermé les yeux et rendu les derniers hommages : un petit bouquet d'œillets était posé sur son front.

Parbati avait retrouvé son calme, mais son chagrin était remplacé par une rage froide.

– Regardez, dit-elle en me montrant les petites poches enflées qui constellaient le cou, les épaules et les flancs de l'animal mort.

Je passai ma main sur sa peau et sentis, sous chaque renflement, quelque chose de dur.

– De la chevrotine, fit-elle. Elle est truffée de plomb.

De l'ongle, elle lui perça la peau, d'où sortit une giclée de pus jaunâtre. Au fond du cratère, elle trouva un fragment de plomb effilé.

– A cause de ces cochonneries, ils attrapent des infections et meurent à petit feu, de manière horrible. Il y a beaucoup d'éléphants dans cette situation par ici.

Elle jeta rageusement l'éclat de plomb.

– Et ce n'est pas le seul problème. Ell est aussi morte de faim. Il y a une maladie... Nous allons attendre le vétérinaire, pour l'autopsie. Ça vient du bétail, je crois. On voit beaucoup de cas de ce genre.

Le vétérinaire et ses assistants ne tardèrent pas à arriver. Je n'aurais pas aimé être à la place de ceux-ci. Sous la supervision de leur chef et au moyen d'outils grossiers – une hache et quelques couteaux bien aiguisés –, ils s'attaquèrent au corps comme une armée de fourmis affamées, tailladant, tranchant et dépeçant.

Incapable de supporter ce spectacle, Parbati alla s'asseoir à distance, sous un arbre. Je m'attardai un moment, fasciné par ce carnage horrible. J'ai vu un certain nombre d'animaux dépecés, mais cette fois, c'était différent. Peut-être était-ce simplement à cause de la taille de la carcasse. Je savais que le vétérinaire et son équipe ne faisaient que leur travail, mais je trouvais celui-ci répugnant et indigne. J'avais l'impression que cette femelle morte ne méritait pas un tel sort. Les mouches et l'odeur finirent par avoir raison de ma résistance et je m'en allai rejoindre Parbati en fendant la foule considérable qui s'était réunie. Les badauds se couvraient le nez et crachaient sans cesse, mais ils restaient sur place, aussi hypnotisés que moi par le bain de sang qui s'étalait sous leurs yeux.

Je m'accroupis près de Parbati.

– Je déteste l'odeur de la mort. Mon papa disait que l'odeur des éléphants est meilleure que celle de tous les parfums de Paris. (Elle secoua la tête.) Quand cela s'arrêtera-t-il ? Que pouvons-nous faire pour que cela cesse ?

Une fois sa sinistre besogne terminée, le vétérinaire nous appela. Ses trophées – le cœur, le foie et les reins – étaient disposés en bon ordre sur une feuille de bananier, un peu comme sur un étal de boucher.

– J'ai aussi prélevé des échantillons de sang, dit-il. Je vais envoyer tout ça au laboratoire pour le faire analyser.

Apparemment, Parbati avait raison. Les blessures occasionnées par le plomb n'étaient pas la seule cause de la mort de l'éléphante. Le vétérinaire nous montra un autre organe, lequel ressemblait à une immense éponge rose.

– Sa langue, expliqua-t-il. Elle est trois fois plus grosse que la normale, et profondément ulcérée. Elle était incapable de s'alimenter. J'ai déjà vu cela. Nous pensons que cette maladie est répandue par le bétail qui est mis à paître illégalement dans cette zone. Il faut y mettre un terme. Sinon, nous aurons bientôt une épidémie sur les bras. Beaucoup d'éléphants mourront.

Sur ce, le vétérinaire emballa son macabre butin et s'en fut.

Une grande fosse avait déjà été creusée et garnie de chaux pour repousser les charognards. Ceux-ci étaient déjà à leur poste.

Les vautours attendaient en silence sur les branches d'un arbre. Au pied de cet arbre se tenaient leurs concurrents directs – une meute de chiens efflanqués occupés pour l'heure à saliver, à gronder et à se battre entre eux, rendus presque fous par la vision du festin qui se déployait devant eux.

Des cordes furent attachées aux chevilles de la femelle morte et nous attendîmes l'arrivée d'un éléphant des eaux et forêts pour la tirer jusqu'à la fosse. Je regardai tout autour de moi. Curieusement, cet endroit me parut approprié au dernier repos de l'éléphante. Après tout, c'était déjà un cimetière – un cimetière d'arbres. Une foule de souches grisâtres, semblables à des pierres tombales, marquaient les endroits où d'autres géants, végétaux ceux-là, s'étaient effondrés, abattus par la soif de destruction de l'homme.

L'éléphant arriva, un mâle magnifique à longues défenses. En hâte, on le harnacha. Sur un ordre de son cornac, il se mit à tirer de toute la force de ses épaules puissantes, comme s'il avait hâte de se débarrasser d'une tâche aussi sordide. Il échoua par trois fois puis, rassemblant ses dernières réserves, tira encore en émettant un barrissement lancinant. Sa sœur bascula dans sa tombe.

Comme nous nous préparions à quitter les lieux, Parbati me dit de rentrer sans elle. Elle nous rejoindrait dès que possible. Elle avait encore du travail. Les restes d'un autre éléphant avaient été retrouvés dans une forêt voisine, victime celui-là d'un autre danger : les trafiquants.

Il était tard quand nous arrivâmes au camp. Phandika et les autres dormaient, et Aditya, les traits tirés de fatigue, ne tarda pas à les imiter. Moi, en revanche, je n'arrivai pas à trouver le sommeil. Je sentais l'odeur entêtante de la mort me coller à la peau. Elle était sur mes mains, dans mes cheveux et dans ma barbe.

Je pris une serviette, descendis jusqu'à la rivière et me jetai à l'eau sans me soucier du froid. Peu à peu, le contact des flots glacés exorcisa les horreurs du jour.

J'avais besoin d'être rassuré. J'allai donc trouver Lakhi et Kanchen, enchaînées au pied d'un arbre. Pendant longtemps, je les écoutai grogner joyeusement entre deux bouchées de fourrage. Comme Tara, songeai-je, elles ne sont pas libres. Mais les terribles images du jour me revinrent tout à coup à l'esprit, et je me dis qu'au moins, elles étaient vivantes.

12

Le mal rampant de Totopara

Aditya était lassé de la jeep. Il voulait remonter à dos d'éléphant. Dans le même temps, Parbati venait de nous faire parvenir un message disant que son travail n'était pas terminé et que nous devions poursuivre notre trajet avec Phandika. En somme, un siège se libérait.

Nous mîmes le cap sur Totopara, lointain village de la frontière bhoutanaise et dernier bastion de la tribu des Totos. Aujourd'hui, cette minuscule communauté n'est plus composée que de trente-six familles. Phandika ne semblait pas très chaud. Non seulement le pays était dangereux, car infesté de bandits de grand chemin, mais surtout, les femmes de Totopara étaient affreuses, ainsi qu'il nous le répéta à maintes reprises. Ces gens-là ne buvaient pas d'alcool et portaient toutes sortes de maladies. La dernière fois qu'il était passé par là, nous conta-t-il, il s'était gratté pendant des jours.

– C'est bien ma chance, grommela Aditya pendant que Dino le soulevait sans effort pour le mettre sur le dos de Lakhi. Mais le vieux renard exagère sans doute.

– Pas si l'on en croit l'ouvrage d'Amal Kumar Das sur les

Totos, répondis-je en brandissant mon carnet de notes. Voyons... Ah, voila !

La route de Totopara est dangereuse. Sangsues et pythons monstrueux guettent le voyageur à tout instant et ne font qu'ajouter à sa tension [...] Les Totos affirment que leurs femmes, autrefois, étaient très belles. Les hommes du Bhoutan, de Mech et de Garro venaient les séduire et en auraient enlevé plus d'une. Voilà pourquoi les Totos auraient fait appel à leur dieu Mahakal. Celui-ci a couvert leurs femmes d'éruptions, ce qui les a rendues laides et par conséquent les a sauvées.

Après une courte pause, je résumai la fin de mes notes :

– Ensuite, il parle de leur hygiène. Selon lui, les Totos sont très sales et se lavent rarement. Ils ne se rincent pas la bouche après avoir mangé. Ils n'utilisent pas d'eau après la défécation, uniquement des pierres et des feuilles. Les Totos sont persuadés que s'ils se lavent trop souvent, ils prendront froid et mourront. Ah, ce sont aussi des mangeurs de charogne – ils se délectent des carcasses de bétail abandonnées par les tigres, même quand il s'agit de bêtes malades. Apparemment, ils souffrent aussi d'une maladie provoquant des ulcérations parfois mortelles. On l'appelle le mal de Totopara.

– Quel endroit charmant ! remarqua Aditya. Mais au moins, ce M. Das ne mentionne pas qu'ils pratiquent l'abstinence en matière d'alcool. Nous trouverons bien une bonne gnôle sur place. Et sinon, ajouta-t-il en tapotant son sac, il nous restera toujours le meilleur de la maison Mukerji et Fils : deux bouteilles de *Director's Special* !

– Et Parbati ?

– Parbati est loin, cher ami.

Nous nous mîmes en route. C'était une belle journée, et nous entamâmes notre lente ascension au cœur d'une épaisse forêt trépidante du chant des oiseaux.

– A partir d'aujourd'hui, annonça Aditya (qui n'était pas sans rappeler une chouette avec les lunettes rondes et grises perchées au bout de son nez), c'est moi qui serai votre gourou. Bienvenue dans mon pays, monsieur Shand. Vous allez découvrir mille merveilles.

Ce fut le cas. Au fur et à mesure de notre progression, Aditya identifia toutes sortes d'oiseaux exotiques. J'étais impressionné, mais aussi quelque peu sceptique. Le Marathe avait reçu en héritage une imagination débordante. Un jour, il avait plongé dans la perplexité un groupe d'observateurs très sérieux qui séjournaient à Kipling Camp en leur signalant en une matinée rien moins que treize espèces d'oiseaux inconnues jusqu'alors.

Phandika et Dino nous écoutaient avec une sorte de détachement amusé, mais en matière ornithologique, ils en savaient au moins aussi long que mon ami. Nous pénétrâmes dans une clairière curieusement plate et dénuée de toute végétation – un peu comme les terrains de cricket indiens. Il s'agissait, nous annoncèrent fièrement Phandika et Dino, d'un *nautch-khana*, c'est-à-dire d'une « salle de bal » pour éléphants. Vérité ou fiction, cela n'avait guère d'importance, dans la mesure où les images suscitées étaient trop belles pour être rejetées purement et simplement. Ainsi que l'a écrit John Lockwood Kipling dans son livre *Beast and Man in India* :

> *Laissons-nous donc aller à croire, tant qu'une sinistre autorité ne nous aura pas prouvé le contraire, que le* « beau monde »[1] *éléphantesque se retrouve parfois sous les chatoyants rayons de la lune indienne pour danser des quadrilles et autres contredanses pachydermiques, au rythme des soupirs du vent dans les arbres.*

La forêt s'éclaircit progressivement. Il semblait que nous nous rapprochions de la civilisation. Phandika nous expliqua que les hardes d'éléphants migraient ici durant les mois d'été pour échapper à la chaleur et aux mouches des plaines indiennes et profiter des abondantes forêts de bambou et des riches terrains salifères du Bhoutan, juste devant nous.

Le père de Parbati, dit-il d'un ton nostalgique, avait entretenu des liens étroits avec la famille royale du Bhoutan, et c'était dans cette région qu'il avait capturé quelques-uns des plus beaux éléphants destinés au souverain de cet antique royaume bouddhiste. Il ajouta fièrement que lui-même avait été choisi pour conduire le magnifique mâle à défenses que Laljee avait offert au roi à l'occasion de sa parade de couronnement.

Apparemment, l'ornithologie n'était pas la seule arme de mon

1. En français dans le texte *(N.d.T.)*.

gourou remplaçant pour m'éblouir ce jour-là. Voyant Aditya fouiller parmi les piles de vieux livres qui s'entassaient sur le dos de Lakhi, formant une étrange bibliothèque ambulante, je sentis qu'une leçon d'histoire se préparait.

Il finit par choisir un livre de Michel Peissel, et lut ce qui suit :

Les grands guerriers du Pays des Dragons descendaient des collines pour violenter les femmes, s'emparer de la récolte et pratiquer l'extorsion. Ils restaient systématiquement impunis, car personne n'osait s'aventurer dans leur domaine montagneux. Les Anglais eux-mêmes s'en gardèrent bien, alors même que d'innombrables sujets britanniques avaient été enlevés.

– C'est absurde, protestai-je. Je n'en crois pas un mot. Je suis sûr que nous avons anéanti ces gens-là, comme nous l'avons fait pour les Marathes.

– Écoutez donc la suite, mon ami.

Exaspérés, les Anglais chargèrent un émissaire officiel de régler le problème : l'honorable sir Ashley Eden, envoyé plénipotentiaire de Sa Majesté la reine Victoria. Les Bhoutanais eurent tôt fait de ridiculiser ce dandy emplumé, l'obligeant à signer un traité humiliant, et le maltraitant au point que sir Ashley Eden fut contraint de fuir le Bhoutan nuitamment pour avoir la vie sauve. Ce traité fut dénoncé sous prétexte qu'il avait été signé sous la menace. Mais la Couronne n'en venait pas moins de subir un camouflet unique dans les annales des affaires coloniales britanniques.

– Continuez, dis-je.

– Vous êtes sûr ? C'est encore pire ensuite, fit Aditya d'un ton joyeux en remettant ses lunettes.

Pour la première fois, quelqu'un osait relever un défi lancé par les Anglais. Les Bhoutanais laissèrent sans réponse les protestations rageuses du gouvernement de Sa Majesté. Peu après, ils s'emparèrent de deux canons légers et mirent en déroute un détachement britannique.

– Et qu'ont fait les Anglais ?

– Rien. D'après ce que je vois, l'année suivante, le vice-roi des Indes approuva un traité selon lequel, le gouvernement du Bhoutan ayant exprimé ses regrets pour sa conduite passée, les Britanniques s'engageaient à lui verser une rente annuelle de 50 000 roupies pour compenser l'annexion toute récente des Duars. Les Bhoutanais restituèrent les deux canons. Le plus amusant, c'est que le Bhoutan n'avait jamais possédé les Duars.

Ensuite, ce pays ferma purement et simplement ses portes aux Anglais, tout en continuant de collecter son revenu annuel. En 1910, le premier roi héréditaire du Bhoutan [...] obtint l'augmentation à 100 000 roupies de cette compensation.

Aditya referma son livre avec un bruit sourd et éclata de rire.

– Continuez, insistai-je.

Je connaissais la fin de l'histoire.

– Ce n'est pas nécessaire. Il ne s'est plus rien passé.

– Continuez, Aditya.

A contrecœur, il rouvrit son volume.

En 1949, après l'indépendance de l'Inde, un traité d'amitié fut signé entre le gouvernement indien et celui du Bhoutan, aux termes duquel les Bhoutanais obtenaient la restitution d'une partie des Duars (qui, rappelons-le, ne leur avaient jamais appartenu) et une multiplication par cinq de la vieille rente de 100 000 roupies. Pas plus que les Britanniques, les Indiens n'osèrent les défier. En 1962, le montant de cette rente fut porté à un million de roupies.

– Vous continuez probablement de payer ! remarquai-je, éclatant de rire à mon tour.

La journée se déroula sans autre incident. Nous ne fûmes ni attaqués par des bandits, ni broyés dans l'étreinte d'un python géant, et nous arrivâmes bientôt à Totopara, village niché à l'ombre d'une haute colline et entouré de bosquets de bananiers. Enfin un peu de repos, songeai-je en sautant à bas de Kanchen. Cela dit, notre tranquillité ne devait pas durer longtemps.

D'aspect, les Totos ressemblent aux Rhabas, à ceci près que leur teint est plus cuivré, sans doute en raison de l'altitude. Bien que leur origine soit obscure, eux-mêmes pensent être issus de l'ancien pays de Koch, ou Cooch Behar, où ils furent massivement employés comme porteurs de munitions pendant la guerre de 1875 contre le Bhoutan. « Toto », dans leur langue, signifie « munition ».

Par le passé, ils ont fondé un grand nombre de villages dans les Duars de l'Ouest, mais au cours du dernier siècle, leur nombre n'a cessé de décroître, et les quelques survivants se sont regroupés dans cette région retirée. Les Totos refusent toute exogamie. Du coup, il ne reste plus que neuf cents membres environ de cette société unique. Animistes, ils vénèrent la forêt, dont ils tirent l'essentiel de leurs moyens de subsistance, les montagnes et les éléments. Au fur et à mesure que l'Inde moderne s'avance vers le XXIe siècle, la survie de cette tribu, comme celle des éléphants, semble de plus en plus ne tenir qu'à un fil.

J'eus le sentiment que tant Phandika que M. Das avaient été un peu excessifs dans leur critique des femmes totos. Si elles n'étaient pas jolies, elles n'étaient pas non plus laides à faire peur. En revanche, sans doute avaient-ils raison en ce qui concernait le peu d'hygiène de la tribu, parce qu'une odeur particulièrement âcre et désagréable flottait dans tout le village. Je finis par m'apercevoir qu'elle provenait des innombrables cochons enfermés dans de minuscules enclos, en général délimités par les poteaux qui soutenaient les cabanes. Ce ne fut qu'un peu plus tard que j'élucidai le mystère du mal rampant de Totopara, et ce sans l'aide du *Manuel médical Merck*, bible de tous les voyageurs hypocondriaques.

Les membres de l'équipe étaient arrivés avant nous, et le chef du village insista pour que nous établissions notre camp à côté de chez lui. Sa qualité de chef lui valait de posséder non seulement la plus grande maison, mais aussi les plus gros verrats. A peine Aditya et moi nous fûmes assis pour nous immerger dans les délices de la dégustation du fameux whisky indien qu'une étrange sensation de démangeaison s'empara de mes jambes. Elle se transforma très vite en une douloureuse brûlure.

– Nom d'un chien ! m'écriai-je. Qu'est-ce que... ?

Aditya poussa un cri rauque et se mit à sautiller en tous sens en donnant de grandes claques aux jambes de son pantalon de pyjama.

Notre concert de jurons s'enrichit en quelques secondes des contributions de Phandika, de Dino, de Poni, de Babul et du chauffeur. Seuls le chef du village et ses amis semblaient épargnés ; apparemment, ils étaient même médusés par notre numéro de danse. J'attrapai une lampe-torche. Mes jambes étaient rouge vif et couvertes de mouches noires.

Soudain, tout se mettait en place. Qui disait cochons disait déchets, et qui disait déchets disait mouches – par milliers. Après un plongeon glacé dans le torrent de montagne qui courait près du village, nous installâmes notre camp dans un endroit moins fréquenté.

A l'image de la paille qui commençait à vouloir déborder des coutures de nos guddas, nous étions tous fatigués ce soir-là. Était-ce dû à l'absence de Parbati, à l'épuisement ou à l'excès d'alcool, je ne saurais le dire, mais ce que je sais, c'est que la situation devait dégénérer brutalement. La soirée avait pourtant commencé dans le calme. Nos démangeaisons s'étaient apaisées, nous avions bien dîné et étions tous confortablement allongés devant le feu, un verre à la main. Phandika avait même réussi à nous imposer sa règle, qui consistait à boire en silence, en évitant toute conversation.

Il fut le premier à la briser après quelques timbales. Il nous parla de sa vie. Son père était mort quand il avait dix ans, et Laljee, le père de Parbati, l'avait pris sous son aile. Il avait commencé comme chaarkatiya moyennant un salaire de deux roupies par mois, mais Laljee avait vite repéré ses dons exceptionnels, et il était devenu cornac en quelques années.

Laljee était un dieu, nous confia-t-il, le regard embué. Il lui avait tout appris. Aucun homme n'avait le cœur aussi bon. Personne ne pouvait être comparé à lui. Jamais il n'avait vu quelqu'un aimer les éléphants autant que lui – et ils le lui rendaient bien. C'était un magicien. Mais à cette époque, le métier était dur. Il fit un geste dédaigneux en direction de Poni et de Babul en laissant entendre qu'ils menaient la belle vie. Autrefois, être cornac signifiait quelque chose. Le cornac était respecté.

Il se souvenait d'un éléphant que Laljee avait aimé plus que tout au monde. Il s'appelait Pratap Singh. En prononçant ce nom, Phandika ferma les yeux en signe de déférence. Jamais il n'existerait un autre éléphant semblable. Quand Laljee devait s'absenter, il laissait toujours un vêtement à lui pour Pratap ; s'il oubliait, l'éléphant refusait de manger. Avec Laljee dans les parages, il était capable de tous les exploits. Laljee aimait tellement Pratap qu'à la mort de celui-ci, il devint fou. De rage, il tenta de se poignarder. Il cessa de s'alimenter. Sa famille vint d'un peu partout pour essayer de le consoler, mais son chagrin était tel qu'il ne se remit jamais. Il répétait à Phandika et aux autres cornacs que son travail avec les éléphants devait continuer, mais le cœur n'y était plus. Son chagrin était trop profond. Phandika ajouta que seul Dieu pouvait comprendre un tel amour.

L'alcool avait commencé de prélever son tribut, en particulier sur les jeunes chaarkatiyas, qui n'étaient pas habitués à boire en telle quantité et dont les langues se déliaient peu à peu. Aditya ouvrit la seconde bouteille du « meilleur whisky d'Inde » et remplit les timbales. Poni et Babul se mirent à tourner les histoires de Phandika en dérision, lui disant de se taire et le traitant de vieil éléphant.

Il leur flanqua quelques taloches affectueuses afin de les réduire au silence. En un sens, c'était bien ce qu'il était : un vieil éléphant au dernier stade de sa suprématie, déjà défié par les jeunes mâles. Mais il tenait bon. Phandika avait été formé à dure école et n'était pas près de céder la place.

Après la mort de Pratap, Phandika avait quitté Gauripur pendant un certain temps pour travailler avec des éléphants du Nagaland, État de l'Extrême-Est, à la frontière de la Birmanie. Un sourire malicieux lui retroussa les lèvres. Là-bas, nous dit-il, les femmes avaient des pouvoirs. C'était un endroit magique, et elles l'avaient envoûté. Elles s'étaient occupées de lui, l'avaient nourri, et quand il avait décidé de rentrer chez lui, il s'était aperçu qu'il ne pouvait pas bouger. Cela dit, ajouta-t-il, il n'en avait pas du tout envie.

Après avoir avalé une nouvelle lampée de whisky, comme pour se donner du courage, il évoqua en pâlissant une femme monstrueuse, aux griffes de laquelle il avait bien cru ne pas pouvoir échapper.

Il nous fallut, à Aditya et à moi-même, un certain temps pour lui arracher cette histoire, si grande était la terreur que son souvenir semblait lui inspirer. Phandika avait été envoyé par le gouvernement indien en Malaisie pour montrer aux cornacs locaux comment dresser et conduire leurs éléphants. Il était logé dans un camp lointain, en pleine jungle. Une Anglaise, qui menait une étude sur les primates, travaillait dans la même région. Pendant la mousson, il y eut une inondation, et ils se trouvèrent coupés du reste du monde. A l'en croire, l'Anglaise le captura comme un vulgaire singe, l'enferma dans son bungalow et fit de lui tout ce que bon lui semblait.

Phandika se considérait comme un homme brave. Il avait fait face à de nombreux dangers. Il avait capturé et dressé des centaines d'éléphants, il en avait chevauché des milliers, mais jamais il n'avait chevauché semblable créature. Elle était insatiable. Il s'était mis à maigrir. Il n'avait réussi à s'enfuir qu'après que les eaux se furent retirées.

Nous partîmes tous d'un rire inextinguible.

Le vieux renard était mortifié. Il ordonna d'un ton bourru aux deux chaarkatiyas d'aller chercher du bois.

Poni marmonna une insulte et fit un geste obscène. D'un mouvement vif, Phandika se leva, força l'adolescent à faire de même et le secoua comme un prunier.

– Sale garnement !

Tenant Poni par la peau du cou, il se lança dans une tirade indignée sur le peu de respect qu'on lui témoignait. Au cours de sa vie, il avait vu quarante cornacs tués sous ses yeux. Rien sur cette terre ne pouvait plus l'affecter, si ce n'est ce genre d'attitude. Fou de rage, il précipita Poni à terre.

Aditya et moi nous levâmes pour intervenir, mais Dino nous arrêta.

– Pas de ploblome, sahib, marmonna-t-il d'un ton pâteux.

Il aida Poni à se relever, et tous quatre regagnèrent leur abri.

Malheureusement, les « ploblomes » ne s'arrêtèrent pas là. Aditya et moi étions à peine rentrés dans nos tentes qu'un épouvantable tohu-bohu s'éleva. Nous ressortîmes pour trouver Dino en train de lutter pour retenir un Phandika déchaîné. Celui-ci, armé d'une hache, effectuait de grands moulinets en direction de Poni et de Babul. Les deux adolescents, qui tenaient à peine debout, avaient sorti leurs kukris et les agitaient sans conviction. Nous intervînmes. Après avoir soulagé les protagonistes de leurs armes, nous leur ordonnâmes d'aller se coucher. Cette fois, le calme revint pour de bon.

Nous emportâmes dans nos tentes tous les objets dangereux que nous pûmes trouver. Par notre propre stupidité, en incitant nos compagnons à boire autant d'alcool fort, nous avions créé une situation potentiellement dangereuse. Il ne fallait plus que cela se reproduise.

Aditya et moi fûmes réveillés par un Phandika sifflotant qui nous apportait une tasse de thé fumant. Il semblait de bonne humeur, comme s'il ne s'était rien passé la veille ; simplement, il se contenta de m'adresser un clin d'œil complice en apercevant la pile de haches, de kukris et de barres de fer entassés dans un coin de ma tente. Je terminai mon thé et sortis. Babul et Poni étaient accroupis devant le feu et préparaient le petit déjeuner en bavardant. Ils levèrent la tête et m'adressèrent un sourire vaguement penaud ; mais comme leur aîné, ils ne semblaient nourrir aucun ressentiment. La vie au camp avait retrouvé son cours normal.

Toutefois, il y avait un problème, lequel ne tarda pas à être exposé à Aditya par les deux chaarkatiyas, visiblement inquiets. Pendant la nuit, un poulet avait disparu – le plus beau de tous, un coquelet dodu et blanc. Si l'affaire devait être tenue secrète, c'était à cause de Phandika.

Le vieux renard adorait le poulet et réussissait presque toujours à faire figurer cette viande au menu. Pour ce faire, il avait l'habitude d'annoncer avec une grande autorité que tel ou tel volatile était malade et devait être mangé sans retard. Mais jusqu'ici, ce poulet blanc avait toujours échappé à ses diagnostics. C'était manifestement son favori. Phandika avait été vu plus d'une fois en train de lui donner une poignée de riz supplémentaire pour l'engraisser. Babul et Poni étaient officiellement en charge de la basse-cour, et si Phandika apprenait la nouvelle, il s'empresserait de leur frotter les côtes avec le premier objet qui lui tomberait sous la main. Que devaient-ils faire ? demandèrent-ils à Aditya.

Le Marathe, fidèle à ses origines, sauta sur l'occasion pour partir en boitant dans les ruelles de Totopara. Environ une demi-heure plus tard, je le surpris se glissant à l'arrière du camp, un sac de toile bien rempli à la main. Il l'ouvrit, et le poulet blanc rejoignit ses congénères, ni vu ni connu. Je n'en croyais pas mes yeux.

– Que s'est-il passé ? m'enquis-je.

– Rien, répondit-il en haussant les épaules. J'ai vu le poulet dans la cour d'une cabane et je l'ai repris.

– Mais... Enfin... Et le voleur n'a pas réagi ? Il n'a pas essayé de vous empêcher de le reprendre ?

– Et pourquoi aurait-il fait une chose pareille ? dit Aditya, surpris. Il savait que je savais qu'il savait que c'était mon poulet.

Il n'avait rien à dire. Nous sommes en Inde, mon ami, pas en Angleterre.

Je secouai la tête, abasourdi. Décidément, je n'arriverais jamais à comprendre ce pays.

Sur ce, une jeep des eaux et forêts arriva. La patronne était de retour, et à en juger par la force avec laquelle elle claqua la portière, elle aurait pu être de meilleure humeur. Elle s'avança dans le camp d'un pas martial, s'arrêta et huma l'air comme un animal sauvage.

– Bonjour, Parbati.

– Bonjour.

– Et cet éléphant ? risquai-je.

– Un mâle à défenses, répliqua-t-elle d'un ton brusque. Mort depuis trois semaines. Abattu par des trafiquants. Ses défenses manquaient. Qui a bu ?

– Euh... Mark et moi avons pris quelques verres hier soir, et...

– Et mes garçons ? Ont-ils bu eux aussi ?

– Non, mentit Aditya.

– Ne me racontez pas d'histoire, Marathe, lâcha Parbati. C'est écrit sur leurs figures.

– Peut-être un petit verre... Allez, deux.

Parbati nous empoigna tous les deux par un bras et nous conduisit à l'orée du camp.

– Ne donnez pas d'alcool à mes chaarkatiyas, dit-elle, furieuse. Je répète : pas d'alcool. Ils ne boivent que quand je leur donne à boire. Ceci n'est pas votre camp. Ils sont jeunes. En vous conduisant de cette manière, vous allez les détruire. Et c'est moi qui en porterai le blâme. Ils deviendront paresseux. Ils ne rempliront plus leurs tâches. Rappelez-vous ce que je vous dis, Mark. Un cornac paresseux est un cornac mort. Pour Dino, ce n'est pas grave, parce qu'il a un bon tempérament. Mais le vieux renard est différent. Faites attention. C'est un cornac à l'ancienne. Il est dur.

Si seulement elle savait ! Nous bredouillâmes des excuses.

– Dites à Phandika et à Dino de préparer les éléphantes, ordonna-t-elle. Nous partons.

Et après avoir expliqué à Aditya dans quel secteur nous camperions le soir, elle s'en fut.

– Je vous souhaite une bonne journée, me glissa le Marathe avant de se replier vers la jeep.

13

Une question de survie

L'humeur de Parbati ne s'améliora pas pendant notre long trajet du jour. Les éléphantes avançaient dans un silence quasi total. Il faut dire que le paysage ne contribuait pas à égayer l'atmosphère. Hormis les quelques arbres bordant la route brûlante et apparemment sans fin, qui fournissaient de temps à autre un casse-croûte bienvenu à Lakhi et à Kanchen, la campagne était aride et monotone. On eût dit que régnait en ces lieux une sorte de triste anarchie ; les gens me paraissaient hostiles, suspicieux, presque désespérés. Je remarquai la carcasse pourrissante d'un petit singe sur le bord de la route. A en juger par ses blessures, il avait réussi à se libérer d'un piège et à se traîner jusque-là.

Pour ne rien arranger, nous étions poursuivis par les mouches. Je regardais avec fascination ces petites suceuses de sang s'installer sur le cou de Kanchen, se gaver et s'envoler ensuite, alourdies et gonflées, après avoir évité sans peine mes attaques mal ajustées.

Nous nous arrêtâmes à un moment donné sur un marché. Là

encore, l'agressivité était palpable. Une foule en colère nous encercla, et je sentis Kanchen vibrer nerveusement sous moi.

– *Baini, baini*, lui murmurai-je pour la calmer.

Pendant que Phandika montrait les dents et tentait de disperser la multitude en décrivant de grands moulinets de sa gaule de bambou, je réussis à reprendre le contrôle de notre monture et nous battîmes promptement en retraite.

– Ils sont en colère, me dit ensuite Parbati. Un éléphant a tué une femme tout près d'ici. Pas seulement tué, ajouta-t-elle, haussant les sourcils. Il l'a mangée.

Les ragots et l'exagération sont monnaie courante dans ces communautés rurales. Nous découvrîmes un peu plus tard que la femme en question avait été non pas mangée, mais horriblement mutilée. L'éléphant lui avait arraché les deux bras et broyé la tête. Il se passait rarement un jour sans qu'une histoire de ce genre paraisse dans les quotidiens locaux. Ce n'était pas surprenant. Avec l'éléphant indien, l'homme s'est trouvé un adversaire à sa mesure. Outre sa mémoire légendaire, il semble qu'il soit aussi capable de sentiments tels que la haine et le désir de vengeance.

Selon les instructions de Parbati, Aditya établit notre camp au bord d'une route fréquentée, près d'une base aérienne. Entre le grondement des camions et celui, assourdissant, des Mig qui passaient au-dessus de nos têtes, nous nous entendions à peine parler. Mais là encore, comme toujours avec Parbati, il y avait une raison à ce choix. Elle voulait nous donner un autre exemple de la fragilité de l'environnement des éléphants. En effet, nous nous trouvions très exactement à l'orée d'un parc national.

Fourbu, je descendis de Kanchen. Nous avions voyagé pendant sept heures, et j'avais les talons en sang.

– Demain, annonça Parbati, journée de repos. Nous en avons tous besoin. Et en particulier mes petites chéries. Nous allons leur masser les jambes et leur faire boire du rhum – à elles et à elles seules – pour qu'elles se détendent. Vous avez fait du bon travail aujourd'hui, Mark. Au marché, vous vous êtes trouvé dans une situation dangereuse, et vous avez bien maîtrisé Kanchen. Bonsoir.

Sur ce, elle se glissa dans sa tente. Je n'en croyais pas mes oreilles. Un compliment ! Ma situation s'améliorait.

Quant à la journée de repos... En sus de mes corvées habituelles, Parbati me fit longuement masser les jambes des éléphantes avec un étrange onguent, puis me donna une grande aiguille afin que je referme les coutures défaillantes de nos guddas. Et c'était dimanche !

– Il est essentiel de toujours rester occupé, m'expliqua-t-elle.

Très concentrée, elle était en train de travailler la surface d'un fourreau de bois tout neuf, visiblement destiné à un kukri, à l'aide d'un petit ciseau de sculpteur. Au bout d'un moment, elle leva le fourreau devant ses yeux et émit un grognement de satisfaction.

– Vous devez savoir qu'il nous arrive de rester des semaines immobilisés en forêt par les pluies, ajouta-t-elle.

Après avoir choisi un des poinçons dont elle avait mis les pointes à chauffer au-dessus des braises du feu, elle entreprit de dessiner sur la surface lisse du fourreau un petit éléphant portant dans sa trompe une fleur de lotus.

– Et voilà, dit-elle en me tendant son œuvre. C'est pour vous. Cet éléphant ressemble-t-il à Tara ? Bientôt, je m'attaquerai au kukri.

Elle s'en fut voir ses éléphantes. J'étais extrêmement touché par son geste et restai un bon moment à admirer la magnifique simplicité de son dessin. Cette tête, cette silhouette étaient bien celles de Tara. Comme les éléphants, Parbati ne manquait jamais de me surprendre. Je m'aperçus que j'avais fini par m'attacher profondément à cette femme plus qu'étrange, qui nous dispensait sa magie comme une fée minuscule.

Au début de l'après-midi, je rejoignis Phandika et Dino. Ils étaient en train de donner le bain aux éléphantes sous un pont routier bruyant, qui tremblait chaque fois qu'un camion passait dessus. Je continuai ma marche au bord de l'eau. A quelque distance en amont, je discernai une musique de film indien, tout juste audible malgré le grondement du trafic : une famille nombreuse était en train de pique-niquer autour d'un poste de radio. Un peu plus près, un petit groupe se tenait silencieux autour d'un tas de cendres fumantes. Un lourd parfum d'encens flottait dans l'air. C'était une cérémonie de crémation, rurale et très simple. Chantant à mi-voix, ces gens rassemblèrent les cendres dans une grande urne de métal et les répandirent à la surface de la rivière.

A l'image du mélange de pelures d'oranges, de sacs en plastique, de cendres et de crottin que le courant emportait inexorablement vers l'aval, les pique-niqueurs avaient rejoint le cortège funèbre, et tous ensemble, comme entraînés par le pouvoir unificateur de la rivière, ils s'approchèrent pour observer les éléphants.

Perdu dans mes pensées, je n'avais pas remarqué la foule qui s'était rassemblée autour de moi.

Un monsieur instruit, à bicyclette, engagea la conversation. Cette crémation, m'informa-t-il, était celle des restes de la malheureuse femme dévorée par un éléphant. Je secouai la tête. Tous les éléments du drame s'étalaient là, sous mes yeux, disposés de manière symbolique. Les pique-niqueurs représentaient le monde moderne et l'avancée de l'Inde du XXe siècle dans les zones rurales, les éléphants la réaction, et les cendres le résultat final.

Je m'en fus le long de la berge jusqu'à l'endroit où Phandika et Dino avaient eux aussi attiré une foule. A en juger par les quantités de pièces de monnaie échangées contre le contenu d'un grand sac de toile, ils étaient en train de faire des affaires. Curieux, je jetai un coup d'œil à l'intérieur du sac. Il était rempli de ces pierres ponces que nous utilisions pour frotter les éléphants.

Phandika m'adressa un clin d'œil.

– Pierres magiques, me glissa-t-il en faisant disparaître un billet de banque dans son lungi.

Le soir, sans doute pour célébrer sa fortune toute neuve, Phandika décida que nous mangerions du poulet. Et pas n'importe quel poulet : son poulet blanc préféré. Nous avions tous fini par nous attacher à ce magnifique volatile, lequel était un peu devenu notre mascotte. Je tentai bien de plaider en sa faveur, mais mes arguments n'eurent aucun effet. Phandika était formel. Ce poulet, m'expliqua-t-il, avait développé une étrange maladie de gorge à force d'avaler des cailloux. Il n'arrivait plus à respirer.

Je fis donc mes adieux à notre ami emplumé en lui caressant les ailes. Phandika reparut silencieusement derrière moi, un long couteau à la main, grommela « bye bye » en souriant et égorgea le volatile.

Je dois dire qu'il lui rendit justice un peu plus tard en nous cuisinant un délicieux repas. Parbati était d'excellente humeur.

– Demain, me dit-elle, vous aurez droit à une vraie journée de repos. J'ai tout arrangé. Nous allons visiter le parc naturel pour voir les rhinocéros. A dos d'éléphant, mais pas avec mes chéries. La loi l'interdit. Tant mieux, cela leur permettra de se remettre de leur gueule de bois.

Kanchen et Lakhi, assommées par le rhum que nous leur

avions servi plus tôt, gisaient toutes deux sur le flanc et ronflaient bruyamment.

Le lendemain matin de bonne heure, nous arrivâmes à l'entrée du parc national de Jaldapara, qui abritait une des dernières populations de rhinocéros indiens. A l'extérieur du pavillon des eaux et forêts, une foule de touristes locaux faisaient les cent pas, attendant les éléphants qui devaient les emmener dans le parc.

– Nous allons devoir attendre, me dit Parbati. Venez. Je veux vous montrer quelque chose.

Nous pénétrâmes dans le pavillon. C'était un superbe bâtiment à l'ancienne ; les pièces étaient poussiéreuses, meublées de fauteuils de cuir boiteux, et leurs boiseries murales étaient couvertes de photographies du monde sauvage pâlies par le soleil.

Parbati s'arrêta devant un cliché en noir et blanc.

– Regardez, dit-elle fièrement, voici mon père avec son éléphant préféré, Pratap Singh.

Je décrochai le cadre du mur et l'exposai à la lumière. Le père de Parbati chevauchait un énorme éléphant armé de défenses courtes et fortes. Il avait attrapé un léopard avec sa trompe et le secouait dédaigneusement.

– Un léopard blessé, m'expliqua-t-elle. Il cherchait à attaquer papa. Pratap l'a sauvé. (Elle secoua tristement la tête.) Ils s'aimaient tant, tous les deux...

Nos éléphants étaient prêts – un pour Parbati et moi, l'autre pour l'équipe de tournage. Nous nous mîmes lentement en route dans la brume matinale. J'eus l'impression d'entrer dans un autre monde. La rosée avait créé un tapis de diamants, moucheté de rubis par les fleurs rouges tombées de certains arbres.

Parbati était dans son élément. Enthousiaste, elle m'indiqua diverses variétés d'oiseaux – tourterelles, martins-pêcheurs et autres espèces de martins, et même un pigeon vert impérial. Je remarquai de petits amas de cônes herbeux pendant aux branches basses de certains arbres, un peu comme des ballons de rugby miniatures.

– Qu'est-ce que c'est ? demandai-je.

– Des nids de tisserins. Ces oiseaux sont à la pointe du progrès. Ils ont même l'électricité.

– L'électricité ?

Elle éclata de rire.

– L'électricité de la jungle, bien sûr. Selon la légende, ils capturent des lucioles et les déposent sur une minuscule motte de terre à l'intérieur de leur nid. De cette façon, leur petite maison est éclairée toute la nuit.

Notre éléphante ne tarda pas à nous faire la démonstration de ses incomparables talents de véhicule tout-terrain. En outre, nous étions admirablement placés sur son dos pour repérer les bêtes sauvages. Au bord d'une rivière, nous surprenions parfois de petits groupes de muntjacs[1] en train de s'abreuver avec délicatesse, et de temps en temps un sanglier grognon qui se hâtait de s'enfoncer dans les taillis à notre approche, le dos lustré.

– Bogri, dit Parbati en tendant le bras vers un buisson de haute taille, couvert de baies jaune pâle.

Elle se mit debout sur le dos de l'éléphante et en cueillit un certain nombre, qu'elle fourra dans ses poches.

– Goûtez-en une. Elles sont bonnes.

Je fis la grimace. Le fruit était amer.

– Ça ne vous plaît pas ?

Fouillant dans un petit sachet de coton, elle en retira une pomme et une banane.

– Vous me faites penser à une pie, dis-je.

– Une pie..., répéta-t-elle, songeuse. Voilà qui me plaît. C'est un oiseau plein d'intelligence.

Nous quittâmes la forêt et nous avançâmes dans une vaste prairie.

– Un rhinocéros ! m'écriai-je, montrant du doigt une masse grise dans le lointain.

Parbati leva les yeux au ciel.

– Ce n'est pas un rhinocéros, Mark. C'est un arbre mort. Votre vue est mauvaise. Vous n'êtes pas fait pour la jungle, ajouta-t-elle en me montrant une zone couverte de hautes herbes. Là-bas, nous trouverons des rhinocéros.

Nous nous frayâmes un passage entre les tiges géantes, à la tranche aiguisée comme des lames de rasoir. Par endroits, de larges tunnels végétaux avaient été percés dans les herbes.

– Le rhinocéros est un animal propre et méticuleux, dit Parbati. Il défèque toujours au même endroit – au bout du tunnel. Il agit ainsi pour une bonne raison. S'il faisait ses besoins

---

1. Petit cervidé *(N.d.T.)*.

n'importe où, il salirait l'herbe et n'aurait bientôt plus rien à brouter.

Nous suivîmes l'un des tunnels. A son extrémité, au milieu d'une petite clairière, trônait un monceau de crottes soigneusement empilées.

– Ce rhinocéros fera ses besoins ici jusqu'à ce que le tas soit trop haut pour sa croupe. Alors, et alors seulement, il changera d'endroit. C'est un être d'habitudes.

Et c'étaient justement ces habitudes, poursuivit-elle, qui faisaient du rhinocéros une proie si facile pour les trafiquants. Pour éviter d'être repérés par les patrouilles qui s'efforçaient de protéger cette espèce rare, ceux-ci faisaient rarement usage d'armes à feu. A la place, ils avaient conçu des méthodes tout aussi mortelles, comme la pose de fils électriques sur les chemins empruntés par les rhinocéros ou l'empoisonnement des terrains salifères.

Tout à coup, les herbes explosèrent devant nous et un rhinocéros fit son apparition en grognant. Il s'arrêta un moment et se retourna pour regarder, agitant ses drôles d'oreilles de lapin et plissant ses petits yeux de goret. Il grogna encore et secoua la tête, comme s'il cherchait à se débarrasser de la longue corne incurvée qui lui jaillissait du museau. Il aurait mieux valu pour lui qu'il en soit capable, songeai-je en considérant ce singulier animal, timide et inoffensif, dont le corps était protégé par une armure en plaques, à la façon des samouraïs. Sa corne, réduite en poudre, pouvait se vendre jusqu'à plusieurs milliers de dollars le kilo. Sur les marchés médicinaux de l'Extrême-Orient, cette poudre était souvent mélangée à une seconde, tirée des ossements d'un autre animal en danger – le tigre –, pour produire une potion hors de prix censée stimuler les prouesses sexuelles.

L'Inde ne contribue guère à détruire ce mythe assassin. Un gardien de zoo à la retraite m'avait raconté que l'urine de rhinocéros était vendue quatre roupies la bouteille dans les zoos de l'Assam, en guise de remède contre l'impuissance. La réalité est limpide : si l'on permet aux Chinois de continuer leur commerce de produits animaliers, ils finiront tôt ou tard par réduire en poudre tout ce qui reste de vie sauvage en Inde.

Une mauvaise nouvelle nous attendait pour notre retour au pavillon. Apparemment, un petit rhinocéros avait été retrouvé de l'autre côté du parc, assassiné pour cinq centimètres de cette corne mythique.

Nous nous rendîmes à dos d'éléphant jusqu'au pilkhana du parc. Quand nous eûmes mis pied à terre, Parbati me demanda si j'avais apprécié notre monture.

– C'est une des meilleures éléphantes que j'aie jamais montées, répondis-je, au souvenir de sa vitesse et de son équilibre.

– Elle a été achetée l'année dernière à Sonepur, me dit-elle. C'est moi qui l'ai conseillée à la direction des eaux et forêts. Regardez ses pattes avant. Comptez ses ongles.

Je m'agenouillai. A ma grande surprise, la femelle n'avait que seize orteils. Selon les vieux textes sanskrits, les éléphants à seize orteils devaient être absolument évités. Ce défaut était considéré comme étant du plus mauvais augure.

– Cela ne vous rappelle pas Kanchen avec ses yeux pâles, Mark ? me dit-elle avec un sourire moqueur. Enfin, grâce à cette légende, ils ont pu l'acheter bon marché.

Elle marqua une courte pause avant de reprendre :

– Il y a autre chose, Mark, autre chose que je voulais vous dire. Je suis en train de relire votre livre. A un moment donné, quelqu'un vous y explique que les *mukhnas*[1] sont de mauvais éléphants. C'est tout à fait inexact. Les mukhnas sont de bons éléphants. Ils sont calmes et fiables. Mon père les a utilisés bien des fois pour le mela shikar. La prochaine fois que vous écrirez un livre sur les éléphants, consultez-moi.

Tandis que nous entrions dans le pilkhana, je me souvins d'un extrait d'*Elephant Gold*, livre de P.D. Stracey :

Il y a quelque chose de subtilement exaltant dans l'atmosphère d'un pilkhana : cette odeur typique, mais non désagréable, de crottes en train de brûler, mêlée au parfum résineux et sucré des restes de fourrage ; le spectacle des stalles régulièrement alignées et des poteaux auxquels sont enchaînés les captifs, dont les oreilles ne cessent de s'agiter et les queues de se balancer pendant qu'ils mangent.

J'étais d'accord avec cette description, si ce n'était que dans le cas présent, les captifs n'étaient pas occupés à manger en agitant les oreilles et balançant la queue. Ils tiraient sur les cordes

1. Mâles dépourvus de défenses *(N.d.T.)*.

qui les attachaient aux poteaux, barrissant, couinant et grognant dans l'attente de leurs mères, parties dans la forêt pour chercher du fourrage. Instinctivement, je courus vers eux. Parbati me hurla un avertissement, mais pas assez vite. Je découvris une fraction de seconde plus tard que même au plus jeune âge, les éléphanteaux sont d'une force remarquable. L'une de ces boules de muscles et de problèmes me percuta à l'estomac et m'envoya sur les roses. Parbati éclata de rire et m'aida à me relever. Elle était entourée par un groupe d'enfants. A l'évidence, ils étaient prêts à la suivre partout. Ici, elle était vénérée comme une déesse.

Les bébés éléphants paraissent plus vieux que les adultes. Avec leur peau parcheminée, leur barbe en broussaille et leurs énormes sourcils, au-dessous desquels leurs petits yeux brillent férocement, ceux-là ressemblaient à une bande de gnomes furibonds. Chacun d'eux avait déjà développé son caractère propre. Il y avait le garnement, toujours à pousser et à harceler les autres ; le curieux, qui se mit d'emblée à explorer les profondeurs du sac photographique d'Aditya ; et le timide, resté à l'écart, qui aurait bien voulu s'approcher mais n'osait pas.

Les enfants poussèrent un cri de joie collectif. Je me retournai. Un fonctionnaire des eaux et forêts s'approchait, tenant en laisse une boule de poils ronde et dégoulinante, curieusement chaussée de socquettes blanches. C'était un tout petit bébé éléphant, âgé d'un mois ou deux tout au plus. Il sortait du bain. Ses semelles étaient encore pâles et molles. Parbati et moi nous accroupîmes devant lui. Immédiatement, le bébé sentit l'odeur des baies que Parbati gardait dans sa poche. Malheureusement, il y avait un problème. Comment les atteindre ? A cet âge, les muscles de la trompe d'un éléphanteau ne sont pas encore pleinement développés. Avec des grognements de frustration, il se mit à agiter en tous sens son appendice, comme s'il l'estimait inutile et cherchait à s'en débarrasser. Parbati pouffa puis, fouillant dans sa poche, elle en sortit une poignée de baies et donna la becquée au bébé.

Les adultes venaient de rentrer, le dos chargé d'énormes quantités de fourrage. Grognant et couinant, les éléphanteaux se mirent à tournicoter entre les jambes de leurs mères. Le fourrage fut déchargé, et les cornacs le répartirent en piles individuelles bien nettes. Les petits étaient à présent au bord de l'hystérie. Ils couraient d'une pile à l'autre, incapables de se décider à se contenter de la leur. Le fourrage avait également attiré d'autres dîneurs potentiels : les pigeons ne tardèrent pas à être chassés par les canards, les canards à être chassés par les poules, et tous ces volatiles furent chassés par les éléphanteaux. Au-dessus de la mêlée, les éléphantes surveillaient les débats, réprimandant à l'occasion leur rejeton d'un petit coup de trompe ou en le repoussant du pied.

J'eus droit à une sorte de baiser mouillé sur la joue.

– Et ce petit ? demandai-je. Où est sa mère ?

– Il n'en a pas, répondit-elle tristement.

Elle m'expliqua qu'il avait été trouvé au fond d'un fossé, blessé et à demi mort de faim. La direction des eaux et forêts l'avait recueilli, sans quoi il n'aurait pas résisté.

– Autrefois, ajouta Parbati, une chose pareille ne se serait pas produite. Nous retrouvions souvent des petits abandonnés après être tombés dans des tranchées ou des fosses. En général, la chose se produit quand des mâles se lancent à la poursuite de leur mère en chaleur. Nous aidions les petits à remonter, et la harde revenait les chercher tôt ou tard. Aujourd'hui, tout a changé. De plus en plus, les petits sont abandonnés. Nous les retrouvons parfois dans un champ de thé – séparés du troupeau au moment de l'offensive des villageois. Près d'ici, le département des eaux et forêts élève six autres bébés abandonnés.

– Les mères ne reviennent plus les chercher ?

– Comment le pourraient-elles ? Elles seraient abattues. Elles ne sont plus prêtes à prendre le risque. Il faut bien continuer la route pour protéger le reste de la harde. Il n'y a plus de forêt où les éléphants puissent se cacher. Ils n'ont pas le choix.

C'était inimaginable. L'attachement féroce des éléphantes à leurs petits est légendaire. J'avais lu quelque part que l'une d'elles s'était attaquée au train qui venait de renverser son enfant, bourrant la locomotive de coups jusqu'à ce que le convoi ne puisse plus repartir. A présent, les parents étaient traumatisés au point de ne plus s'arrêter pour sauver leurs rejetons si le reste de la harde passait son chemin. L'instinct naturel de cet animal si profondément attaché à la famille était altéré au point de transformer toute sa personnalité.

Je réalisai, tandis que nous observions les petits en train de s'ébattre joyeusement dans l'eau, que l'éléphant sauvage n'est pas le seul à lutter pour sa survie – ses frères domestiques sont eux aussi confrontés à une crise gravissime. Que réserve l'avenir à ces petites créatures ? La demande d'éléphants domestiques ne cesse de décliner, et elle sera certainement encore plus réduite d'ici dix ou douze ans, quand ces éléphanteaux seront en âge de travailler. La déforestation massive de l'Asie a rendu plus rentable l'utilisation de machines pour l'extraction du bois.

En 1988, à mon arrivée à Sonepur avec Tara, plus de deux cents éléphants étaient exposés, et les affaires allaient bon train. Quand j'y revins trois ans plus tard, il n'y avait plus que soixante-huit animaux à vendre, et la plupart ne trouvèrent pas acquéreur. Que vont-ils devenir ? Certains iront dans des temples, d'autres échoueront dans un parc d'attractions, d'autres encore seront achetés par des gens fortunés en quête de signes extérieurs de richesse ou de protection divine. Un ou deux d'entre eux, les plus chanceux, termineront comme Tara.

Quelle ironie ! Cet animal est doté des plus belles qualités qui soient – beauté, intelligence, force, douceur, sagesse, bravoure, compassion –, et c'est essentiellement à cause de deux autres attributs positifs – sa taille et sa longévité – que nous refusons de le laisser survivre. L'éléphant est devenu une victime de sa propre nature.

Je me déchargeai de mes angoisses sur les étroites épaules de Parbati. Elle fit la moue.

– Nous ne pouvons que continuer à faire de notre mieux pour les aider, lâcha-t-elle. Il faudrait un miracle.

14

En compagnie des éléphants

Le lendemain matin, nous fûmes confrontés à un miracle d'une tout autre nature au bord de la route très fréquentée que nous suivions : une vache à cinq pattes. C'était un animal d'une somptueuse stupidité, caparaçonné d'un manteau rouge d'où j'aillissait, curieusement placée sur le flanc, une jambe supplémentaire aussi bien formée qu'inutile. Des cloches pendaient à son cou, et elle portait une coiffe ornée de perles, de coquillages et de piécettes enchâssés dans une monture d'argent. Elle était reliée à son maître – un personnage à l'air matois, au poignet duquel brillait une montre d'argent sans doute assez chère – par une cordelette qui lui traversait les naseaux comme un mors de cheval.

– Descendez et dites un vœu, me lança Parbati.

– A cette vache ? Vous êtes sûre ?

– J'en suis sûre. Chez nous, les vaches sont sacrées. Et surtout les vaches à cinq pattes.

A contrecœur, je descendis de Kanchen et m'approchai du saint animal sous le regard implacable de la vache et de son propriétaire.

– Que dois-je faire ?

– D'abord, dites votre vœu, m'expliqua Parbati. Si la vache l'accepte, elle secouera la tête.

– Et ensuite ?

– Vous lui tendrez vos poings. Si elle tourne la tête pour les lécher, votre vœu se réalisera.

L'inévitable petite foule s'était rassemblée, et je me sentais profondément mal à l'aise. La scène était ridicule. Un étranger planté sur le bord d'une grand-route indienne, en train de parler à une vache à cinq pattes !

– Parbati, ai-je le droit de... de lui murmurer mon vœu à l'oreille ?

– Vous pouvez essayer, répondit-elle. Mais sachez que sans argent, vous n'obtiendrez rien.

Je tendis une pièce au propriétaire. Celui-ci la considéra avec dédain. Sans perdre de temps, je me penchai sur l'oreille de la vache et lui murmurai quelques mots à l'oreille. Elle secoua la tête. Sa corne percuta mon crâne. Pendant quelques secondes, je vis des étoiles. Je jetai un regard noir à la vache et à son maître, qui me le rendirent bien. A l'évidence, ils s'étaient attendus à une moisson plus fructueuse. Je remontai sur Kanchen et me frottai la tête.

– Quel vœu avez-vous fait ? me demanda Parbati en riant.

– Ça ne vous regarde pas. C'est un secret.

– Je suis votre gourou, riposta-t-elle joyeusement. Vous devez tout me dire.

– Je ne parlerai pas. Un secret est un secret. A ma place, vous ne diriez rien.

– C'est différent. Je suis une femme.

La circulation s'intensifia. Nous progressions dans un nuage permanent de gaz d'échappement. Nous finîmes par quitter la route pour rejoindre la rive de la rivière Torsa, dont le nom signifiait « eaux furieuses » et qui courait au fond d'un vallon escarpé. Nous la traversâmes. Ses flots puissants, descendus tout droit des collines du Bhoutan, faillirent plus d'une fois faire trembler les jambes de nos titanesques montures.

Cette nuit-là, nous campâmes sur la berge d'un petit affluent. C'était l'anniversaire d'Aditya. Il avait quarante-cinq ans.

– Personne ne s'en est souvenu, se plaignit-il, tandis que nous étions assis, nus dans l'eau fraîche, à boire du rhum.

Une série de craquements s'éleva derrière nous. Alarmés, nous

nous retournâmes. Dans la pénombre, Kanchen et Lakhi nous regardaient, immobiles. Les mots « Bon anniversaire Aditya » étaient écrits à la craie, en plusieurs couleurs, en travers de leurs vastes fronts. Quelqu'un s'était souvenu.

Nous progressions régulièrement vers l'est. Noël arriva et s'en fut – comme la forêt. Celle-ci était de plus en plus remplacée par des plantations à rendement rapide – eucalyptus et tek – qui fournissaient des revenus faciles au gouvernement mais n'apportaient rien aux éléphants. L'idée de conservation des forêts était amplement diffusée dans la région sous forme de curieux petits poèmes inscrits sur des pancartes vertes. Je me souviens d'avoir particulièrement apprécié l'un d'eux, écrit en 1930 par le général Pope-Morris :

Bûcheron, épargne cet arbre !
Ne touche pas un seul de ses rameaux !
Il m'a protégé dans ma jeunesse
Et je veux le protéger à mon tour.

Cependant, les singes ne semblaient pas prêter grande attention aux sages paroles de Pope-Morris. Comme nous passions sous les frondaisons d'une des rares poches de forêt de la région, Kanchen, Phandika et moi faillîmes être assommés par la chute d'une énorme branche. Je levai les yeux. Un groupe de primates bavardait bruyamment dans l'épais feuillage.

– Bande de voyous ! m'écriai-je. Ils sont en train de détruire la forêt.

– Pas du tout, Mark, intervint Parbati. L'homme devrait s'inspirer de ses ancêtres. Regardez cette branche de plus près. Elle est morte et grouille de termites. Si les singes ne l'avaient pas arrachée, les termites se seraient répandus dans tout l'arbre et l'auraient tué.

Ma leçon d'histoire naturelle se poursuivit, toujours en rapport avec les singes ; du moins s'agissait-il d'un fruit portant leur nom, le « fruit à singes », localement appelé *bandrahola.* Tenté par un de ces cocons juteux qui ressemblaient à de grosses chenilles velues, je tendis le bras.

– Ne les touchez surtout pas ! s'écria Parbati. Quand le fruit est plein, ses poils piquent comme des aiguilles. Vous auriez des démangeaisons et des brûlures pendant quinze jours. Il n'existe aucun remède. Même les éléphants deviennent fous quand ils les touchent. Ici, nous avons même un dicton sur les bandraholas : « Si votre homme aime prendre la clé des champs, donnez-lui un peu de bandrahola, et il restera. »

– Cela fonctionne-t-il aussi pour les femmes ?

Elle sourit.

J'aurais dû essayer sur Parbati, car elle prit la clé des champs pendant plusieurs jours. Elle avait été de nouveau appelée par la direction des eaux et forêts pour essayer de retrouver un éléphant repéré avec la trompe prise dans un piège d'acier.

Ce soir-là, alors que nous étions assis autour du feu, je demandai à Phandika s'il avait déjà vu la Gaja-Mukta, la légendaire perle des éléphants, que l'on trouvait, disait-on, dans la tête de certains d'entre eux. Il frappa plusieurs fois les bûches du feu de sa timbale. Aditya lui resservit prudemment deux doigts d'alcool. Étant donné notre expérience récente, il n'était pas question de prendre des risques. Après avoir bu avec componction, il fit claquer ses lèvres.

Il nous expliqua que la Gaja-Mukta ne se trouvait que chez certains éléphants, les éléphants-dieux, qui étaient comme des esprits, un instant ici, le moment suivant ailleurs. De toute sa vie, il n'avait vu qu'un éléphant-dieu, un mâle à défense unique, pendant qu'il travaillait dans un État voisin. Les gens de là-bas savaient que c'était un éléphant-dieu. Ils avaient fini par l'abattre et lui ouvrir le crâne. A l'intérieur, ils avaient trouvé la Gaja-Mukta. Elle était énorme et brillait comme un diamant.

Je fis part de cette histoire à Parbati quelques jours plus tard. Elle me répondit que le vieux renard était probablement saoul quand il avait parlé. Son père avait travaillé avec des éléphants pendant plus de cinquante ans et n'avait jamais vu cette fameuse perle. En revanche, elle se rappelait l'avoir entendu dire qu'un jour, tandis qu'il nettoyait la racine creuse d'une défense d'éléphant mort, il y avait trouvé un petit objet blanc, d'environ quatre centimètres de longueur, formé de calcium. Peut-être la légende de la Gaja-Mukta provenait-elle de semblables découvertes.

Il n'est pas certain que Phandika ait été saoul au moment de son récit. On trouve de nombreuses références à la Gaja-Mukta dans les livres qui retracent l'histoire de l'ancien royaume de Kamarupa, l'Assam moderne. L'un d'eux dit ceci :

Ratnapala était un prince belliqueux et puissant, et par la grâce des perles jaillies des crânes brisés des nombreux éléphants de ses ennemis, le champ de bataille était magnifique, semblable à un marché aux pierres précieuses drapé de rouge par le sang du massacre.

Par ailleurs, une très ancienne inscription gravée dans un plat de cuivre précisait :

Victorieux sur le champ de bataille, il le fit décorer de guirlandes faites à partir des perles trouvées dans les têtes des éléphants tués au combat.

Tout comme Bhim, mon ancien cornac, Phandika croyait à de nombreuses légendes et, toujours comme Bhim, il ne semblait pas se soucier de savoir si elles relevaient de la réalité ou de la fiction. Selon lui, l'éléphant faisait partie de la plus haute caste – celle des brahmanes – et dominait les hommes. Autrefois, dans un passé lointain, il avait dû commettre un péché. L'ordre des castes avait été inversé, et c'était la raison pour laquelle l'homme commandait aujourd'hui aux éléphants.

Mais les humains, continua-t-il, étaient à présent en train de commettre un péché plus grave encore – ils détruisaient l'habitat des éléphants. Il était donc persuadé que l'heure des éléphants était proche. Ils allaient entrer dans une terrible colère. Combien de fusils faudrait-il alors pointer sur eux ? Combien de grenades ? Les quatre années suivantes, nous annonça-t-il, seraient celles de l'Apocalypse.

Plus tard dans la nuit, nous découvrîmes que l'Apocalypse était bien plus proche que ne le prédisait Phandika. Kanchen et Lakhi étaient nerveuses. Nous les entendions qui s'agitaient et faisaient tinter leurs chaînes dans l'ombre.

– Haathi tout près d'ici, dit Phandika en braquant sa torche en direction des éléphantes.

Je faillis faire un bond. Trente paires d'yeux m'observaient depuis les ténèbres.

– Des éléphants ! m'écriai-je.

– Calmez-vous, stupide animal, lâcha Aditya. Ce ne sont que des lucioles.

Ma frayeur n'était pas complètement injustifiée. Dans la faible lueur de la torche, la luminosité verte des lucioles rappelait très exactement l'éclat nocturne du regard des éléphants.

Une demi-heure plus tard environ, mes craintes se trouvèrent confirmées. Un terrible vacarme explosa tout près, et Kanchen et Lakhi donnèrent l'alarme en barrissant. Phandika ralluma sa torche : il y avait à présent trois éléphants dans le pilkhana, et l'un d'eux n'était manifestement pas le bienvenu. Il tentait maladroitement de monter sur le dos de Kanchen.

– Kanchen pik-pik, constata Phandika en riant.

A l'évidence, Kanchen n'était pas d'humeur à faire « pik-pik ». A grand renfort de barrissements, elle réussit à repousser son Roméo dans les profondeurs de la nuit.

Aditya et moi-même étions ébranlés, mais Phandika et Dino continuèrent de boire comme si rien ne s'était passé. Nous nous rassîmes près du feu, mal à l'aise.

– Quand j'étais gosse, me dit Aditya, j'avais l'habitude d'attraper des lucioles et de les mettre dans ma tente pour la nuit.

– Je suppose que vous aviez peur du noir ?

– Bien sûr que non, répliqua-t-il, vexé. Les Marathes n'ont peur de rien. C'était un beau spectacle, voilà tout, surtout quand j'en capturais des grosses, comme celles-ci...

Il me montra deux points de lumière verte suspendus dans les ténèbres derrière Phandika. Nous regardâmes de plus près.

– Phandika !

Vif comme l'éclair, le vieux renard attrapa une bûche enflammée, se leva, pivota sur lui-même et la lança en direction des points de lumière. Dans une gerbe d'étincelles, son tison atteignit Roméo entre les deux yeux. Celui-ci poussa un cri de terreur et s'enfuit sans demander son reste.

Phandika se rassit devant le feu.

– Chenapan, grommela-t-il. Aucun respect.

Parbati revint de bonne heure le lendemain matin. Elle n'avait pas réussi à localiser l'éléphant piégé. Tandis que nous cheminions de nouveau sur la grand-route, je lui racontai l'incident de la nuit. Elle s'esclaffa.

– Vous avez eu de la chance. Ce devait être un jeune, un écervelé. Une nuit, Phandika et moi avons chassé des éléphants en agitant des torches enflammées. A un moment donné,

Phandika a lancé la sienne sur un gros mâle, qui l'a ramassée et la lui a renvoyée. Nous étions plus que surpris.

Mais certainement pas aussi surpris que les deux hommes assis en tailleur sur le parapet du pont que nous empruntâmes ce matin-là. Profondément absorbés par leur conversation, ils avaient la tête basse. Nous passâmes à leur hauteur en silence. Ils levèrent les yeux. Une expression de choc profond se peignit sur leurs visages et, saisis d'un mouvement de recul, ils basculèrent ensemble en arrière. La rivière coulait loin en dessous. Inquiets de leur sort, Parbati et moi mîmes pied à terre. C'était une longue chute. Nous descendîmes jusqu'à la berge et trouvâmes nos deux bonshommes debout au bord de l'eau, trempés jusqu'aux oreilles et souriant avec embarras. Ils fouillèrent dans leurs poches, en sortirent quelques pièces et les tendirent à Parbati.

– Pour Ganesh, expliquèrent-ils. Il nous a sauvé la vie.

Cette manne nous servit à acheter du thé, des oranges et des biscuits dans une échoppe tandis que nous attendions le passage d'un train à vapeur à hauteur d'une petite ville nommée Rajabhatkhawa – littéralement, la « salle à manger du roi ». Selon la légende, c'était là que le roi du Bhoutan avait dîné avec le roi de Koch, aujourd'hui Cooch Behar, pour célébrer la fin des guerres qui avaient fait rage entre les deux pays pendant de nombreuses années.

Ayant quitté la ville, nous coupâmes à travers une succession de champs de moutarde en fleurs. Çà et là, telles des oasis dans un désert, nous apercevions de petits villages, à peine visibles derrière le rideau luxuriant de bambous et de bananiers qui les entourait.

Après avoir traversé quelques lambeaux de forêt, nous émergeâmes enfin dans une clairière sableuse que coupait une rivière rapide. Devant nous se dressait un rideau de verdure ininterrompu. Nous étions arrivés à l'orée de la réserve de tigres de Buxa.

C'était une journée magnifique. Parbati et moi décidâmes de nous dégourdir les jambes pendant que Phandika et Dino continuaient avec les éléphantes. Nous entreprîmes de longer la berge. L'air était chargé de senteurs sucrées. Les citrons sauvages poussaient en abondance dans l'épaisse végétation de la rive. Au-dessus de nous, le silence fut soudain rompu par l'envol de deux calaos géants qui se lancèrent gauchement du haut d'un arbre et s'éloignèrent à la façon de ptérodactyles, en poussant des cris rauques, décrits par M. Salim Ali, le grand ornithologue indien, comme ressemblant à ceux « d'un poulet qui voit s'approcher le couteau du cuisinier ».

Dans le lointain, de l'autre côté de la rivière, nous aperçûmes une tache violette. Aditya était en train de monter sa grenouille. Nous rejoignîmes le bord de l'eau, dont la surface brillait faiblement, lisse comme de l'acier poli, dans le soleil du soir.

Galamment, j'offris à Parbati de la porter jusqu'à l'autre rive. Elle sauta aussitôt sur mon dos, planta les talons dans mes flancs et cria *« Agit »*.

Je savais désormais ce qu'endurait Kanchen tous les jours.

– Vous avez bien agi en proposant de me porter, Mark, dit-elle joyeusement, tandis que je trébuchais et glissais sur les galets du torrent. Dieu vous sourira. Vous vous rapprochez de votre but.

Pour l'heure, mon unique but consistait à traverser cette rivière le plus vite possible. Parbati modifia sa position d'un coup de reins, et nous faillîmes partir tous les deux à la renverse.

– Je vais vous raconter une histoire, dit-elle. Un jour, un gourou et son disciple se demandent comment traverser une profonde rivière, comme nous le faisons, afin d'aller rendre hommage au dieu protecteur d'un temple situé sur l'autre rive. L'élève souhaite plaire à son gourou. Comme vous. Il lui propose de le porter. Le dieu les voit traverser et apprécie la dévotion dont ils font preuve. « Ces deux-là sont en train de traverser cette rivière uniquement pour me vénérer », se dit-il. Ensuite, il se demande quel est le plus dévoué des deux, du gourou et du disciple. Tous deux arrivent enfin au temple. Le dieu dit au gourou : « Ton disciple a risqué sa vie et ses jambes pour te porter jusqu'ici. Sa dévotion est plus grande que la tienne. » Vous voyez, dit-elle en se laissant glisser à bas de mon dos après que je me fus hissé sur la berge à grand-peine, les gourous ont eux aussi besoin de bons disciples pour accéder aux dieux. Mais que ceci ne vous monte pas trop à la tête. Et surtout, n'oubliez pas qui est le patron.

Aditya nous avait organisé un camp parfait. J'eus l'impression d'être revenu au bon vieux temps. De l'encens brûlait sur des feuilles de bananier dans chaque tente, et des bouteilles de bière avaient été mises à rafraîchir dans l'eau de la rivière. Phandika et Dino venaient de se livrer à leur séance de déforestation quotidienne, et le fruit de leur cueillette avait été soigneusement empilé par Kanchen et Lakhi. Nous prîmes un bain dans la lumière uniformément dorée du couchant, tout juste rompue par le filet de fumée d'un engin à vapeur qui traversait un pont dans le lointain.

Plus tard, comme nous étions rassemblés autour du feu, un ciel criblé d'étoiles nous enveloppa comme une tente géante. J'avais l'impression qu'il me suffisait de quitter le périmètre du camp pour accéder à l'infini.

– Demain, annonça Parbati, je vous montrerai le mela shikar. C'est ici, il y a peut-être quinze ans, que j'ai capturé Lakhi.

– Et c'est ici que nous ferons la fête après-demain, ajouta Aditya.

Plus que deux jours avant le Nouvel An.

15

Jeux de corde à l'indienne

– C'est à partir de ceci que nous fabriquons nos cordes pour le mela shikar, dit Parbati. Regardez comme c'est doux.

Enfin, j'avais sous les yeux le contenu de l'énorme valise de Parbati, toujours close dans les profondeurs de sa tente, et dont le mystère me fascinait depuis si longtemps. Elle recelait des pelotes soigneusement embobinées de pure fibre de jute.

J'en caressai une du bout des doigts. Effectivement, on aurait dit de la soie.

– Mon père utilisait toujours le jute. C'est une fibre résistante, et surtout très douce, ce qui permet d'éviter d'entailler la peau de l'éléphant.

Dans *Elephant Gold*, P.D. Stracey écrivit :

Les cas de « propriétaire-cornac » sont rares, la plupart des possesseurs d'éléphants étant des messieurs d'un certain âge ou imbus de leur dignité. Mais il existe à cette règle une ou deux exceptions notables. L'une d'elles, très curieusement, concerne le fils d'un rajah. « Lalji », comme nous l'appelions [...] participait au mela shikar avec ses phandis par pur plaisir. C'était un dresseur d'éléphants né, qui éprouvait un profond amour pour cet animal et avait une vision très humaine de la capture des pachydermes, laquelle tourne parfois au sordide. On pouvait toujours compter sur lui pour respecter scrupuleusement les règles et maintenir un contrôle rigoureux sur ses hommes, avec lesquels il vivait dans la jungle.

Pendant deux heures, je regardai Parbati et Phandika préparer les cordes. Ils travaillaient vite et en silence, complètement absorbés par leur tâche, tissant, tressant et torsadant selon un rythme ancestral profondément gravé dans leurs mémoires.

Miraculeusement, ce qui n'était quelques heures plus tôt qu'un monceau de fils aux allures de spaghettis se transforma en deux cordes longues et épaisses. L'une d'elles, que Parbati appelait le *phand*, devait faire office de lasso et être rattachée à l'autre, le *phara* ; cette seconde corde était destinée à être enroulée autour du poitrail du *koonki* (éléphant monté) comme une ceinture géante.

– Prenez le phand, m'ordonna Parbati.

Je m'exécutai et poussai un grognement. La corde était lourde, très lourde. Parbati se mit à rire.

– Ce n'est pas comme chez les cow-boys, dit-elle. Nous capturons des éléphants, pas des vaches.

La tension et la résistance des deux cordes furent ensuite testées de la façon la plus efficace et la plus logique qui fût. Phandika en noua une extrémité au tronc d'un arbre et donna l'autre à Lakhi. Sur son ordre, l'éléphante se campa sur ses pattes arrière et se mit à tirer, tirer, tirer... La corde se raidit, mais tint bon. Parbati était satisfaite.

Sur le chemin du retour au camp, mes pieds se dérobèrent soudain sous moi et je me retrouvai vautré sur le sol comme une dinde attachée. Parbati me rejoignit, tenant l'autre bout de son lasso. D'un coup sec, elle resserra en riant le nœud qui m'emprisonnait les chevilles.

– Bonne corde, lâcha-t-elle. Forte et douce.

La description aurait aussi bien convenu à sa personne, me dis-je en me libérant pour pouvoir me relever.

Pendant le petit déjeuner, elle me parla des mela shikars d'antan. Un camp était établi en pleine jungle, d'où partaient chaque jour des éclaireurs pour établir le mouvement des hardes.

Toute la nourriture était transportée dans des tubes de bambou ou des sacs de toile. Les objets métalliques étaient limités au maximum afin d'éviter la propagation de bruits non naturels dans la forêt. Il était interdit de se laver, et tous les vêtements devaient être frottés de terre. Parfois, juste avant la capture proprement dite, les phandis et les cornacs s'enduisaient le corps de crottin d'éléphant et ne gardaient qu'un pagne.

Chevauchant leur koonki, qui devait être un animal rapide, puissant et courageux, le phandi et le cornac s'approchaient de la harde. Le phandi choisissait alors sa proie – généralement un petit mesurant entre un mètre vingt et un mètre quatre-vingts au garrot. Les adultes étaient évités, sauf en cas de demande spécifique. Le danger était trop important.

Camouflés par l'odeur de crottin, les deux hommes parvenaient à amener le koonki tout à côté de leur victime potentielle. Aussi longtemps qu'ils restaient absolument silencieux, ils ne couraient presque aucun risque d'être repérés. Les éléphants ont la vue courte et lèvent rarement la tête. Avec une extrême prudence, le phandi se penchait et jetait son lasso sur la nuque de l'éléphant, de manière à ce que le nœud tombe sur sa trompe. Ce détail, de la plus haute importance, contenait en soi toute l'ironie du mela shikar : dans sa tentative de protéger son bien le plus précieux, l'éléphant rétractait aussitôt sa trompe et permettait au chasseur d'achever cette première partie de son travail en lui passant la corde au cou.

Ensuite, le rodéo commençait. L'éléphant protestait en barrissant et cherchait à se libérer de la corde. C'était à ce stade qu'un phandi montrait sa vraie valeur. Comme un pêcheur au gros en lutte avec un marlin, il devait jouer avec l'éléphant, lui donnant du mou par moments pour mieux le ramener un peu plus tard, et ce en exerçant toujours la traction adéquate. Trop forte, et l'on risquait l'étranglement ; trop faible, l'animal pouvait s'enfuir.

Quand l'éléphant faisait montre d'une grande vigueur, d'autres koonkies venaient à la rescousse, et d'autres lassos étaient lancés. Les koonkies pouvaient également être employés pour chasser le reste de la harde en cas de réaction. C'est ce qui s'était passé lors de la capture de Lakhi, raconta Parbati. Deux grosses femelles avaient chargé, et son cornac et elle n'avaient échappé à un accident grave que grâce à l'intervention des koonkies.

Je lui demandai comment elle avait choisi Lakhi.

– Elle avait la bonne taille, répondit-elle. Mais autre chose m'a plu en elle, quelque chose que j'ai vu dans ses yeux. Elle avait l'air espiègle. J'aime bien cela. Et maintenant, à vous de capturer votre propre éléphant.

Nous nous trouvions dans une prairie plantée de hautes herbes. Debout sur les larges épaules de Lakhi – j'avais gardé mes propres vêtements et omis de me barbouiller de crottin –, jurant et gesticulant au lieu de garder le silence, j'essayai, sous la houlette de Phandika, le champion du monde, de prendre au lasso Kanchen, qui broutait juste à côté de nous.

– Vous n'avez pas le coup de main, Mark, finit par me dire Parbati, indulgente.

Les bras endoloris, les mains perclues de crampes, je jetai ma corde pour la quarantième fois et la regardai retomber en un amas informe sur le crâne de Kanchen.

– Laissez-moi vous montrer, dit-elle.

En trois mouvements souples, elle me rejoignit sur les épaules de Lakhi et s'installa devant moi. Elle réarrangea les cordes, se leva et lança son lasso. Avec admiration et jalousie, je suivis des yeux sa trajectoire. La corde atterrit dans la position idéale sur la nuque et la trompe de Kanchen. Celle-ci rétracta aussitôt son précieux appendice, et le nœud coulant se referma autour de son cou.

Parbati redescendit et me demanda d'essayer encore. Je ne m'en tirai pas mieux que la première fois. Au bout du compte, ce fut Kanchen qui me sauva de l'humiliation totale. Fatiguée d'être prise pour cible, elle attrapa la corde qui se trouvait sur son crâne et se la mit autour du cou. Je tirai promptement dessus pour resserrer le nœud. J'exultais. Je venais de capturer mon premier éléphant ! Mes efforts furent salués par une salve d'applaudissements discrète, mais courtoise. Le vieux renard lui-même me gratifia d'une claque dans le dos.

– *Shabash, shabash*, grogna-t-il d'un ton sarcastique. *Phandika !*

Seul Aditya, qui avait attendu toute la journée le moment de fixer pour la postérité cet exploit, resta de marbre. Il se contenta de me dire qu'au cas où j'aurais l'intention de poursuivre ma carrière d'acteur, je devrais absolument éviter les auditions destinées à des westerns.

Sur le chemin du retour au camp, Parbati m'expliqua qu'il était capital de réintroduire le mela shikar, surtout dans cette région. En Inde, la capture d'éléphants sauvages est interdite depuis 1981. De nombreux experts y restent opposés, prétendant qu'une telle pratique détruit leur réservoir génétique. Cet argument a sans doute eu sa pertinence dans le passé, mais aujourd'hui, il n'y a plus d'alternative. Selon Parbati, l'idéal consisterait à employer un panaché de méthodes traditionnelles et modernes, l'usage de tranquillisants pendant la capture permettant de réduire considérablement les risques de blessure. Ensuite, les animaux seraient soit domestiqués, soit transférés vers un habitat mieux adapté.

Je méditai longuement sur ce que Parbati venait de dire. A l'évidence, elle avait raison, mais en réalité, cette solution ne pouvait résoudre le problème que temporairement. L'Inde est aujourd'hui au pied du mur. A mesure que la demande d'éléphants domestiques diminue, le nombre d'éléphants sauvages s'accroît. Plus la population augmente, plus l'espace se réduit. Qu'est-ce que l'Inde va bien pouvoir faire de tous ses éléphants ?

Dès notre arrivée au camp, je remarquai une silhouette assise en tailleur devant l'entrée de la tente de Parbati. Elle semblait fort affairée à se pomponner face à un miroir de poche, et sa vision dissipa aussitôt mes sombres pensées.

– Oh, non ! grommela Parbati. Pas lui !

– Dites plutôt « elle », corrigeai-je en regardant l'apparition souffler délicatement sur ses ongles, qu'elle venait de peindre en rose pâle.

– Je ne sais pas quoi faire de ce garçon, me dit Parbati. Il vit dans la plantation de thé où je suis employée et ne me laisse pas en paix. Il cherche tout le temps à m'emprunter mes produits de beauté. Puisque je ne m'en sers pas, dit-il, lui ne demande pas mieux que de le faire. Du coup, je lui fais exécuter de petites corvées, comme à un serviteur... ou plutôt une bonne !

Le spectacle de ce pantin peinturluré, vêtu d'un corsage décolleté et d'un short en satin des plus juste, au milieu de notre camp, avait quelque chose de parfaitement incongru, d'autant plus qu'il nous faisait de l'œil sans la moindre vergogne. Aditya eut le mot juste en le décrivant comme « la groupie des éléphants ». Fort heureusement, ses activités de groupie se limitaient aux corvées domestiques. Pour distraire son attention, Parbati lui ordonna de nettoyer nos tentes.

Soudain, l'étrange créature poussa un cri suraigu.

« Elle » se tenait sur la pointe des pieds, les mains crispées de terreur, et regardait le sol juste à côté de la tente d'Aditya.

Nous nous précipitâmes. Lové sur le sol, un grand serpent sifflait avec colère.

– Reculez ! s'écria Aditya. *Orphiophagus hannah* – c'est un cobra royal !

– Cobra royal ? répéta dédaigneusement Parbati.

Elle tira son kukri de sa gaine, trancha la tête du serpent et en jeta les restes dans les buissons.

– Dites plutôt mangeur de rats. Il est vrai qu'il mange aussi les grenouilles, ajouta-t-elle en désignant la tente d'Aditya.

Sur ce, elle partit d'un grand rire.

Le lendemain, nous partîmes en jeep pour la ville voisine de Cooch Behar pour faire quelques emplettes – en particulier liquides –, car nous étions à la veille du Nouvel An.

Parbati nous mena au palais, ancienne résidence du maharajah de Cooch Behar. Enfant, elle y avait souvent accompagné son père, lequel, outre qu'il était un ami de la famille royale, fournissait régulièrement le souverain en éléphants. Nous franchîmes un portail de fer mangé par la rouille. De part et d'autre, au sommet de hautes colonnes elles aussi défigurées par le temps, un magnifique éléphant de pierre et un lion rugissant montaient la garde – témoins poignants d'une grandeur révolue.

Au loin, le palais surgissait, majestueux, de la brume matinale. Ses abords faisaient désormais partie de la voie publique. Des gens accroupis étaient occupés à déféquer, d'autres lavaient leur linge dans l'eau saumâtre des bassins aux fontaines taries.

– Autrefois, fit Parbati en secouant la tête, c'était un très beau parc, plein de fleurs et d'arbres. A la porte, il y avait des sentinelles en grand uniforme dans des guérites.

Nous passâmes entre des vaches qui broutaient les mauvaises herbes poussées sur les plates-bandes.

– Je me rappelle, poursuivit-elle, avoir compté plus de cent éléphants dans le pilkhana royal.

Je levai les yeux sur la façade abîmée du palais. Elle n'abritait plus que des perruches et des martins, dont les nids occupaient toutes les aspérités de la maçonnerie. Les vitres avaient été remplacées par des planches. Les parties en briques étaient couvertes de graffitis. Cependant, au-dessus de nos têtes, la magnifique coupole continuait de scintiller dans le soleil matinal.

– Architecture indo-sarrasine, diagnostiqua Aditya.

Étant donné que nous avions sous les yeux un ancien palais royal hindou, j'étais quelque peu sceptique. En tout cas, il avait raison sur un point. Cet étrange fatras architectural n'était pas sans rappeler celui de la jetée ouest de Brighton – il était tout aussi vide, triste et déserté. En faisant le tour du palais, nous nous aperçûmes que les oiseaux n'étaient pas tout à fait les seuls à avoir tiré profit de cette magnificence passée. Au-dessus de la porte d'un petit bâtiment annexe peint en rose était fixé un modeste écriteau qui annonçait : « SALON DE BEAUTÉ DE LA REINE – PALAIS ROYAL ». Nous entrâmes.

Curieusement, et hormis un lavabo rose, un miroir et quelques fauteuils, la pièce était dominée par une immense affiche en couleurs de Gabriella Sabatini, la joueuse de tennis argentine. Cette énigme fut bientôt résolue avec l'arrivée du propriétaire de l'établissement, un gentleman népalais petit et mince qui s'avéra être l'ancien marqueur de lignes des courts de tennis du palais. Le bâtiment où nous nous trouvions était l'ancien pavillon de tennis et lui avait été donné par feu le maharajah. Sa femme y dirigeait à présent un fructueux petit négoce. Nous parcourûmes du regard la liste des services offerts. Elle était impressionnante. On y proposait notamment seize coupes de cheveux différentes, sans parler des teintures, des permanentes, de l'épilation, des opérations de manucure et de pédicure et autres.

– Imaginez un peu, dis-je à Aditya. En quelques minutes, vous pourriez vous transformer en un gentleman anglais.

– Parlant de gentleman, riposta-t-il, vous auriez bien besoin d'un rasage et d'une coupe de cheveux. Vous ressemblez à un de ces maudits hippies !

– Désolé, mon cher, mais c'est tout à fait impossible. C'est un problème de continuité.

Parbati, elle, voulait se faire couper les cheveux. Elle regarda avec intérêt la liste des modèles proposés. Aditya et moi nous empressâmes de l'en dissuader – ses longs cheveux étaient magnifiques. A la place, nous lui suggérâmes de se faire manucurer, pédicurer, et même appliquer un masque facial aux herbes. Sa coquetterie finit par avoir le dessus.

Quand elle ressortit de l'établissement, elle rayonnait.

Dans une épicerie, nous achetâmes un stock d'une bière de marque inconnue – *Dansburg* – et un nouveau whisky dont le nom signifiait « Brumes du Bhoutan ». Sur un marché voisin, je fis également l'acquisition d'un poulet bien dodu, au plumage crème et noir. Ensuite, nous entrâmes dans un magasin plus sophistiqué, car je voulais offrir à Parbati un cadeau de Nouvel An. Pendant une bonne demi-heure, elle papillonna entre les étoffes et fouilla dans un amas de châles brillamment colorés.

– Choisissez pour moi, finit-elle par dire.

Aditya et moi tombâmes d'accord pour lui acheter un châle à carreaux dorés et noirs. Nous lui dîmes qu'il allait bien avec son regard. Elle parut ravie.

Nous arrivâmes au camp en fin d'après-midi. Parbati fit aussitôt préparer les éléphants pour la collecte de fourrage. Je proposai de l'accompagner.

– Non, non, dit-elle. Ce soir, c'est le Nouvel An. C'est à moi de couper le fourrage de mes petites chéries.

Avec l'aide des chaarkatiyas et de la « bonne » de Parbati, nous préparâmes le camp en vue de notre petite fête. L'équipe de tournage devait se joindre à nous. Nous fîmes une grande flambée et dressâmes une sorte de bar à partir des guddas. Quand Dino et Phandika revinrent chargés de fourrage avec les éléphantes, je leur offris les chaussures de tennis achetées à Mal Bazar. Dino était aux anges, mais Phandika manifesta surtout de l'intérêt pour mon poulet.

Ce fut une soirée à tout casser. Nous dégustâmes le poulet, bûmes de la *Dansburg* et du « Brumes du Bhoutan », et dansâmes comme des derviches tourneurs. Aux premières lueurs de l'aube, je m'effrondrai près d'Aditya qui, comme nous tous, n'était plus très présentable. La seule à tenir encore debout était Parbati. Elle tournoyait sans fin, et ses bracelets brillaient dans la lueur du feu comme ceux d'une reine gitane.

– Une vraie panthère, bégaya Aditya juste avant de sombrer dans le sommeil.

16

Série d'accidents

Je me réveillai tard, affligé d'une terrible gueule de bois, et fis aussitôt un vœu pour la nouvelle année : je ne boirais plus d'alcool.

Mes bonnes résolutions ne firent pas long feu. Un tintement de verre me parvint de l'extérieur de ma tente. J'en sortis en rampant et dus mettre ma main en visière sur mon front pour protéger mes yeux de l'horrible éclat du soleil.

– Bonjour, me lança joyeusement Aditya en tapotant le sac de toile qu'il portait à l'épaule. Que diriez-vous de boire une petite bière, histoire de reprendre un peu de poil de la bête ? Au fait, bonne année !

Nous eûmes tôt fait de trouver l'endroit idéal – une plage de sable, à l'ombre d'un grand manguier qui surplombait la rivière. Tout en sirotant notre bière, nous observâmes les femmes du village voisin qui émergeaient de la forêt en une procession multicolore, portant sur la tête d'énormes faisceaux de bois.

J'entrepris de les compter, mais dus bientôt renoncer. Je me tournai vers Aditya.

– Avez-vous idée du tonnage de bois qui est passé devant nos yeux depuis une heure ? Et ce doit être ainsi chaque jour de l'année. Ces femmes sont littéralement en train d'emporter la forêt sur leurs têtes. Vous rendez-vous compte, ajoutai-je pompeusement, que soixante pour cent du combustible ménager de votre pays est fourni par le bois ? Rien d'étonnant à ce que les éléphants n'aient plus nulle part où aller !

– Cela vous va bien de dire ça. Ces gens sont pauvres. Sans bois, comment feraient-ils pour cuisiner, nourrir leurs familles et maintenir leurs enfants au chaud ? Soit dit en passant, nous-mêmes ne donnons pas précisément l'exemple. Pensez à toutes nos flambées.

Nous fûmes interrompus par un battement d'ailes. Levant les yeux, je repérai un couple de grands canards roux à tête jaune pâle. Ils descendirent en planant et se posèrent à la surface de la rivière, à quelque distance en amont.

– Des tadornes roux, dit Aditya. A moins que ce ne soient des canards brahmaniques. Du moins les villageois sont-ils mieux lotis qu'eux.

– Que voulez-vous dire, bon sang ?

Il pouffa.

– Oh, ce n'est qu'une légende. Il paraît qu'un dieu leur aurait jeté un sort. Ils sont obligés de se séparer chaque soir.

Ce fut aussi de séparation que Parbati nous entretint ce soir-là. Nous approchions à présent la frontière de l'Assam. Selon les dernières nouvelles, la situation le long de la route que nous avions prévu de suivre s'était détériorée, et elle ne pouvait pas prendre le risque de continuer. Notre voyage allait se terminer en queue de poisson. J'étais amèrement déçu.

– Pour moi aussi, c'est triste, Mark, me dit-elle. J'aurais aimé plus que tout vous montrer de grands troupeaux d'éléphants et de grandes forêts. Allons, haut les cœurs, votre gourou ne vous laissera pas complètement tomber. Il me reste encore quelques tours dans mon sac !

Rêveuse, elle ajouta :

– La pluie ne va pas tarder.

Je levai les yeux vers le ciel. La lune brillait faiblement à travers un étrange halo diaphane.

– Voyons, Mark, elle a l'eau à la bouche.

Le lendemain, nous pénétrâmes dans une cathédrale de silence : la réserve de tigres de Buxa. J'aurais dû m'en réjouir. Pour la première fois, j'avais sous les yeux un habitat naturel d'éléphants parfaitement préservé. Mais je me sentais faible et léthargique. Peut-être était-ce la fatigue, ou peut-être l'idée que notre voyage allait bientôt s'achever. Ma nonchalance se transmit à Kanchen, et elle en profita pour m'exploiter sans merci, allant sans cesse d'un bord à l'autre du chemin, jouissant à volonté de l'abondance et de la variété des nourritures qui s'y étalaient.

Phandika fit de son mieux pour me remonter le moral. Il composa même de manière impromptue une chansonnette qui parlait d'un Anglais débarqué en Inde et devenu son frère cornac.

Ici, la jungle montrait vraiment ses crocs. Plus nous nous enfoncions dans un brumeux tunnel de verdure, plus j'avais l'impression qu'elle était en train de nous prendre dans sa gueule pour nous dévorer. Nous n'émergions de la brume que pour mieux y replonger. De mystérieux feux follets jaillissaient de nulle part, et les arbres, comme en signe d'avertissement, gémissaient et soupiraient. Les éléphantes devinrent nerveuses. Elles grognaient, soufflaient et se touchaient sans cesse la trompe pour se rassurer.

Le sentier était tapissé de crottes d'éléphant fraîches ; les hautes berges étaient creusées et entaillées là où les hardes avaient mis à nu et mangé la terre rouge, riche en minéraux essentiels.

Plus nous nous enfoncions dans la jungle, plus je m'enfonçais dans la dépression. Un coup de trique au creux de mes côtes, suivi d'un murmure chargé d'une senteur mêlée d'ail et de rhum, m'informa brutalement de ce que le frère cornac anglais n'avait rien dans le ventre et qu'il n'était pas digne de Kanchen. Phandika m'ordonna de descendre et de continuer à pied. Je consultai Parbati du regard. Elle resta silencieuse et impénétrable derrière ses lunettes noires. Je mis pied à terre à contrecœur. Déconfit, je poursuivis à pied, derrière tout le monde. Phandika avait raison, mon comportement était indigne. Pour des gens comme lui, la vie était dure et sans pitié. Il n'y avait qu'une solution : se colleter avec.

Je n'eus pas à marcher longtemps. Dans le lointain, nous entendîmes la plainte d'un moteur emballé. Nous atteignîmes une clairière. Dans le sable mou d'un lit de rivière à sec, notre jeep s'était enlisée, ses roues arrière tournaient à vide. Parbati déploya ses éléphantes, et en quelques minutes, celles-ci tirèrent leur concurrente moderne de ce mauvais pas.

Nous établîmes notre camp dans une minuscule clairière entourée de jungle épaisse. Nous nous trouvions à présent au cœur de la réserve.

– Avons-nous une chance de voir un tigre ? demandai-je à Parbati.

– Les chances sont plus grandes de voir des spécialistes du tigre, répondit-elle en riant. Mais peut-être verrons-nous des éléphants. Nous sommes ici dans un vrai camp de jungle, comme au temps de mon papa. Il faudra allumer de petits feux, pas seulement pour notre sécurité, mais aussi pour celle de mes chéries. Kanchen est en chaleur. Et maintenant, je vais prendre un bain. J'ai besoin de six bouteilles de bière. Pas pour boire ! déclara-t-elle en s'esclaffant à la vue de ma mine ahurie. La bière est un excellent shampooing.

Et elle partit vers la rivière avec ses bouteilles en chantant. C'était vraiment un personnage hors du commun.

Pendant que Parbati faisait ses ablutions, un groupe de femmes traversa le camp ; elles portaient des palanquins de bambou croulant sous les produits de leur cueillette. Je les trouvai extrêmement belles avec leur teint pâle, leurs pommettes hautes et leurs grands yeux noirs et bridés.

– Tribu Meche, décréta Aditya. On les reconnaît à la couleur de leur peau. Ces gens-là descendent des Bodos, peuple indigène de l'Assam. Nous sommes tout près de la frontière. Plus nous avancerons, plus les femmes seront jolies.

Parbati revint de son bain – pimpante, le cheveu luisant et traînant derrière elle un fort parfum de brasserie.

– Où est Phandika ? s'enquit-elle.

– Il est parti chercher des pierres pour le feu, répondit Aditya.

– Vieux renard ! lâcha-t-elle avec un rire entendu. Ce n'est qu'un prétexte. Attendez, vous allez voir. Il est parti à la chasse aux femmes. Il va mettre longtemps. A son retour, il me dira qu'il a dû s'enfoncer profondément dans la jungle pour trouver les bonnes pierres.

Une demi-heure plus tard, Phandika fit son entrée dans le camp avec un sac rempli de lourdes pierres. Il les laissa tomber bruyamment et, avec des gesticulations théâtrales, déclara que nous avions choisi un très mauvais endroit pour camper. Il avait dû marcher plus de quatre kilomètres pour trouver ces pierres.

– Vous comprenez mieux maintenant pourquoi on dit que mes parents ont mangé vingt-huit renards, n'est-ce pas ? me glissa Parbati avec un sourire en coin.

Ses prouesses divinatoires ne s'arrêtèrent pas là. Elle avait vu juste sur un autre point – la lune avait l'eau à la bouche. Tout à coup, une lourde pluie s'abattit sur le camp, et celui-ci ne tarda pas à ressembler à une cour bourbeuse de ferme anglaise. Parbati ordonna aux chaarkatiyas de creuser de petites tranchées autour des tentes pour évacuer le flot torrentiel qui menaçait de nous envahir. Pendant ce temps, la rivière toute proche enflait si rapidement qu'elle finit par déborder.

Je me repliai dans ma tente, mais la situation n'était pas meilleure à l'intérieur. Fatiguée par le voyage, la toile était déchirée en plusieurs points et avait perdu son étanchéité. Aditya était confronté à un problème encore plus épineux. La grenouille, en raison de sa légèreté, ne cessait d'arracher ses sardines et de s'échapper, tel un petit ballon violet flottant sur un fleuve de boue. De guerre lasse, nous finîmes par la démonter, et Aditya s'installa chez moi. Parbati, en revanche, semblait relativement à son aise.

– Vous devriez pourtant être habitués, me dit-elle, abritée sous une grande feuille de bananier, en touillant le contenu d'une casserole posée sur le feu. Je croyais qu'il pleuvait tout le temps en Angleterre...

Je remarquai que le feu menaçait de mourir et m'en sentis coupable. Je m'avançai à quatre pattes sous la pluie pour prendre une bûche sèche à l'abri sous une bâche. J'allais la jeter dans le feu quand Parbati me retint.

– Il faut toujours obéir aux règles de la forêt, Mark, me dit-elle. Le bois est sacré. Une foule de créatures, parfois dangereuses, vivent ici. Avant de sacrifier du bois, vous devez leur donner une chance de s'enfuir.

Elle dégaina son kukri et frappa à plusieurs reprises sur ma bûche. Un éventail bigarré d'étranges bestioles détala sur la boue détrempée.

– Ce ne sont que des insectes, dis-je.

J'étais déçu. Je m'étais attendu à quelque chose de plus spectaculaire, comme un rat, voire un serpent.

– Les insectes peuvent être très dangereux. En particulier celui-ci.

Elle appuya la tranche de son kukri sur le plus gros mille-pattes qu'il m'ait été donné de voir. Il était rouge vig, aussi épais que mon doigt, mesurait plus de vingt centimètres et semblait doté d'un bon million de pattes.

– Qu'est-ce que c'est ? demandai-je avec un mouvement de recul.

– Nous appelons ceci *chella*, expliqua-t-elle en regardant le mille-pattes qui se débattait sous sa lame. Celui-ci n'est qu'un bébé. Mais il n'en est pas moins mortel. Il peut tuer un homme, et même un petit éléphant.

– Pour l'amour du ciel, qu'est-ce que vous attendez pour l'écraser et le jeter le plus loin possible ?

– Pas question. Il va nous servir à fabriquer un remède.

Elle cria à l'un des chaarkatiyas de lui apporter sa paire de petites pincettes de fer. Dès qu'elle l'eut entre les mains, elle ramassa précautionneusement le mille-pattes et le fit tomber dans une bouteille de bière vide, qu'elle referma à l'aide d'un bouchon d'herbes.

– Tout à l'heure, nous remplirons cette bouteille d'huile de moutarde et nous laisserons l'insecte se dissoudre naturellement. On obtient ainsi un onguent. Frotté sur le corps, il calme les douleurs.

Aditya nous avait rejoints. A l'abri sous son parapluie, il écoutait avec intérêt.

– Parbati a raison, vous savez, Mark, intervint-il. En Grèce, on utilise le scorpion d'une façon similaire.

J'étais sérieusement impressionné par la science du Marathe.

– Vraiment ? Seriez-vous donc allé en Grèce ?

– Non. Je l'ai lu dans un article l'autre jour.

Étant donné les conditions climatiques, Parbati réussit à confectionner un festin extraordinaire. Devant nos tentes ruisselantes, nous dînâmes somptueusement d'une sorte de *kedgeree*[1] fait de riz, de pommes de terre, de piment et de courgettes sauvages.

En me voyant m'apprêter à refermer l'entrée de ma tente,

1. Mets indien épicé à base de riz et de légumes *(N.d.T.)*.

Parbati me fit part d'une autre règle d'or en vigueur dans la jungle.

– Vos tentes sont pleines de trous. Mieux vaut les laisser ouvertes, comme moi. Les serpents et les mille-pattes ne sont dangereux que s'ils se sentent pris au piège.

J'avais déjà colmaté les brèches avec des vêtements. Ignorant les instructions de Parbati, je fermai entièrement ma tente. Je ne voulais prendre aucun risque. Même si le chella baignait maintenant dans l'huile de moutarde, je ne devais pas perdre de vue qu'il s'agissait d'un bébé. Ses parents ne devaient pas être loin. Phandika m'avait informé, non sans délectation, que les chellas adultes mesuraient au moins quarante-cinq centimètres, qu'ils étaient gras comme des saucisses et capables de tuer un éléphant adulte.

A cheval sur Airavat, son magnifique éléphant blanc, dont les quatre énormes défenses lançaient des éclairs, Indra, le dieu des éléments, continua de déverser sur nous sa colère pendant toute la nuit.

Un éléphant plus ordinaire nous avait rendu visite au cours de la nuit, à en juger par les empreintes et les crottes que nous découvrîmes autour de nos tentes le lendemain matin. Parbati alla examiner Kanchen.

– Eh bien ? demandai-je. Qu'en pensez-vous ?

Elle haussa les épaules.

– Elle a l'air contente. Qui sait ?

Je m'accroupis près de Parbati tandis qu'elle examinait les empreintes près des tentes.

– Gros éléphant, dit-elle. Entre deux mètres soixante et deux mètres soixante-quinze au garrot. Il s'est arrêté ici une minute.

Je frissonnai. La coupe était pleine. D'abord, un mille-pattes tueur. A présent, ceci. Et ensuite ?

A voir ma mine déconfite, Parbati éclata de rire.

– Souvent, pendant le mela shikar, les éléphants venaient jusque dans le camp. Je me souviens d'une nuit où il pleuvait et où nous nous étions tous couchés les uns à côté des autres sur la véranda d'un vieux bungalow abandonné. Au milieu de la nuit, j'ai senti que quelqu'un essayait tout doucement de me prendre mon châle. Sans ouvrir les yeux, je l'ai ramené contre moi. Brusquement, on me l'a arraché. J'ai empoigné mon kukri et j'ai levé la tête.

Elle marqua une pause et sourit.

– Un gros éléphant me regardait fixement, juste à l'extérieur de la véranda. Il tenait mon châle dans sa trompe.

– Qu'avez-vous fait ?

– Rien, répondit-elle, haussant les épaules. A quoi bon ? Il était chez lui. Je l'ai laissé emporter le châle.

Il continua de pleuvoir sans répit pendant quelques jours. Confiné à l'intérieur trempé et puant de ma tente, je devins de plus en plus irritable et perdis ma capacité à me concentrer sur quoi que ce fût. Je savais pourtant que j'aurais dû savourer chacun de ces instants. D'ici une semaine environ, je me retrouverais enfermé dans la carlingue de l'avion qui me ramènerait au pays. Plus irritant encore, tous les autres semblaient avoir trouvé un excellent moyen de s'occuper : Parbati façonnait un kukri, Phandika et Dino tentaient de réparer les guddas, les chaarkatiyas jouaient aux cartes. Aditya lui-même semblait très à l'aise dans le cocon de sa grenouille, désormais lestée de lourdes pierres. Il était plongé dans la lecture de sa bibliothèque ambulante.

Heureusement, il me restait les éléphantes. Elles réussissaient toujours à me distraire. Lakhi s'imposa vite comme la vedette du spectacle quotidien. Elle commençait par se rouler dans la boue et s'en barbouiller la face. Ensuite, elle exécutait une sorte de rumba tout en frottant son énorme postérieur sur le tronc d'un arbre. En guise de bouquet final, elle se laissait glisser sur la berge escarpée et boueuse comme s'il s'agissait d'un toboggan, saisissait un rondin et se mettait à le mâchonner joyeusement, à la façon d'un gros cigare.

Enfin, le ciel daigna s'éclaircir, et le soleil reparut. Nous levâmes le camp. Mon cafard se dissipa dès que nous fûmes remontés à dos d'éléphant.

Nous gravîmes et descendîmes une succession de collines qui s'élevaient peu à peu pour former au loin la forteresse blanche et glacée de l'Himalaya oriental. Silencieuse et inquiétante, elle paraissait monter la garde aux portes du royaume du Bhoutan. Dans le lointain, nous entendîmes le grondement croissant d'un torrent.

– La Rydak, annonça Parbati quand nous eûmes rejoint ses berges. C'est une rivière rapide. Nous camperons ici ce soir. Demain, nous partirons à la rencontre de sa sœur, la rivière Sankos. Elle marque la frontière de l'Assam. C'est là que nous devrons malheureusement terminer notre voyage. Mais nous aurons tout de même droit à une grande célébration, ajouta-t-elle. Nous allons arriver juste à temps pour *Magh Bihu*, la fête des moissons.

J'esquissai un sourire forcé. Je ne pensais pas que nous fussions si près de la fin du voyage. Parbati se pencha vers moi et me pinça légèrement le bras.

– Allons, disciple, haut les cœurs ! Votre gourou ne va pas vous laisser tomber. Pour demain, je vous ai préparé une petite surprise. Nous allons faire un petit tour en Assam. Pas avec les éléphantes, malheureusement. Je suis désolée. En jeep. Je vous emmène dans la maison de ma famille, à Gauripur. Je pense que cela vous intéressera. Elle est pleine de souvenirs de mon père.

J'étais profondément touché. Parbati me faisait un grand honneur en m'invitant chez elle. J'étais aussi excité et très curieux à l'idée d'en apprendre davantage sur Laljee Barua, le plus grand des dresseurs d'éléphants, dont la présence n'avait cessé de nous accompagner, juste sous la surface des choses, comme pour guider et contrôler les destinées de notre voyage.

Sur la berge de la Rydak, le second cours d'eau le plus rapide d'Inde, Aditya et les autres avaient établi le camp au milieu d'un petit carré de forêt. Phandika était ravi. A cet endroit même, il avait autrefois capturé onze éléphants en dix jours. On se serait cru à la pêche, ajouta-t-il.

Aditya et moi dûmes rassembler tout notre courage et invoquer l'aide du seigneur Shiva pour supporter de rester immobiles, nus comme des vers, sur la berge escarpée, le regard baissé sur le torrent glacé qui grondait en contrebas. Aditya avait insisté pour que nous nous livrions à cet acte de pur masochisme. Nous avions prévu de rendre le soir même une visite surprise à son jeune neveu, qui venait de commencer à travailler dans une plantation de thé voisine.

– Il faut que nous soyons impeccables, me cria le Marathe entre deux claquements de dents. Le gosse démarre tout juste. Une visite de son célèbre oncle l'aidera à asseoir sa position dans la plantation.

– Si nous restons plus longtemps sans bouger, je vais mourir !

– A l'attaque ! hurla-t-il.

Hurlant le nom du grand dieu Shiva, nous sautâmes dans la rivière, main dans la main comme un couple d'homosexuels.

Une heure plus tard, quand nos corps transis furent enfin réchauffés, nous nous parâmes de nos plus beaux atours. Aditya était particulièrement élégant. Il portait un jean impeccablement repassé, une chemise beige de style safari, des chaussettes blanches toutes propres et des mocassins cirés.

– Faire bonne impression, voilà le secret, m'expliqua-t-il en s'imbibant les joues d'eau de cologne.

Parbati eut du mal à nous reconnaître.

– Vous êtes sûrs que c'est un neveu que vous allez voir ? demanda-t-elle, malicieuse, en haussant les sourcils. Ce n'est peut-être pas une très bonne idée de sortir ce soir. Une longue route nous attend demain.

– La plantation est à deux pas d'ici, répondit Aditya. Pourquoi ? Seriez-vous inquiète ?

– Non, mais... Il me semble que vous avez une certaine tendance à attirer les catastrophes.

– *Baini*, Parbati, *baini*, rassura Aditya en lui tapotant l'épaule. Nous serons de retour en cinq sec.

Si seulement je l'avais écoutée...

La soirée commença plutôt bien. Nous arrivâmes à la plantation. Malheureusement, ce n'était pas la bonne. J'attendis avec appréhension pendant qu'Aditya et notre chauffeur écoutaient les indications d'un paysan. Celui-ci passait son temps à agiter les bras comme un moulin à vent en pleine tempête.

– Vous êtes sûrs que c'est la bonne direction ? demandai-je à Aditya tandis que nous nous élancions sur un chemin herbeux.

– Absolument.

Nous fûmes soudain précipités en avant par un coup de frein brutal du chauffeur. Un abîme d'une douzaine de mètres s'ouvrait juste sous nos roues.

– Je ne comprends pas, grommela Aditya, perplexe. Nous avons pourtant suivi ses instructions au pied de la lettre.

Je poussai un soupir. Je savais d'expérience qu'il était vain de chercher à se renseigner sur une direction dans la campagne indienne, voire dans l'Inde tout entière. Ce n'était pas que les gens cherchassent délibérément à vous égarer ; simplement, ils trouvaient plus intéressant de bavarder un moment. Il fallait ajouter à cela qu'Aditya, pour un voyageur confirmé comme lui, n'avait aucun sens de l'orientation. Je sentis que nous nous apprêtions à passer une longue nuit.

Je m'installai confortablement sur la banquette arrière pour faire un somme, et fus bientôt réveillé par un nouveau coup de frein. Soit j'étais en train de rêver, soit le chauffeur avait décidé de couper à travers l'Himalaya. Deux skieurs en position de l'œuf dévalaient une pente neigeuse abrupte. Ils fonçaient droit sur nous.

– Bon sang, il ne manquait plus que ça ! s'écria Aditya. La séance en plein air hebdomadaire !

Une foule de paysans fascinés bloquait la route de la plantation, les yeux rivés sur l'immense écran de toile tendu entre les arbres, à bonne hauteur.

Le chauffeur klaxonna à de nombreuses reprises. Aditya finit par lui demander de cesser.

– Une harde d'éléphants ne les ferait pas bouger d'un millimètre, soupira-t-il.

– C'est un bon film, dis-je, reconnaissant la scène. Un James Bond. Je me rappelle une très jolie...

– Nous sommes venus voir mon neveu, Mark, pas pour assister à une séance de cinéma. Il va falloir que je trouve une autre voie d'accès.

Nous fîmes marche arrière jusqu'à la route qui faisait le tour de la plantation. Après quelques minutes, Aditya remarqua une brèche dans la haie.

– Nous allons passer par ici et couper à travers les champs de thé.

– Êtes-vous sûr que ce soit une bonne idée ? demandai-je.

Il se faisait tard. Une lune ronde et jaune jouait à cache-cache derrière des écharpes de nuages.

– Aucun problème. Regardez, on voit d'ici les lumières de la plantation.

Aditya ordonna au chauffeur de tourner à gauche. Pour la troisième fois ce soir-là, nous fûmes tous projetés en avant tandis que notre véhicule plongeait dans un ravin. Dans un concert de jurons, nous nous en extirpâmes pour mesurer les dégâts. Le capot de la jeep était planté comme une flèche dans la boue. L'arrière se dressait à la verticale. Nous regardâmes tout autour de nous. Si à la lumière du jour un champ de thé paraît sûr, neutre, presque banlieusard, il n'en va pas de même la nuit. L'endroit était sinistre et aussi silencieux qu'un cimetière.

– Nous allons devoir chercher de l'aide à pied, décréta mon ami. Ce n'est pas loin.

Abandonnant le chauffeur terrorisé à l'intérieur de la voiture, nous nous mîmes en route, guidés par le faible rayon de nos lampes-torches. Je consultai ma montre. Il était presque dix heures.

– A deux pas, hein ? bougonnai-je.

– Détendez-vous, mon ami. Vous devriez être habitué à ce genre d'aléas. C'est une aventure, en somme.

Nous traversâmes un champ d'herbes mouillées et nous engageâmes sur un autre chemin. Tout à coup, je sautai sur Aditya et le plaquai au sol.

– Qu'est-ce que... ?

– Un éléphant, lui glissai-je à l'oreille. A environ cent cinquante mètres, sur le chemin.

Aditya leva prudemment la tête.

– Balivernes. Ce doit être une de ces roulottes-crèches.

Je resserrai mon étreinte.

– Et depuis quand les roulottes-crèches mangent-elles ?

Nous entendîmes tous deux le craquement d'une branche arrachée. Le Marathe regarda de nouveau, plus vite.

– Dieu du ciel ! vous avez raison. Que faire ?

– Je n'en sais rien.

– C'est vous qui êtes supposé être l'expert en éléphants, murmura-t-il, sérieusement effrayé. Trouvez quelque chose.

– Nous pourrions grimper sur un arbre.

– Brillante idée. Je ne vois pas mieux pour alerter ce monstre. Ensuite, il n'aura plus qu'à abattre notre arbre.

– Partir en courant ?

– De mieux en mieux. Je ne peux pratiquement pas courir.

– Alors, il nous faudra ramper entre les plants de thé.

Aditya roula des yeux horrifiés.

– Vous plaisantez. Ces champs grouillent de serpents.

– D'accord... Puisque c'est comme ça, nous n'avons plus qu'à rester assis où nous sommes en priant pour que le vent ne tourne pas.

Quelque chose bougea contre mon pied. Je fis un bond en arrière et braquai ma torche sur une grosse grenouille vert et noir.

– *Rana Tigrena*, dit Aditya. Les membres de certaines tribus les épousent pour faire venir la pluie. Il s'agit de véritables noces, avec...

– Pour l'amour du ciel, taisez-vous ! sifflai-je en lui serrant le bras.

Je n'étais pas d'humeur à supporter une longue péroraison sur les mœurs tribales.

– D'accord, d'accord, calmez-vous. Je mettais seulement en pratique une vieille technique de combat de jungle enseignée par mes ancêtres. Face au danger, tout est bon pour rester calme.

Il pleuvait à présent. Nous attendîmes une quinzaine de minutes supplémentaires, accroupis, trempés et grelottants. De temps à autre, nous jetions un coup d'œil sur l'éléphant. Celui-ci se décida enfin à s'éloigner et disparut dans la brume.

– Allons-y, dit Aditya.

Sous le couvert des plants de thé, nous longeâmes plusieurs chemins d'un pas incertain avant de rejoindre une route. Devant nous, une longue allée menait directement à une grande demeure coloniale.

– Dieu merci, nous avons réussi, lâcha le Marathe, hors d'haleine. Je suis prêt à parier que c'est la maison du directeur. Nous y trouverons de l'aide.

Nous nous avançâmes dans l'allée. Aditya frappa plusieurs fois la grille de fer du portail. A l'intérieur, l'obscurité régnait.

– Il y a quelqu'un ?

Une lumière mouvante apparut et s'approcha de nous. Derrière sa grille, un employé hirsute nous considéra avec méfiance. Dans une main, il tenait sa lampe, dans l'autre un fusil de chasse. Aditya lui raconta nos malheurs. A contrecœur, l'autre baissa son fusil et nous apprit que le directeur se trouvait à Calcutta. Toutefois, la maison du directeur adjoint se trouvait à deux kilomètres de là. Il n'y avait qu'à suivre la route.

– Deux kilomètres..., gémit Aditya. Je n'y arriverai jamais. Ma jambe me fait horriblement mal.

J'aperçus une bicyclette suspendue au mur d'un garage vide.

– Demandez-lui si nous pouvons lui emprunter ce vélo, suggérai-je.

– Je ne peux pas pédaler.

– Moi, je peux. Vous monterez sur le porte-bagages.

Après une longue négociation, nous nous remîmes en route sous la pluie, mais cette fois à vélo. Quand nous ralliâmes enfin la résidence du directeur adjoint, il était minuit bien sonné. Un grand écriteau disait « ATTENTION – CHIEN MÉCHANT ».

– Ne vous inquiétez pas, me glissa Aditya. Contentez-vous de suivre mes instructions.

Nous ouvrîmes prudemment le portail. Immédiatement, un

chien se mit à aboyer – ou plutôt à rugir. Un animal de la taille d'un petit poney se rua vers nous.

Je m'apprêtais à prendre mes jambes à mon cou, mais mon ami me retint.

– Ne bougez plus et mettez les mains en l'air. C'est une vieille technique marathe.

– Rambo ! hurla une voix dans l'obscurité. Couché ! Couché !

Un doberman s'immobilisa juste devant nous et se coucha, la bave aux lèvres. Je soupirai lentement. Un grand Sikh enturbanné s'approcha de nous, le regard chargé de méfiance et de surprise. C'était le directeur adjoint. Je ne pouvais pas lui en vouloir. Nous devions avoir un aspect vraiment extraordinaire avec nos vêtements dégoulinants et couverts de boue. Pour la seconde fois de la soirée, Aditya raconta ce qui nous était arrivé.

– Vous avez eu beaucoup de chance, dit ensuite le directeur adjoint. Depuis quelque temps, un vieil éléphant rôde dans nos champs. Il a été blessé par des villageois et a déjà tué deux de mes employés.

L'homme nous conduisit dans sa jeep jusqu'à la maison du neveu d'Aditya. La porte fut ouverte par un jeune homme à moitié endormi qui avait bien du mal à nouer un lungi autour de sa taille.

– Randeep, vous avez de la visite, annonça le directeur adjoint. L'un d'eux dit être votre oncle.

Randeep cligna les yeux. Il mit un certain temps à reconnaître son propre sang.

– Euh... oui, monsieur, bégaya-t-il, c'est bien mon oncle. Je suis vraiment navré de vous avoir dérangé.

– Bonsoir. Au fait, Randeep, faites le nécessaire pour envoyer quelqu'un dégager leur jeep. Elle est enlisée au fond d'un fossé quelque part dans la plantation.

Le neveu nous fit rentrer chez lui.

– Pour la bonne impression, c'est plutôt raté, glissai-je à Aditya.

La porte se referma. A en juger par l'accueil d'abord respectueux, puis de plus en plus enthousiaste qu'il reçut de la part de tous les membres de la famille, il me parut évident que l'arrivée inopinée du chef de clan ravissait tout le monde. Je supposai que ce n'était pas la première fois qu'Aditya débarquait ainsi à l'improviste.

Comme moi, toutefois, il était évident que Randeep n'avait

aucune confiance dans le sens de l'orientation de son oncle. Il insista pour nous ramener lui-même dans sa voiture, suivi de près de notre jeep, qui entre-temps avait été tirée de son fossé.

Au petit matin, nous arrivâmes donc au camp sur la pointe des pieds. Nous fîmes si peu de bruit que les cornacs continuèrent de ronfler paisiblement, tout comme les éléphantes. Toutefois, au moment où nous nous glissions dans nos tentes respectives, une voix furibonde déchira l'obscurité :

– C'est ça, votre « cinq sec » ? Maudites crapules !

17

Le sanctuaire

Nous embarquâmes dans la jeep et commençâmes notre long voyage vers la maison familiale de Parbati. Celle-ci était particulièrement rayonnante dans sa mekla traditionnelle dorée. Un splendide châle blanc lui drapait les épaules. Je remarquai qu'elle portait une bague que je ne lui avais jamais vue – un minuscule saphir, d'un bleu éclatant, serti dans un anneau d'or.

Elle rit.

– Je l'ai mise à cause de ma mère, me dit-elle. Il y a quelques semaines, j'ai reçu une lettre d'elle. *Sois prudente,* m'écrivait-elle. *Les astres ne me sont pas favorables jusqu'au mois de mars. Porte un saphir bleu, et tu seras protégée*. Elle est très superstitieuse

– Quand êtes-vous née, Parbati ? demandai-je.

Elle fronça les sourcils.

– Est-il poli de demander son âge à une dame ?

– Non, non, excusez-moi, ce n'est pas ce que je voulais dire. Je voulais simplement connaître votre signe zodiacal. Je me suis fait un pari à moi-même quand nous nous sommes vus pour la première fois.

– Et ?

– Je pense que vous êtes née soit fin mai, soit au mois de juin. Vous êtes gémeaux.

Ravie, elle frappa dans ses mains.

– C'est exact. Comment avez-vous deviné ?

– Eh bien, les gémeaux sont en général des personnes pleines de vie. Par ailleurs, ils sont très, comment dire...

– Changeants, peut-être ? demanda-t-elle d'un ton innocent. Comme deux personnes différentes ?

– C'est cela. Ce signe est celui des jumeaux.

– Est-ce une bonne ou une mauvaise chose, Mark ?

– Excellente. Ma femme est gémeaux.

– J'en suis heureuse. A votre prochain voyage, vous l'amènerez. Elle sera mon amie. Je n'ai aucune amie.

Nous nous arrêtâmes un moment à un poste de contrôle où nous présentâmes nos papiers. Le policier nous fit signe de passer.

– Nous sommes maintenant en Assam, annonça fièrement Parbati. Bienvenue chez moi.

Le paysage, peu à peu, s'aplanit et devint marécageux. La campagne était traversée de petites rivières. Les bambous poussaient en bosquets luxuriants.

– Du temps de mon grand-père, tout ceci appartenait à ma famille. Cent quarante-cinq kilomètres carrés de jungle dense. Et même du temps de mon père, il restait beaucoup de forêt. Il a capturé de nombreux éléphants par ici, surtout dans cette zone.

Je lus avec stupéfaction un panneau indicateur. Le village que nous nous apprêtions à traverser s'appelait Toofan.

Toofan...

Où avais-je entendu ce nom ? Il m'était familier. Tout à coup, mon esprit s'illumina. Bien sûr ! C'était une partie de l'ancien nom de Tara. Quand je l'avais achetée, elle s'appelait *Toofan Champa* – « Vent de tempête ». Sans doute une coïncidence, me dis-je.

Ce n'était pas une coïncidence. Le village suivant s'appelait Champa.

– Vous dites que votre père a capturé des éléphants dans cette zone, Parbati ? demandai-je en pesant chacun de mes mots.

– Oui. Pourquoi ? Vous ne vous sentez pas bien ? A votre tête, on croirait que vous venez de voir un fantôme !

– Parbati, lâchai-je, tout juste capable de maîtriser mon

excitation, pouvez-vous me dire où votre père avait l'habitude de vendre ses éléphants ?

– Les éléphants de papa n'étaient pas vendus n'importe où. A l'époque, beaucoup de gens capturaient des éléphants. A leurs yeux, c'était un simple gagne-pain. Ils les attrapaient, les domestiquaient brutalement en une semaine et se dépêchaient de les vendre sur de petits marchés, ou bien à des revendeurs. De tels animaux sont facilement dangereux. Ces gens-là n'aiment pas les éléphants comme mon père les aimait. Lui passait toujours au moins six mois à les dresser. Sans user de la force. Avec amour et patience. Ensuite seulement, quand il estimait qu'ils étaient prêts, il les vendait. Certains allaient à la famille royale du Bhoutan, d'autres à celle de Cooch Behar. Ceux qui restaient étaient emmenés à Sonepur, la meilleure foire aux éléphants.

– Vous avez dit Sonepur ?

– Oui, bien sûr. Mon père y a vendu beaucoup d'éléphants. Pourquoi ?

– Votre père donnait-il toujours un nom aux bêtes qu'il capturait ? demandai-je, retenant mon souffle.

– Naturellement. Qu'est-ce qu'un éléphant sans nom ?

Il fallait que je sache.

– Comment choisissait-il ce nom ?

Elle haussa les épaules.

– Cela dépendait. Pratap Singh, par exemple, a été baptisé en hommage à un grand roi de l'Assam, Pratap, considéré comme le roi des éléphants. D'autres étaient nommés d'après le lieu de leur capture ou leur morphologie. Pourquoi toutes ces questions ? On dirait un détective.

N'y tenant plus, je lui dis l'ancien nom de Tara.

– C'est possible, Mark, me dit-elle avec un sourire. D'après votre livre et ce que vous m'avez dit d'elle, je peux voir que Tara est une bonne éléphante, bien dressée. Son âge correspond. Mais il est difficile de savoir avec certitude. Ce qui est sûr, c'est que rien ne nous empêche de croire que Tara était une éléphante de mon papa. Ce serait bien ainsi.

Je ne voulais pas me contenter de croire. Je savais. Je me rappelai le jour de notre arrivée au marché de Sonepur. J'avais alors surpris chez Tara un regard inquiet et résigné, comme si elle connaissait déjà cet endroit et savait ce qui l'attendait.

Tard dans la soirée, nous entrâmes dans Gauripur. Avant même que nous ayons rejoint la demeure des Barua, je fus à même de constater l'omniprésence du père de Parbati. Nous passâmes devant un petit bâtiment dont l'entrée était surmontée d'un écriteau annonçant « HÔPITAL PRATAP SINGH ». Il avait été fondé par Laljee Barua en hommage à son éléphant préféré.

Nous quittâmes la ville et partîmes à l'assaut d'un chemin escarpé et bordé d'arbres. L'air, ici, semblait plus frais. Le vent soupirait dans les feuillages, comme pour nous souhaiter la bienvenue. Bientôt, nous aperçûmes les lumières de la ville en contrebas. La maison des Barua finit par apparaître dans l'obscurité, timidement éclairée de l'intérieur par un halo de lampes à huile.

– Nous avons souvent des coupures de courant, dit Parbati. Cela n'aurait pas gêné papa. Il n'aimait pas l'électricité.

Nous entrâmes dans un petit vestibule de pierre. Parbati saisit une lampe vacillante et en augmenta la flamme. Dans un coin, le crâne massif d'un éléphant semblait nous observer ; ses orbites creuses étaient voilées de toiles d'araignée.

– C'est la tête de Jung Bahadur, un de nos éléphants. A une certaine époque, il a été l'un des plus grands d'Inde : plus de trois mètres au garrot. Mais mon père ne l'aimait pas.

– Pourquoi ? m'enquis-je.

– Parce qu'il était plus grand que Pratap Singh.

Nous gravîmes un large escalier de bois à balustrade de fer forgé. Il menait à une spacieuse véranda. Au sommet des marches, une petite femme à lunettes attendait, une lampe à la main. Parbati effleura les pieds de sa mère avant de se jeter à son cou.

Ensuite, la maîtresse des lieux joignit les mains en signe de salut et m'adressa un sourire, le regard luisant derrière ses verres.

– Vous voyez, déclara Parbati en se plantant derrière sa mère, elle est encore plus petite que moi.

L'intéressée prononça quelques mots. Sa fille s'esclaffa.

– L'anglais de ma mère n'est pas très bon. Elle n'ose pas vous parler, mais vous souhaite néanmoins la bienvenue à Matiabagh. C'est le nom de notre maison. Il signifie « jardin de boue ». Mon grand-père a construit tout ceci il y a quatre-vingts ans. Pas seulement la maison, mais aussi la colline, avec de la boue. Vous vous trouvez sur le seul promontoire de la région, qui est parfaitement plate.

Poussé par une force mystérieuse, je m'approchai d'une porte. Parbati m'arrêta.

– Je sens que vous avez hâte de savoir, mais vous allez devoir attendre. Demain, je vous montrerai tout ce qu'il y a à voir.

Je me réveillai de bonne heure. Impatient de commencer mon exploration, je sortis à pas feutrés sur l'ample véranda. Le soleil commençait tout juste à dorer le ciel pâle et à percer le suaire de brume qui recouvrait le monde. Privées du silence de la jungle par l'éveil du trafic de Gauripur, des perruches fusaient d'un arbre à l'autre ; des drongos planaient et piquaient alternativement à la recherche d'insectes ailés pour leur petit déjeuner. La branche d'un arbre ploya, puis se redressa soudain tandis qu'un singe se lançait en l'air pour atterrir en souplesse sur le balcon. Il me jeta un regard en babillant. Haussant et fronçant ses sourcils broussailleux, il me tendit la main. Je trouvai une barre de chocolat à demi mangée dans ma poche et la lui tendis. Il me l'arracha des mains, l'étudia avec méfiance, la renifla, et la jeta par-dessus la balcon. A l'évidence, il était habitué à un petit déjeuner plus somptueux. Je venais de faire la connaissance de Bouddha, le singe résident officiel du palais de Matiabagh.

Parbati m'avait parlé de sa triste histoire la veille. Autrefois, il avait une compagne avec laquelle il vivait heureux aux environs de Jauripur. Au fil des ans, la ville avait envahi le territoire des singes, et ceux-ci s'étaient trouvés réduits à l'état de fouilleurs d'ordures. Harcelés et tourmentés par les gamins, certains en étaient venus à se défendre ; c'était ainsi que la compagne de Bouddha avait mordu un enfant. Pour se venger, les autochtones l'avaient abattue. Bouddha, lui, avait réussi à s'échapper et à trouver refuge ici, tel un vieux moine en pénitence. Il y vivait de la charité de la famille de Parbati.

J'arpentai un moment la véranda, m'emplissant les poumons de l'air frais du matin qui, à présent que le soleil avait échauffé la carcasse de cette vieille demeure, se mêlait à autre chose – une senteur familière. Je respirai de nouveau, plus profondément, et reconnus l'odeur aussi évocatrice qu'inimitable d'un pilkhana.

Je descendis l'escalier sous une galerie de trophées évoquant la glorieuse carrière de chasseur de Laljee. En raison du coût énorme de sa maintenance, la maison, comme tant d'autres en Inde, était en décadence. Mais sa façade excentrique, tout abîmée qu'elle fût, n'avait rien perdu de son caractère. Je sortis dans le jardin. A l'ombre d'un arbre immense se dressait un mausolée de pierre. Ses dimensions suffisaient à suggérer son importance. M'étant assis, je me demandai qui pouvait occuper cette sépulture magnifique. L'énigme fut résolue par l'arrivée silencieuse de Parbati. Elle apportait une petite offrande de fleurs et d'encens qu'elle déposa devant la tombe.

– C'est le mausolée de Pratap Singh, me dit-elle à mi-voix. Il est mort loin d'ici, en forêt, mais mon père a rapporté son cœur pour l'enterrer près de lui. Il ne s'est jamais vraiment remis de la mort de Pratap. Jour après jour, il restait assis dans son bureau (elle leva les yeux vers une fenêtre en encorbellement à plusieurs faces dont les stores étaient encore baissés). Chaque jour, il lui apportait de nouvelles offrandes. Mon père nous a quittés, mais nous continuons d'accomplir son rituel. Sans doute sentez-vous mieux maintenant à quel point il aimait Pratap.

Nous marchâmes jusqu'à la lisière de la propriété. En contrebas, un bouquet d'arbres dévalait la pente jusqu'à une petite rivière frôlant la base de la colline. Parbati me montra un autre bois, qui semblait encercler la butte.

– Notre pilkhana était là, en bas. Il pouvait accueillir plus de cinquante éléphants à la fois. Certains de ces arbres ont été plantés spécialement pour eux à partir de pousses cueillies dans la jungle. Ce n'était pas seulement un pilkhana, mais aussi un hôpital. Tous nos éléphants étaient en excellente santé, sauf... sauf Pratap.

– De quoi est-il mort ? demandai-je.

– D'un anthrax, répondit-elle, amère. Transmis par le bétail, sans doute. A l'époque, déjà, la jungle était pleine de vaches que les paysans faisaient paître illégalement et qui répandaient toutes sortes de maladies. Pratap était tout jeune : il n'avait que trente-cinq ans.

Nous revînmes vers la maison, contournâmes la véranda et parvînmes devant une porte. Parbati l'ouvrit, et je la suivis dans une petite pièce. A l'intérieur, il faisait sombre. Elle alla à la fenêtre et ouvrit les volets.

– Le bureau de mon père, annonça-t-elle. Nous l'avons gardé exactement tel qu'il était.

Émerveillé, je promenai mon regard sur les trésors amassés au cours d'une vie entière consacrée aux éléphants. Cette pièce s'était transformée en un sanctuaire, fièrement et amoureusement entretenu.

– Je vous laisse, murmura Parbati.

Elle s'éclipsa rapidement et referma la porte. J'avais senti sa tristesse. Trop de souvenirs étaient confinés entre les quatre murs de ce petit sanctuaire. Pendant un long moment, je restai immobile et ébloui, comme un enfant dans un magasin de jouets. Puis je commençai mon exploration.

Sur une étagère, posés chacun à côté d'une gaine de bois décorée comme celles de Parbati de dessins d'éléphants, de fleurs et d'arbres, reposaient les kukris de Laljee. Longues et lourdes, leurs lames étaient huilées et aiguisées.

Sur la peau d'un python jetée en travers d'une commode de bois, j'aperçus un petit troupeau d'éléphants sculptés qui se tenaient par la queue. Ils faisaient la ronde autour d'une effigie de Ganesh dansant ; celui-ci portait autour du cou une guirlande de grains parfumés de bois de santal.

Sur l'appui de la fenêtre, je remarquai un soigneux assortiment de bibelots bizarres, sans aucun doute ramassés dans la forêt au fil des ans – un fragment de crâne jaunissant, un poisson fossilisé, plusieurs molaires d'éléphant, des rochers scintillants, des coquillages, des bouquets de plumes iridescentes et une racine tordue qui rappelait la forme d'une tête d'éléphant.

Les photographies accrochées aux murs, parfois encadrées, éveillaient des souvenirs plus vivaces encore. Certaines étaient à l'abri sous la plaque de verre qui protégeait le magnifique bureau d'acajou. Tous ces clichés formaient un récit en images de l'extraordinaire obsession de cet homme qui avait voué sa vie aux éléphants.

Une photo dominait toutes les autres – version agrandie de l'image que m'avait montrée Parbati au pavillon forestier de Jaldapara, où l'on voyait Laljee chevauchant son éléphant favori, lequel secouait dans sa trompe un léopard blessé.

D'autres montraient Laljee Barua dans l'un ou l'autre de ses camps de jungle ou entouré de sa famille ; j'en repérai une où on le voyait portant un tout petit bout de chou sur ses genoux : Parbati. Une autre encore montrait la même Parbati un peu plus grande, le regard noir et perçant, juchée sur la tête de Pratap Singh.

Venaient ensuite d'autres photos d'éléphants : éléphants sauvages enfermés derrière une haute palissade, éléphants en cours de dressage, éléphants au bain, éléphants en train de manger dans le pilkhana, éléphants en tenue de cérémonie, encaparaçonnés et couverts de bijoux, regroupés autour de la puissante silhouette de Jung Bahadur, qui les dominait tous.

Un seul cliché me parut incongru : une photo de Laljee Barua devant les grilles du palais de Buckingham, visiblement mal à l'aise dans son costume.

Les vrais trésors de ce petit musée étaient regroupés derrière les portes de verre d'une bibliothèque qui contenait les livres de Laljee. Là, parmi d'obscurs et anciens traités sanskrits, des livres de chasse reliés de cuir, des journaux de bord et de volumineux cahiers de notes, j'étais certain qu'il y avait matière à démêler bien des secrets. Ce que j'aurais apprécié par-dessus tout d'y découvrir, c'était la preuve de la capture d'une magnifique éléphante répondant au nom de Toofan Champa.

Je tendis la main pour tourner la clé, mais un scrupule me retint. Je m'apprêtais à fouiller dans le saint des saints d'un héritage intime. Quoique privilégié, je n'étais qu'un étranger en cette demeure.

Parbati vint me chercher. Au rez-de-chaussée de la maison, elle déverrouilla une vieille porte ; celle-ci grinça en signe de protestation quand elle voulut l'ouvrir. Puis elle céda d'un seul coup, dans un nuage de poussière qui m'évoqua l'ouverture des tombeaux égyptiens. Mes narines frémirent, et un frisson me traversa l'échine. Je venais de découvrir l'origine de cet inexplicable parfum de pilkhana qui m'avait paru flotter sur la véranda tout à l'heure.

A l'intérieur, l'obscurité régnait. Parbati me tendit une lampe électrique.

– Autrefois, c'était la salle de billard. A présent, elle sert d'entrepôt pour le matériel de chasse de mon père. Je n'aime pas y entrer. Il y a des araignées.

S'agissant de Parbati, l'excuse était bien pauvre, mais je me gardai bien d'insister. Guidé par le faible rayon de ma torche, je m'avançai à l'intérieur en écartant au passage les toiles d'araignée tendues en travers de la pièce comme autant de hamacs. Dans un coin, je dérangeai une famille de souris qui avait élu domicile à l'intérieur d'une pile de guddas moisis, empilés comme des bottes de foin et encore auréolés, même après tant d'années, par la sueur du dos des éléphants.

D'un fatras d'étuis à fusils, d'accessoires de pique-nique et de boîtes de munitions, je dégageai un palanquin de cérémonie à l'armature d'argent noircie par les ans ; son siège de velours rouge avait pâli et s'effilochait de partout.

Curieux, je soulevai un coin de la bâche de la table de billard. Une nuée de moustiques s'échappa du tapis moisi, sur lequel étaient posés des cannes à pêche, des paniers en rotin, une vaste panoplie de hameçons faits main et un vieux casque colonial.

Un éclat de métal attira mon regard, et je découvris tout un attirail d'ustensiles de cuisson géants, témoignage poignant de la taille des camps de jungle dressés jadis par Lajlee dans les profondeurs de la forêt : ses invités de marque y étaient splendidement servis par un bataillon de domestiques.

Depuis les murs, un alignement de têtes de léopards et de tigres mangées aux mites m'observaient. Je trébuchai sur les canons d'une pile d'antiques mousquets et me jetai sans le vouloir dans les bras d'un ours noir empaillé. Tendrement enlacés, nous roulâmes en arrière jusqu'à buter contre le châssis cabossé d'une jeep. Je me relevai en hâte, nerveux. J'avais l'impression d'avoir réveillé les fantômes qui dormaient ici depuis des années. Après avoir vigoureusement refermé la porte derrière moi, je montai l'escalier afin de retrouver l'atmosphère rassurante du bureau de Laljee.

Le soleil de l'après-midi s'y déversait à flots à travers les grandes fenêtres, clair et chaud. Je m'assis dans le fauteuil du père de Parbati et me le représentai à cette même place, le regard fixé sur la tombe de son éléphant, écoutant non pas le bourdonnement de la circulation, mais les bruits du pilkhana, en bas de la colline. Dans ses dernières années, interviewé sur son passé, il avait déclaré ceci :

Je me suis honorablement retiré du combat pour l'existence en société et j'ai bâti ma vie dans la forêt. N'ayant pas su accompagner le rythme des progrès de cette société, j'ai cherché le repos dans les ombres paisibles de la jungle. Je suis devenu, en tout état de cause, un animal sauvage d'un type particulier. Je ne le regrette pas. Ce que j'ai vu et appris à force de vivre dans la forêt ne peut être comparé à rien d'autre. J'ai toutefois une vague appréhension. A terme, res-

tera-t-il ici assez de forêt et assez d'ombre pour permettre à mes vieux os de reposer en paix ?

Entouré de tout ce qu'il aimait, peut-être avait-il trouvé ici le refuge dont il rêvait.

Mais de toute façon, à mes yeux, il n'était jamais parti.

18

La complainte du cornac

Je me réveillai avec un sentiment de malaise au creux de l'estomac, un sentiment semblable à celui que, petit garçon, j'éprouvais à la veille de la rentrée des classes. Nous étions rentrés au camp très tard, et j'avais aussitôt sombré dans un profond sommeil. A présent, j'entendais le sifflotement joyeux de Phandika, les bruits divers des éléphantes qui déjeunaient, et le murmure des chaarkatiyas, accompagné d'un tintement de casseroles et d'ustensiles. Pour eux tous, ce n'était qu'une journée de plus qui commençait. Pour moi, c'était la dernière en compagnie de mon gourou.

– Pressons, Mark, m'intima à travers la toile une voix familière. Le soleil se lève.

Nous sellâmes les éléphantes, et je montai sur le dos de Kanchen pour la dernière fois. Ayant mis mes pieds dans les étriers, j'attendis, mais Phandika ne vint pas me rejoindre. Je me tournai vers Parbati, assise seule sur les épaules de Lakhi.

– Où est Phandika ? m'enquis-je.

– Phandika et Dino feront la route en jeep. Nous en avons parlé hier soir pendant que vous dormiez. Tous ensemble, nous avons décidé que vous êtes enfin digne de Kanchen. Elle est à vous. Et maintenant, frère cornac, en route !

Frère cornac... Je savourai mentalement ces mots. Il m'avait fallu trois mois pour les mériter. Le premier jour, Parbati m'avait dit que certains mettaient cinq ans pour devenir cornacs. Et puis, tout à coup, je m'aperçus qu'elle avait dit vrai. Mois aussi, j'avais mis cinq ans.

L'aventure commencée sur un simple coup de tête avec Tara dans les forêts luxuriantes de l'Inde orientale trouvait aujourd'hui son aboutissement dans une autre jungle, en lambeaux celle-là, nichée à l'ombre du puissant Himalaya. La distance géographique entre les deux n'était pas énorme ; mais la distance dans le temps, elle, l'était. Mon apprentissage s'achevait enfin, et ce fut avec un sentiment d'immense fierté que j'exerçai une pression des talons sur l'arrière des oreilles de Kanchen et emboîtai le pas de mon gourou, dans le brouillard qui recouvrait les vastes berges de la rivière Rydak.

Comme tous ceux qui ont voyagé ensemble et partagé les difficultés de la vie sur la route, Parbati et moi pouvions avancer longtemps côte à côte dans un silence détendu et complice. Certes, j'aurais préféré voyager dans un environnement plus paisible et moins triste pour mon dernier jour, mais Parbati, en bon gourou, s'était refusée à toute concession. Elle avait décidé de me montrer à quel point l'avenir des éléphants était sombre, et n'en démordrait pas. Peut-être ce parcours était-il destiné à faire office d'ultime témoignage.

Notre passage finit par être rendu impossible par le flot d'humains et de bétail qui venait inexorablement à notre rencontre. Lakhi fit un écart, effrayée par le rugissement hideux d'une moto qui lui frôla les jambes. Parbati poussa un juron. Pour la première fois en deux mois, elle fut contrainte d'utiliser ses aiguillons pour reprendre le contrôle de sa monture.

Nous quittâmes la route pour une piste étroite bordée d'une bande de forêt d'où sortaient sans cesse des vaches et des chèvres. A notre approche, elles s'égaillaient avec effroi, faisant tinter leurs clochettes en une cacophonie complète. Des groupes d'hommes, de femmes et même d'enfants ployant sous leurs fagots de bois levaient les yeux pour nous regarder passer.

– Dans les régions comme celle-ci, me dit Parbati, les éléphants sont condamnés. Je prie pour que votre film soit une leçon. Nous devons protéger ceux qui restent. Les protéger comme des joyaux. Les gens ne veulent pas comprendre. Les éléphants sont importants pour *notre* survie. En les protégeant, nous nous forçons à sauver de grandes forêts. Et en sauvant ces forêts, nous sauverons tous les animaux. Si nous nous y refusons, la nature disparaîtra, et nous nous détruirons nous-mêmes.

Elle haussa les épaules et soupira avant de poursuivre :

– Je suis décidée à poursuivre la lutte. Je ne peux pas vivre sans les éléphants. Quoi qu'il arrive, je resterai près d'eux jusqu'à la fin de mes jours. Ils ont tant de choses à nous apprendre !

Parbati avait raison. On ne peut pas espérer sauver tous les éléphants. Mais si elle et ses semblables sont soutenus, si l'on respecte et si l'on utilise leur expérience, tout espoir n'est pas perdu. Car ils sont les derniers dépositaires d'un antique savoir et d'un vrai trésor de connaissances pratiques, transmises au fil des siècles, qui seuls peuvent permettre de garantir la conservation, la meilleure compréhension et l'avenir de ces magnifiques animaux.

En début d'après-midi, nous contournâmes une plantation de thé et traversâmes un vaste plateau broussailleux qui tout à coup s'interrompait net, coupé comme une tranche de gâteau par la rivière en crue qui coulait en contrebas.

Après deux mois sur la route, notre périple devait s'achever là, sur la berge de la rivière Sankos, à la frontière du Bengale et de l'Assam.

Au camp, je descendis de Kanchen pour la dernière fois et la regardai avec tendresse partir avec Phandika vers la rivière, où Dino était déjà en train de baigner Lakhi.

Autour de nous, un peu partout, les villageois s'apprêtaient à célébrer la fête des moissons – Magh Bihu – en préparant des feux de joie qui symbolisaient l'accomplissement du dur labeur de la saison, et autour desquels ils danseraient, chanteraient, boiraient et feraient la fête jusqu'à la fin de la nuit.

A en juger par la taille de notre propre feu et par celle de notre réserve de spiritueux, Parbati avait fait le nécessaire pour que nous ne soyons pas en reste. Bref, nous allions célébrer, et en grand style, à la fois la récolte et la fin de notre voyage.

Ce n'était pas tout. Nous ne tardâmes pas à être rejoints par une des plus grandes chanteuses folkloriques indiennes, Pratima

Pandey, à qui son extraordinaire talent avait valu de recevoir les prix les plus prestigieux. Or, ce monument du patrimoine national était aussi la sœur de Parbati.

Elle était accompagnée de trois musiciens. Les instruments de ceux-ci étaient simples, mais beaux : un *dhol*, sorte de grand tambour ; un *sarinda*, violon à deux cordes rappelant un éléphant en train d'étirer sa trompe ; et un *dotara*, espèce de petit sitar à la caisse en forme de calebasse, ornée de fleurs ciselées et recouverte d'une peau de varan.

Un sourire naquit sur le visage marqué mais fier de Pratima.

– Mes instruments ne brillent pas de mille feux, dit-elle. Ils sont rudes. Mais ce sont mes enfants. Et ceci, ajouta-t-elle avant de porter un plein verre de rhum à ses lèvres, ceci est notre magie.

Fille de Laljee Barua, Pratima, comme Parbati, avait grandi au milieu des éléphants. La thématique de ses chansons célébrait cet univers – celui de la capture et du dressage des éléphants, de la vie nomade des cornacs, de la mélancolie de celles qu'ils aimaient et devaient toujours laisser derrière eux.

Les musiciens se mirent à jouer. Agitant une grappe de clochettes contre son genou, Pratima leva le visage vers le ciel et chanta :

Cornac ! La jungle est dangereuse
Les serpents te mordront, les scorpions te piqueront.
Le guérisseur chantera des mantras pour t'ôter le poison
Et frottera tes blessures avec ses herbes.

Viens plutôt vers moi, ô cornac sans peur,
Tourne ton éléphant vers ma porte.
J'aspirerai le poison,
Je frotterai tes blessures avec ma chevelure.

Sa voix, d'abord basse et douce comme une bruine, s'élevait sans effort avant de retomber en douceur, avec un imperceptible écho, puis elle reprenait son essor pour le couplet suivant.

O mon cornac, sur ton éléphant,
Une barque peut-elle traverser le lac sans eau ?
Que peut faire une femme de sa beauté
Si son cornac n'est plus près d'elle ?

O mon cornac, sur ton éléphant,
J'ai quitté ma mère et mon frère
J'ai quitté un foyer doré
Et tu me laisses seule à pleurer.

O cornac sans cœur, sur ton éléphant.

J'écoutai sans bouger, fasciné par la magie de la musique qui montait dans le crépuscule. Derrière nous, Lakhi et Kanchen jouaient, trompes entremêlées. Je me pris à penser à Tara. Si seulement elle pouvait se trouver un compagnon pour partager son palais...

Le joueur de tambour frappait à présent son instrument de la base de ses paumes pour obtenir un son plus grave.

J'attache l'éléphant sauvage par l'avant et l'arrière
Mais je ne puis attacher sa fierté.
En invoquant le nom de Hari
Je prends ma place et le chevauche.

Le lézard mort crie cinq fois dans le ciel.
Cinq fois l'oiseau des sables chante.
Je suis marié, mais j'ai laissé ma femme derrière moi.
Qui pleurera un cornac s'il meurt ?

Dans la forêt obscure se cachent les éléphants sauvages.
Un cornac est tombé. Piétiné, il est mort.
Je resserre les cordes qui retiennent mes pieds.
Au nom de Hari je chevauche.

Phandika était tranquillement assis sur Kanchen, les yeux clos. Des larmes roulaient sur ses joues burinées ; à l'évidence, les paroles de la chanson faisaient vibrer des cordes oubliées de sa mémoire, réveillant des souvenirs d'un âge d'or révolu.

Le soleil plongea derrière l'horizon. Pratima et Parbati montèrent sur le dos de Lakhi et l'enlacèrent. Accompagnées par les trois musiciens restés assis par terre, les deux sœurs chantèrent en l'honneur du grand animal qui avait forgé le destin de leur famille.

Tard dans la soirée, après la fin des célébrations et le départ de sa sœur, Parbati organisa une petite puja pour m'introniser en tant que cornac. Dans la lumière vacillante de notre feu, je m'inclinai par trois fois devant elle et reçus sa bénédiction. Suivant la tradition, je montrai mon respect à mon gourou en lui offrant de l'alcool, un vêtement, des poulets et de l'argent. En retour, elle me tendit les attributs de base du cornac : un sac de toile de jute, un kukri et une paire de pincettes métalliques.

Ensuite, d'une petite poche de toile, elle tira un bracelet de métal dont les deux extrémités étaient forgées en forme de tête d'éléphant.

– Je l'ai fait bénir pour vous au temple. Gardez-le toujours près de vous. Il vous portera chance.

Elle l'attacha elle-même à mon poignet.

– Moi aussi, quand je suis devenue cornac, j'ai reçu quelque chose de spécial de mon gourou – un porte-bonheur. C'est mon père qui me l'a offert.

Sur ce, Parbati caressa le petit vase de cuivre qui m'intriguait depuis si longtemps. J'allais enfin connaître le secret de son kamandalu.

Bien des années auparavant, commença-t-elle, un brahmane et sa femme vivaient heureux dans une petite cabane sur la berge de la rivière Dnoa-sia (rivière du Miracle ou de l'Illusion divine), non loin de Gauripur, au pied des hautes collines du Bhoutan. Mais un jour, le mari revint au village avec une nouvelle épouse. Bien que celle-ci fût laide et vaniteuse, il avait succombé à la richesse de sa famille. Avant longtemps, le brahmane eut construit une nouvelle demeure, dont la splendeur écrasait son ancien logis tout proche. Le couple était servi par un cortège de domestiques, et le brahmane ne tarda pas à oublier presque complètement sa première femme, qui passait ses journées seule à pleurer dans sa petite cabane. On la chargea néanmoins d'un travail de domestique : tous les jours, elle devait aller chercher l'eau à la rivière dans un grand vase doré à bec, qu'elle rapportait ensuite en équilibre sur sa tête. C'est ainsi qu'elle prit l'habitude de s'asseoir sur la berge pour pleurer, mêlant ses larmes aux flots du fleuve. Un beau jour, le roi des Éléphants et ses sujets vinrent boire l'eau de cette rivière. Étonné de la trouver si salée, le souverain en demanda la raison à sa suite. On lui raconta l'infortune de la jeune femme. Immédiatement, le roi alla la trouver. Ayant entendu son histoire, il déclara que l'humanité manquait décidément de compassion et de bonté. Il proposa de l'emmener chez lui, où elle serait traitée comme une reine. La jeune femme hésita un moment puis, sans avertissement, une puissante vague venue de l'amont fit déborder la rivière. Un torrent furieux dévala vers eux, qui eut tôt fait d'emporter les débris de sa petite cabane et la maison neuve de son mari. Le roi des Éléphants la mit sur son dos, et ils galopèrent sept jours et sept nuits. Enfin, ils atteignirent le royaume des Éléphants, haut perché sur les contreforts de l'Himalaya. Dans son palais d'ivoire, le roi fit asseoir la jeune femme sur son trône d'ivoire et, s'agenouillant devant elle, lui demanda de l'épouser. Elle accepta de bon cœur, et tous les éléphants se mirent à barrir en l'honneur de leur nouvelle reine. Lors du couronnement, sept eaux de couleurs différentes furent répandues sur elle, et elles se transforma peu à peu en une magnifique éléphante. Le vase d'or devint sa tête. Les éléphants levèrent leur trompe en signe d'obédience, et le roi annonça ce qui suit : « Écoute, ô reine, à dater de ce jour, nous t'obéirons. Tes ordres ne souffriront pas de réplique. »

– Et c'est ainsi, conclut Parbati en caressant son petit kamandalu, un sourire aux lèvres, que la société des éléphants est devenue matriarcale.

Nous levâmes le camp de bonne heure. Aditya et moi avions un long trajet à parcourir en voiture pour attraper l'avion de Delhi. Nous chargeâmes nos bagages dans la jeep, à présent presque vide : l'essentiel de son contenu avait été ingénieusement empilé sur le dos des deux éléphantes.

Je nourris Kanchen pour la dernière fois et lui caressai affectueusement la tête. Elle avait été pour moi une compagne solide et fidèle, et elle allait me manquer. Je donnai l'accolade aux chaarkatiyas. Eux aussi me manqueraient. En me dégageant de l'étreinte de Phandika, je sentis qu'il me soulageait de mon dernier paquet de cigarettes. Avant de me quitter, il me tendit un petit souvenir : un bouquet constitué des plumes de la queue du beau poulet crème et noir que j'avais acheté quelque temps auparavant et que nous avions aussitôt dévoré.

Plus tueuse à gages que jamais, Parbati se tenait à l'écart.

– Au revoir, patronne.

– Au revoir, frère cornac, fit-elle, relevant ses lunettes noires sur son front et frappant sa paume contre la mienne, à l'américaine. Un jour, si Dieu le veut, nous continuerons ce voyage. Entre-temps, ne nous oubliez pas, et surtout, n'oubliez pas les éléphants.

– Ne vous faites aucun souci à ce sujet, répliquai-je. Je serai bientôt de retour.

Elle monta sur le dos de Lakhi.

– Il le faut. Votre formation de cornac est incomplète.

Je tressaillis.

– Mais... C'est vous-même qui m'avez fait cornac.

– J'avais oublié un détail, s'esclaffa-t-elle en ordonnant à Lakhi d'avancer. Je ne vous ai pas appris à faire la cuisine. Pouvez-vous me dire ce que vaut un cornac incapable de cuisiner ?

– Parbati ! protestai-je. Ce n'est pas juste !

Mon plaidoyer fut vain. Telle Pugli Sahan, l'esprit des forêts, Parbati avait mystérieusement disparu. Seul son rire résonnait encore dans l'épaisse brume du matin.

ÉPILOGUE

Plus d'un an s'est écoulé depuis la fin de mon voyage. Entretemps, j'ai appris qu'en Inde les éléphants sont plus que jamais obligés de se battre pour leur survie.

Récemment, une harde affamée de soixante animaux a été chassée de son territoire par des incendies de forêt. Elle s'est mise à errer, sur une distance de deux cent cinquante kilomètres, à l'intérieur d'une zone très densément peuplée. Il y a eu des victimes, dans les deux camps. Ces éléphants n'ont été arrêtés qu'à cent kilomètres de Calcutta. Brûlés, blessés, épuisés, ils ont été refoulés vers une autre région, tout aussi instable.

Pour une fois, cette nouvelle n'est pas restée confinée à la presse locale. Elle a fait les gros titres de quelques-uns des plus importants journaux du monde, ce qui a permis à bien des gens de prendre conscience qu'il existe un autre éléphant, aussi beau, aussi majestueux que l'éléphant d'Afrique, et que cet autre éléphant est engagé dans un bras de fer décisif contre l'inexorable marée humaine.

Je pense souvent à Parbati, parfois sans le vouloir, quand les trompes des petites têtes d'éléphant de mon bracelet s'accrochent au fond de mes poches, comme en signe de reproche. Dans ces cas-là, je me rappelle toujours le soir – le dernier – où elle m'a remis ce talisman béni des dieux.

Ce soir-là, j'avais formulé deux vœux. L'un est déjà devenu réalité – le résultat est en ce moment sous mes yeux et porte un regard émerveillé sur la guirlande de créatures obèses, à grandes oreilles et à long nez, qui s'agitent comme par magie au-dessus de son berceau.

Quant à l'autre...

Il y a quelques jours, j'ai reçu la lettre suivante :

Kipling Camp, le 20 novembre 1994

Mon cher Mark,

J'ai le grand plaisir de vous annoncer que je viens de recevoir la permission officielle du gouvernement indien en ce qui concerne le mariage de notre chère Tara.

Son fiancé est un superbe gaillard – dur à l'ouvrage, beau garçon et énorme. Il ne nous reste plus qu'à croiser les doigts.

Amitiés.

R.H. Wright

Moi aussi, je croise les doigts.

REMERCIEMENTS

Pour mener à bien à la fois ce livre et notre film, je me suis reposé sur l'aide d'un nombre considérable de personnes. J'espère avoir convenablement remercié tout le monde.

Par-dessus tout, je souhaite remercier Parbati Barua. Ce sont sa magie, son dévouement et son amitié qui ont rendu possible la réalisation de ce projet.

Je tiens par ailleurs à exprimer ma sincère gratitude envers :

En Inde : le gouvernement indien ; le gouvernement du Bengale-Occidental ; le gouvernement de l'État d'Assam ; Shri Kamal Nath, ministre d'État, ministre de l'Environnement et des Forêts ; Shri Hiteswar Saikia, Premier ministre de l'Assam ; S. C. Dey, conservateur en chef de la vie sauvage, Bengale-Occidental ; le ministère de l'Environnement ; la direction des eaux et forêts du Bengale-Occidental ; Rajmata Gayatri Devi, de Jaipur ; S. Deb Roy ; S. S. Bist ; Tavleen Singh ; Ranjit Barthakur ; Toby Sinclair ; Naveen Patnaik ; Krupakaran David ; le Goodricke Group of Companies, Calcutta ; la famille Barua ; Pratima Pandey et ses musiciens ; Ramesh Nambiar et son équipe de l'agence Mountain Travels, Delhi ; Jorden Norbhu et son équipe de l'agence Travel Slique, Darjeeling ; Jeewan et Nina Pradhan, ainsi que le personnel de la plantation de thé de Meenglas ; MM. Sharma, Ashok et Mamlu Chatterjee, et le personnel de la plantation de thé de Gandrapara ; Harinder et Shanta Nain, et le personnel de la plantation de thé de Sankos, Manoj et Preeti Varma de la plantation de Killcot ; Randeep et Ujwala Singh, de la plantation de thé de Rydak ; M. Bhattachargee et l'escouade anti-éléphants de Mal Bazar ; Bob, Anne et Belinda Wright et le personnel de Kipling Camp, parc national de Kanha ; Deepa Hazarika de l'agence Sheba Travels, Gauhati ; Ajit Gulabchand ; Bikram Grewal ; Shobita Punja ; Ashok Kumar ; Frenny Khodaji ; Durga Roy ; P.R.S. Oberoi, la direction et le personnel de l'hôtel Oberoi, Delhi ; Joanna Van Gruisen ; Diba Ansari, J.B. Singh et Ken Washington de la British Airways ; Amitava Dutt et l'équipe de la maison du tourisme de Mal Bazar ; le Groupement des spécialistes de l'éléphant d'Asie ; et mes camarades cornacs, Phandika, Dino, Poni et Babul, qui m'ont accepté dans leur univers.

Au Bhoutan : le gouvernement royal du Bhoutan ; Lyonpo Dawa Tsering ; Lyompo Om Pradhan ; Lyonpo C. Dorji ; Lhendup Dorji ; Khendum Dorji ; Chuni Dorji ; Tobgyel Dorji ; Tashi Tobgyel Wangdi et Chimi de l'agence Chhundu Travels ; et l'hôtel Druk, Thimpu.

En Angleterre : la Haute Commission indienne ; Peter Leggatt ; Gopal Gandhi et l'Institut Nehru ; Sagar Choudhury ; Angela Connor ; Rajvir Kadan ; Mark Rose de Fauna et Flora International ; Marie-Paule Nougaret ; Talitha Puri ; Judith Fessler ; Adrian Packer, et Jackie Tye, de Marshfield Office Training Services, pour sa dactylographie impeccable.

Chez Discovery Productions : je tiens particulièrement à remercier Tim Cowling, Denise Baddour et Stacey Seidl Ray. Merci également à Clark Bunting, Greg Moyer, Steve Burns, Holly Stadtler, Dawn Sinsel Quattrucci, Valerie Grady, Chris Moseley, Amy Abbey, Dan Stanton, Mary Clare Baquet, Mick Kaczorowski et Patricia Petersen. Je voudrais aussi exprimer ma gratitude à Susan Tressler de l'IUCN / Commission de la Survie des Espèces, Chicago Zoological Society, Brookfield, Illinois, qui, avec l'aimable coopération du Discovery Channel, a inlassablement dirigé la collecte de fonds au profit de l'éléphant d'Asie.

Chez Icon Films, Bristol : William Ennals, Peter Brandt, Laura House, Melanie Nieuwenhuys, Claire Featherstone et Nick Bain.

Un merci tout particulier à l'équipe de tournage aussi intrépide que patiente qui a partagé plus d'une de mes aventures : Harry Marshall, producteur et réalisateur ; John Bulmer, directeur de la photo ; Alastair Kenneil, preneur de son ; Douglas Wade, assistant cameraman, et Shernaz Italia, régisseur.

Je suis infiniment reconnaissant à mon éditeur Tony Colwell, et aussi à Jenny Cottom, de la maison Jonathan Cape ; ceci sans parler de mon agent, Abner Stein.

Je tiens encore à remercier Gita, Aditya et Clio, qui mériteraient bien plus qu'un simple témoignage de gratitude. Enfin, je souhaite faire part de mon affection et de ma gratitude à trois dames aussi volumineuses que chères à mon cœur : Kanchen Mala, Lakhi Mala et, bien sûr, Tara. Sans les éléphants, la vie serait bien sinistre.

TABLE

Achevé d'imprimer en mai 1996
sur presse CAMERON
dans les ateliers de Bussière Camedan Imprimeries
à Saint-Amand (Cher)

N° d'Edit. : 3426. - N° d'Imp. : 1/1131.
Dépôt légal : mai 1996.

Imprimé en France